CHINA PAYMENT INDUSTRY REPORT(2017)

中国支付清算行业运行报告
(2017)

中国支付清算协会 编著

中国金融出版社

责任编辑：吕　楠
责任校对：孙　蕊
责任印制：张也男

图书在版编目（CIP）数据

中国支付清算行业运行报告（2017）（Zhongguo Zhifu Qingsuan Hangye Yunxing Baogao. 2017）/中国支付清算协会编著. —北京：中国金融出版社，2017.6

ISBN 978-7-5049-9006-8

Ⅰ.①中…　Ⅱ.①中…　Ⅲ.①支付方式—研究报告—中国—2017②货币结算—研究报告—中国—2017　Ⅳ.①F832.6

中国版本图书馆CIP数据核字（2017）第101104号

出版	中国金融出版社
发行	

社址　北京市丰台区益泽路2号
市场开发部　　（010）63266347，63805472，63439533（传真）
网 上 书 店　http://www.chinafph.com
　　　　　　　（010）63286832，63365686（传真）
读者服务部　（010）66070833，62568380
邮编　100071
经销　新华书店
印刷　北京市松源印刷有限公司
尺寸　169毫米×239毫米
印张　17.75
字数　255千
版次　2017年6月第1版
印次　2017年6月第1次印刷
定价　70.00元
ISBN 978-7-5049-9006-8
如出现印装错误本社负责调换　联系电话（010）63263947

CHINA PAYMENT INDUSTRY REPORT(2017)

中国支付清算行业运行报告
(2017)

编委会

编委会主任：赵 欢
编委会成员（按姓氏笔画排序）：

丁向群	于亚利	王吉绯	王静颖	卢 鸿	兰 奇	曲家文
刘亚东	杜志红	李 浩	李晓峰	杨文杰	时文朝	余文熙
沈根伟	张 斌	张青松	陈 亮	陈生强	林云山	钟 毅
徐海燕	彭 蕾	谢 众	赖智明	蔡洪波	熊文森	穆海洁

编写组

组　长：蔡洪波
副组长：马国光　王素珍　亢　林
成　员（按姓氏笔画排序）：

丁华明	马妤妍	王 瑛	王 倩	王玉雄	王宗友	叶国志
许 江	苏立峰	杜晓宇	李爱君	杨志宁	汪 征	陆强华
陈 凌	罗建华	郑 恰	赵 鹞	赵子如	胡 晓	袁 钢
童 宁	詹 欣	颜 勇				

其他参与写作人员（按姓氏笔画排序）：

于百程	王 欢	卢杰平	孙少锋	李振伟	沈敏文	周学军
封 伟	胡尔义	顾 颖	高 辉	唐 健	曹晓刚	魏 威

CHINA PAYMENT INDUSTRY REPORT(2017)

中国支付清算行业运行报告
(2017)

序

过去一年，我国经济社会持续健康发展，实现"十三五"良好开局。在金融改革不断深入、消费需求持续旺盛、创新技术与支付业务深度融合等多重因素推动下，我国支付清算行业保持快速增长，支付体系基础设施日益完善，支付场景日趋丰富，支付服务更加高效、便捷，为服务民生、确保我国金融市场稳定高效运行提供了有力支撑。

2016年，我国支付行业共办理非现金支付业务1 251.11亿笔，金额3 687.24万亿元，业务规模全球领先。新兴支付业务保持快速发展，互联网支付交易规模稳步提升，移动支付业务在二维码等创新支付方式推动下，交易笔数首次超越互联网支付，成为行业亮点。随着人民币国际化进程深入推进和"一带一路"战略实施，跨境支付的蓝海效应持续提升，在满足跨境结算需求同时引领行业逐步实现双向开放。

监管部门对行业发展秉承"开放、包容"理念，契合以新商业形态、新产业模式、新参与主体为特征的多样化行业格局；与此同时，坚持稳中求进，把防控风险放到更加重要的位置，加快顶层制度设计，密集出台规范政策，从严整治行业乱象，果断清理严重违规企业，努力营造公平公正、规范有序的发展环境。中国支付清算协会针对重点业务领域发布一系列自律规范、指引和文件，构建行业综合服务平台，采取多种手段推动行业自律。市场主体认真落实各项政策措施，进一步加强和改进内控管理，主动防范业务风险，着力构建安全、高效的产业生态体系。

然而，行业高速发展的同时，前期积累的风险也逐步显现。一些制约行业发展的深层次矛盾仍需破解，行业规范过程中面临的一些问题亟需解决。如何提高监管的有效性和适应性，使监管更贴近新形势下的市场需求；如何在"强监管"的政策环境下，充分发挥行业自律监督和协调服务职能，在规范发展的同时保持行业活力；如何有机联动政府监管、行业自律、机构自治、社会监督四个方面，更好地发挥多元主体治理合力；如何有效推动新型支付方式安全发展和普及，逐步提升落后地区和弱势群体的支付服务普惠程度；如何进一步深化支付领域国际交流合作，探索建立多国通行的行业和技术标准，推动国内外市场统筹发展等等。这些问题和矛盾的解决有赖于行业监管者、自律服务组织、市场主体和社会大众的共同努力和积极行动。

全面客观、准确深入的行业分析和研究，能为支付清算行业的健康有序发展提供智力支持，对进一步营造行业研究氛围大有裨益。《中国支付清算行业运行报告（2017）》（简称《报告》），以中国支付清算协会行业统计数据和市场调研为基础，吸收会员单位典型案例，对我国2016年支付行业的运行情况、各业态发展状况、行业前沿和热点、监管政策和环境、行业风险及问题等方面进行全方位阐述，以集中展示行业发展成就与创新成果，深入研究行业突出问题和面临的挑战，展望行业发展趋势。

近年来，我国支付清算行业在移动互联网的推动下，表现出极强的创新性和爆发力，聚集效应明显。随着支付网络在各行业渗透程度的深入，各产业加快构建以支付为基础的新型生态模式，行业发展更趋复杂化。因此，持续跟踪支付清算行业发展动态，系统研究行业发展状况，深入探讨行业发展面临的问题，具有非常重要的理论和现实意义。希望这部凝聚了大家心血和智慧的报告，在服务会员、服务监管、服务社会的同时，还能为社会各界了解我国支付清算行业的现状与未来提供一扇窗口，为推进我国支付清算体系健康、持续发展增添正能量！

中国支付清算协会会长
中国农业银行行长

CHINA PAYMENT INDUSTRY REPORT(2017)

中国支付清算行业运行报告(2017)

编写说明

《中国支付清算行业运行报告（2017）》（以下简称《报告》）是中国支付清算协会（以下简称协会）推出的第5期年度行业运行报告，旨在加强行业研究和思考，交流行业发展经验，宣传行业发展成果，为会员单位经营决策和监管机构政策制定提供信息参考。

《报告》基于协会自律和服务职责，从会员单位需求和市场视角出发，对行业运行情况进行分析、判断，密切贴近目前存在的各类支付业务，从市场视角对其运行状况进行客观分析，全面总结我国2016年支付清算行业运行发展情况及特点，提示支付清算市场存在的风险及缺陷，揭示行业未来发展趋势。《报告》围绕"严监管"的政策环境，全面梳理了过去一年行业监管制度框架及细则；基于"促发展"的行业现状，深度挖掘和分析了过去一年行业相关数据及创新案例；针对"多亮点"的发展特征，详细评述了过去一年来重要的行业热点问题。经过持续5年的行业数据采集，协会在支付行业尤其是在非银行支付机构运行方面，积累了时间序列较长、覆盖面较全的行业数据。在此基础上，《报告》首次披露了我国非银行支付机构的整体发展概况，为社会各界了解我国非银行支付机构提供了客观的基础材料。

《报告》第一章为我国支付清算行业发展综述，梳理了我国2016年支付清算行业运行基本情况、行业监管和治理体系、行业发展特点、发展趋势及展望。第二章为我国支付清算行业热点回顾，对我国行业监管新常态下主要政策的决策过程抽丝剥茧,详细评述了影响市场格局和博弈的热点事件。第三章至第七章结合大量数据、图表和案例,对票据、银行卡、互联网支付、移动支付、预付卡支付等业务领域的发展概况、运行特点、行业风险及问题、热点以及发展趋势进行了详细介绍和分析,展示了一些有价值的行业调研成果和会员单位的创新产品。第八章对互联网金融进行了专门分析和研究,分别介绍了P2P网络借贷、互联网消费信贷、互联网保险、网络银行、互联网小贷的发展概况,对互联网金融热点和风险问题进行了剖析,并对发展趋势进行了展望。第九章对2016年我国支付清算行业政策环境与监管制度进行了梳理分析,评析重点政策法律制度,并对加强支付清算行业监管和法律制度建设提出了相关建议。

《报告》安排了2个专题。专题一《全球支付清算行业总体发展状况及趋势》,梳理了国际经济环境及趋势、全球支付清算行业发展总体态势及行业监管态势。专题二《区块链发展现状及其在支付清算的应用前景》,详细介绍了区块链的兴起、区块链技术及其应用发展现状、区块链技术在支付清算行业的应用以及区块链面临的挑战及其发展建议。

《报告》最后附有票据、银行卡、互联网支付、移动支付、预付卡等业务的主要数据统计表,以及国内主要支付清算系统业务量统计表,以方便读者查询。

在《报告》编写过程中,中国人民银行支付结算司给予了大力支持,中国金融出版社为本报告的出版做了大量的编排工作,协会各会员单位为《报告》提供了大量的数据和资料,部分会员单位的专家参与了报告的编写工作或对报告进行了审阅,并提出宝贵建议,在此一并表示感谢。

希望这份《报告》,可以使读者全面了解我国支付清算行业发展概况,深入把握行业热点问题,了解行业发展趋势。因编写组理论水平和实践经验有限,《报告》难免存在疏漏和不足之处,欢迎有关单位、专家学者及各位读者提出宝贵意见和建议,我们将认真总结,不断改进,努力使《报告》日臻成熟和完善。

《中国支付清算行业运行报告(2017)》编写组
2017年5月15日

CHINA PAYMENT INDUSTRY REPORT(2017)

中国支付清算行业运行报告 (2017)

概 述

2016年是我国"十三五"的开局之年，也是我国支付清算行业发展的关键一年，银行卡清算市场开放、网联平台建设启动、全国性票交所成立，这些重大举措对行业格局影响深远；条码支付、聚合支付以及金融科技等新兴热点，为行业发展注入了新的活力。特别是以条码支付为代表的移动支付的推广和普及，在2016年成为行业现象级的亮点。凯捷（Capgemini）与苏格兰皇家银行集团（RBS）联合发布的《2016年全球支付报告》指出，以中国为代表的新兴亚洲成为全球支付行业发展的引擎。这个"引擎"的驱动，除了有赖于全球领先的发展速度，具有较大影响力的龙头企业，更得益于我国支付行业顶层设计的逐步完善、基础设施建设的深入推进以及"四位一体"有效监管模式的形成。

《中国支付清算行业运行报告（2017）》（以下简称《报告》）数据显示，2016年全国共办理非现金支付业务1 251.11亿笔，金额3 687.24万亿元，同比分别增长32.64%和6.91%。从全球可比口径看，2015年我国非现金支付笔数占全球非现金支付笔数的22.12%，增速是全球平均速度的4倍以上。

在支付清算行业整体蓬勃发展的同时，各子行业也呈现出不同的发展特点。2016年，全国共发生票据业务2.93亿笔，金额187.79万亿元，同比分别下降29.64%和21.17%，降幅较上年有所加大，市场进入风险出清、业务整顿和模式调整三期叠加阶段。与此同时，票据业务电子化趋势明显，上海票据交易所正式成立，票据交易更加规范统一。银行卡业务保持较快增长，且在行业政策推进、市场化改革、行业发展以及产品升级方面都取得了较大进展或突破。全年发生银行卡交易1 154.74亿笔，金额741.81万亿元，同比分别增长35.49%和10.75%。银行卡清算市场开放及机构准入的基础法规制度体系进一步完善，刷卡手续费的定价政策成型落地，积极落实"三去一降一补"之"降成本"的要求。银行卡行业成功走进"芯时代"，形成了以金融IC卡为主的增量发卡局面。全国银行卡渗透率保持在48.47%的较高水平。银行卡支付与移动支付紧密结合，统计数据显示，银行卡收单业务中通过网络支付接口办理的交易笔数和金额占比分别为65.46%和47.70%，交易金额比重较上年提升10.93个百分点。预付卡业务在规范中稳定开展。2016年，160家预付卡发卡机构合计发卡2.21亿张，金额820.23亿元，发卡数量同比下降14.67%，发卡金额同比增长7.72%。124家预付卡机构共发生预付卡受理业务117.70亿笔，受理金额737.61亿元。

新兴支付业务保持快速增长。互联网支付行业整体保持安全、平稳、高效运行，交易规模稳步提升。2016年，国内商业银行共处理网上支付业务461.78亿笔、金额2 084.95万亿元，同比分别增长26.96%和3.31%。非银行支付机构共处理互联网支付业务663.3亿笔，金额54.25万亿元，同比分别增长98.60%和124.27%。从业务金额上看，银行机构仍然保持主导地位，但非银行支付机构业务量增速遥遥领先。移动支付行业延续高速发展态势。2016年，国内商业银行共处理移动支付业务257.10亿笔，金额157.55万亿元，同比分别增长85.82%和45.59%。非银行支付机构共处理移动支付业务970.51亿笔，金额51.01万亿元，同比分别增长143.47%和132.29%。支付业务持续由PC端向移动端迁移，移动支付成为行业新的增长点，二维码支付的快速普及将助推移动支付继续保持高速增长。新兴支付业务作为传统金融服务的有效补充，对推进普惠金融、便利群众生活发挥了积极作用。数据显示，银行互联网支付、移动支付业务笔均交易金额分别为45 150元和6 127元，非银行支付机构互联网支付、移动支付业务笔均交易金额分别为817元和525元，非银行支付机构支付服务小额化、零售化特征明显。

互联网金融各业态加速整合和持续增长，主要业态发展呈分化态势。2016年，P2P网络借贷全年成交额突破2.8万亿元，全国共有21家公司获得消费金融牌照，新增互联网保险保单在保险行业全部新增保单中占比超过六成，直销银行"互联网+金融"的新模式方兴未艾，互联网金融市场投融资持续活跃。与此同时，互联网金融风险专项整治工作贯穿全年，全国性行业自律组织应运而生。

《报告》基于中国支付清算协会采集的来自223家非银行支付机构的数据，对我国的非银行支付机构基本情况进行了详细分析。当前，非银行支付机构在业务上基本实现全覆盖。截至2016年底，223家支付机构共有分公司1 471家，互联网支付、银行卡收单和预付卡受理业务覆盖全国所有地级市。从业人员数量和营业收入初具规模，223家支付机构共有支付业务相关从业人员60 547名。

《报告》对支付清算行业政策与发展环境进行了梳理分析。人民银行坚持创新与规范并重的原则，坚持问题导向，做好支付行业治理的顶层设计，创新性地确立了账户分类管理体系，进一步推动支付服务市场改革开放，促进支付服务市场规范、稳定发展。中国支付清算协会顺应行业诉求，落实行业共识，畅通政策传导，在重点领域着力加强市场自律，引导会员单位将合规意识内化于实际经营之中，对促进行业健康可持续发展发挥了积极作用。

《报告》专题一对全球支付清算行业总体发展状况及趋势进行了总结和分析。尽管全球经济增长依然低迷，但支付行业仍然保持快速增长，创新加快、竞争加剧，呈现出明显的及时化、科技化特征，而规范行业秩序、提高透明度、推进基础设施建设和不断创新监管规则成为全球支付清算行业风险监管的大势。近年来，区块链技术以其公开、不可篡改的属性，为去中心化的信任机制提供了可能，具备改变金融基础架构、促进支付体系增能减耗的潜能，成为行业研究的热点。《报告》专题二详细介绍了区块链发展现状及其在支付清算中的应用前景，透析区块链产业发展格局及发展现状，探讨了区块链在金融、公共服务、物联网等主要领域尤其是支付清算行业的应用现状、面临的挑战，并提出相关建议。

经过十余年的市场培育，支付行业一直保持高速发展，新产品新场景不断涌现，新技术新业态推波助澜，新主体新机构不断加入，成长起一批在银行卡、互联网及移动支付等热点领域影响力较大的龙头企业，服务于公众日常生活并成为我国经济社会发展的重要推动力量。近年来，支付行业快速发展、跨界融合逐步深化、延伸区间愈加广泛，同时也暴露出一些亟需解决的风险和问题。一系列"严监管"措施陆续出台并实施，推动行业规范发展和优化调整。随着我国"一带一路"战略推进，支付清算行业的基础支撑和前哨作用将日益凸显。与此同时，"一带一路"战略建设给支付清算行业"走出去"提供了契机，为行业发展带来了新机遇。未来几年，行业监管的有效性和适应性将不断提升，行业主体防范风险的意识将更加积极主动，安全、高效的产业生态体系将逐步形成，支付清算行业将继续处于机遇期和红利期。

CHINA PAYMENT INDUSTRY REPORT(2017)

中国支付清算行业运行报告(2017)

目 录

第一章 我国支付清算行业发展综述 …………………………………… 01

  第一节 我国支付清算行业运行基本情况 ………………………… 01
    一、支付结算业务量快速增长 …………………………………… 02
    二、支付服务参与者不断丰富 …………………………………… 04
    三、基础设施和机制更加完善 …………………………………… 07

  第二节 我国支付清算行业监管和治理体系 ……………………… 08
    一、围绕防范风险，强化政府监管 ……………………………… 09
    二、丰富服务手段，积极发挥行业自律 ………………………… 10
    三、加强消费者保护，促进机构自治和社会监督 ……………… 11

  第三节 我国支付清算行业发展特点 ……………………………… 12
    一、移动支付成热点，扫码支付逐步规范 ……………………… 12
    二、新产业形态逐渐形成，投资并购井喷 ……………………… 13
    三、对外开放深入推进，市场竞争更加公平 …………………… 14

  第四节 行业发展趋势及展望 ……………………………………… 14
    一、各项政策推进落实，防范风险成主旋律 …………………… 14
    二、市场规模保持增长，经营策略和模式逐步分化 …………… 15
    三、清算市场格局重塑，双向开放成必然 ……………………… 16
    四、金融化创新显著，支付服务主体金融渗透提速 …………… 16
    五、创新产品应用深入，技术进步推动行业变革 ……………… 17

第二章 支付清算行业热点回顾 …………………………………………… 19

  第一节 标本兼治，"严监管"成为支付行业新常态 …………… 19

  一、创新监管方式，支付机构分类评级施行 …………………………… 19
  二、风险整治重拳出击，肃清市场时不我待 …………………………… 21
  三、账户改革推进，筑牢风险防范大堤 ………………………………… 24
 第二节 行业格局重塑 ……………………………………………………………… 26
  一、网联平台建设，或将开创支付清算新格局 ………………………… 26
  二、清算市场开放，中外银行卡组织同台共舞 ………………………… 28
 第三节 市场博弈 …………………………………………………………………… 30
  一、严把牌照续展关，指导行业有序发展 ……………………………… 30
  二、刷卡手续费改革推进，市场化机制进一步完善 …………………… 31
  三、条码支付促进线上线下融合 ………………………………………… 32
  四、聚合支付推动收单受理市场新发展 ………………………………… 34

第三章 票 据 ……………………………………………………………………… 39
 第一节 发展概况 …………………………………………………………………… 39
  一、业务量延续下降趋势，实际结算商业汇票八年来首次下降 ……… 39
  二、电票保持高速发展，出票金额占比加速增长 ……………………… 41
  三、未贴现银行承兑汇票规模持续下降，地区间差异明显 …………… 43
  四、监管政策趋严，财税改革深化，票据市场进入整顿期 …………… 44
  五、发挥行业自律作用，推动电票业务良性发展 ……………………… 45
 第二节 运行特点 …………………………………………………………………… 45
  一、票据市场集中度高，东部地区和国有商业银行占比领先 ………… 46
  二、票据融资余额占比提高，商业汇票签发量十年来首降 …………… 48
  三、票据利率全年稳中趋降，年初年末波动上升 ……………………… 49
  四、顺应市场发展需求，全国统一票据交易平台应运而生 …………… 50
  五、产品不断创新，票据资产证券化大幕拉起 ………………………… 52
 第三节 行业风险及问题 …………………………………………………………… 54
  一、票据签发量首次负增长、利差持续收窄，风险形势
    依然严峻 ……………………………………………………………… 54
  二、企业资金链脆弱、信用风险呈上升势头 …………………………… 55

三、操作风险、道德风险与跨市场风险相互交织，票据欺诈大案
　　　　要案频发·· 55
　　四、监管政策频出、合规风险凸显，银行风险管控力度加强········ 56
　　五、票交所正式成立，有效遏制市场风险·························· 57

第四节　趋势展望·· 57
　　一、企业有效融资需求增加，票据助推实体经济发展作用增强··· 58
　　二、票据市场加速转型，电子票据进一步替代纸质票据············ 58
　　三、全国性票据市场发展新阶段开启，市场运行格局将发生
　　　　重大变化·· 59
　　四、交易体量继续下降，融资规模、利率波动幅度加大··········· 59
　　五、创新加速，票据资产证券化、区块链技术运用发展
　　　　前景广阔·· 60

第四章　银行卡·· 65

第一节　发展概况·· 65
　　一、发卡量平稳增长，信用卡占比继续降低························ 65
　　二、交易量增速放缓，取现业务和消费业务增速下滑············· 67
　　三、受理环境不断完善，农村受理环境持续改善··················· 69
　　四、产业快速发展，在全球地位进一步提高························ 70

第二节　运行特点·· 71
　　一、发卡市场机构集中度稳中有降································· 71
　　二、产品和服务趋向精准化、智能化······························· 74
　　三、收单业务的机构集中度高位攀升······························ 79
　　四、移动支付助力银行卡产业深刻变革···························· 81
　　五、规范力度加强推动机构合规意识提升························· 83

第三节　热点剖析·· 86
　　一、信用卡利率市场化分步实施，发卡市场创新空间有效提升··· 86
　　二、银行卡刷卡手续费定价机制改革，释放收单市场活力········ 87
　　三、创新支付业务发展迅猛，满足各类商户收款需求············· 89

四、市场逐步开放，参与主体多元化……………………………… 94
第四节　趋势展望……………………………………………………… 95
　　一、银行卡走进"芯"时代……………………………………… 95
　　二、银行卡业务经营日趋精细化………………………………… 96
　　三、行业监管和自律力度持续加大……………………………… 97

第五章　互联网支付……………………………………………………… 99
　第一节　发展概况……………………………………………………… 99
　　一、业务规模延续增长态势，银行机构保持主导地位………… 99
　　二、参与主体数量稳定，新兴主体通过并购等方式加快布局… 101
　　三、网上支付客户数量平稳增加，支付账户数量快速增长…… 102
　　四、特约商户数量增长迅速，网络购物类商户居多…………… 102
　第二节　运行特点……………………………………………………… 103
　　一、市场集中度略有上升，主要机构保持显著竞争优势……… 103
　　二、商业银行以需求为导向，不断提升金融综合服务水平…… 104
　　三、支付机构积极拓展应用领域，提供多样化的支付解决方案… 106
　　四、良好政策支持，跨境支付业务蓬勃发展…………………… 108
　　五、政府监管与行业自律不断强化，合规经营、
　　　　防范风险成基调……………………………………………… 109
　第三节　行业风险及问题……………………………………………… 110
　　一、客户身份验证渠道有待拓展，实名制落实待加强………… 110
　　二、信息安全管理机制需进一步加强，以切实保障客户权益… 110
　　三、特约商户资质审核及监测有待加强，避免为不法分子提供
　　　　相关服务……………………………………………………… 111
　　四、风险信息共享存在不足，风险联防机制有待进一步完善… 111
　　五、信息披露机制和风险赔付机制有待建立和完善…………… 111
　第四节　趋势展望……………………………………………………… 112
　　一、市场参与主体数量趋于稳定，业务规模保持平稳增长…… 112
　　二、市场结构或将微调，部分主体间构建新型战略合作关系… 112

三、继续向多领域渗透，有力支撑各产业优化升级和调整………112

　　四、风险信息共享和联防机制不断完善，有效提升风险
　　　　防控水平……………………………………………………113

　　五、监管与自律制度持续落实，督促和引导业务规范发展………113

第六章　移动支付……………………………………………………115

第一节　发展概况………………………………………………115

　　一、移动支付业务规模延续高速增长态势………………………115

　　二、业务持续由PC端向移动端迁移，移动远程支付占主导………117

　　三、移动支付客户数量稳步增长，近场特约商户数量迅猛提升……117

　　四、技术标准和业务规范持续完善，市场规范发展、合理创新……118

第二节　运行特点………………………………………………118

　　一、市场主体积极打造移动支付服务生态圈，满足客户便捷化
　　　　支付需求……………………………………………………118

　　二、操作简便是客户对移动支付保持较高使用频率的主要原因……119

　　三、移动支付主要用于购买娱乐项目、生活用品等日常生活
　　　　领域…………………………………………………………121

　　四、以小额便民支付为特点，单笔交易金额多在500元以下………121

　　五、移动支付在创新发展中的风险，亟须高度重视………………122

第三节　热点剖析………………………………………………122

　　一、条码支付创新应用，促进移动电子商务和O2O业务的发展……122

　　二、移动支付业务加速向高附加值领域融合渗透，应用场景和
　　　　功能不断丰富………………………………………………123

　　三、NFC、HCE、生物识别等新技术推动移动支付产品性能和
　　　　安全水平提升………………………………………………127

　　四、基础设施建设持续推进，受理环境不断完善…………………131

第四节　趋势展望………………………………………………132

　　一、移动支付业务规模将延续高速增长态势……………………132

　　二、调整优化经营战略，加速推进向高附加值领域的融合渗透……132

三、科技与支付应用融合，继续提升移动支付产品功能性、
　　　　安全性和便捷性 ··· 133
　　四、自律规范和技术标准逐步完善，行业整体规范运营水平不断
　　　　提升 ··· 133

第七章　预付卡 ··· 135

第一节　发展概况 ·· 135
　　一、预付卡发行规模 ·· 137
　　二、预付卡受理规模 ·· 140
　　三、特约商户、网点及受理终端规模 ··· 141

第二节　运行特点 ·· 143
　　一、持续优化业务结构，提升综合服务能力 ··· 144
　　二、紧贴市场需求，创新特色化产品和服务 ··· 144
　　三、深耕支付生态圈，丰富服务领域和内容 ··· 145
　　四、预付卡行业整体监管思路明朗 ··· 145

第三节　行业发展面临的主要问题 ··· 149
　　一、合规及风控水平不一，个别机构被依法处罚 ································ 149
　　二、传统产品盈利空间收窄，机构可持续经营能力有待考量 ············ 149
　　三、新兴支付工具形成替代性，预付卡产品亟须优化升级 ················ 150
　　四、不同监管主体政策上的差异，影响预付卡行业健康发展 ············ 150

第四节　发展建议 ·· 150
　　一、强化分类监管，通过促合规提升行业风控能力 ···························· 151
　　二、推动行业创新，促进预付卡业务多样化发展 ································ 151
　　三、促进机构整合与并购重组，为行业发展注入新活力 ···················· 152
　　四、加强不同监管主体间的政策协调，提供良好的行业
　　　　发展环境 ··· 152

第五节　趋势展望 ·· 153
　　一、生活服务领域依然是核心竞争所在 ··· 153
　　二、线下与线上融合共赢将为预付卡发展提供创新空间 ···················· 153

三、预付卡行业经过治理规范后将逐渐步入新的成长期 …………… 154

第八章　互联网金融……………………………………………………159

第一节　互联网金融发展概况及发展环境 ……………………… 159
一、互联网金融整体保持规模增长，不同业态呈现分化发展 …… 159
二、互联网金融受到资本追逐，行业投融资持续活跃 …………… 160
三、互联网金融监管层级日益完善，立体化监管体系逐步建立 … 162

第二节　互联网金融主要业态发展概况及运行特点 …………… 163
一、P2P网络借贷 …………………………………………………… 163
二、互联网消费金融 ………………………………………………… 170
三、互联网保险 ……………………………………………………… 172
四、网络银行 ………………………………………………………… 175
五、互联网小贷 ……………………………………………………… 177
六、互联网股权融资 ………………………………………………… 180

第三节　行业风险及问题 …………………………………………… 182
一、网贷、互联网理财、跨界资产管理等领域风险积聚 ………… 182
二、整改期限将至，网贷监管部分细则落地仍面临挑战 ………… 183
三、金融资产交易所风险显露，与互联网金融合作模式合规性
　　尚待探讨 ………………………………………………………… 183
四、校园贷业务缺乏相关标准，社会征信环境亟须发展完善 …… 184
五、用户信息泄露严重，个人隐私保护亟待加强 ………………… 186

第四节　互联网金融发展趋势 ……………………………………… 187
一、互联网金融监管细则不断完善，业内机构加速合规进程 …… 187
二、单一业务平台积极转型升级，互联网金融集团化、综合化
　　趋势明显 ………………………………………………………… 187
三、互联网金融探索农村蓝海，助力农村普惠金融 ……………… 188
四、互联网金融风险监测预警体系不断健全，共享合作
　　更加普遍 ………………………………………………………… 190
五、金融科技的兴起，为行业可持续发展提供新动力 …………… 190

第九章 支付清算政策环境和监管制度……193

第一节 2016年行业政策环境和监管制度综述 ……193
一、加快推进顶层设计,不断完善行业基础性制度体系………195
二、持续加大违规行为打击力度,有效净化市场环境…………196
三、分类监管模式基本确立,进一步提升监管有效性…………197
四、电信网络诈骗打击力度空前,有效保护金融消费者权益…198
五、充分发挥行业自律作用,进一步加强社会监督力量………198

第二节 2016年重点政策法律制度评析……………199
一、建立个人银行账户分类管理机制,强化落实实名制………199
二、规范银行卡清算机构准入管理,实施银行卡价格改革……200
三、创新分类监管制度,确立备付金集中存管机制……………203
四、开展专项整治活动,打击支付市场违规乱象………………205
五、打击电信网络新型违法犯罪,构建防范电信网络诈骗
  长效机制……………………………………………………207
六、落实金融消费者权益保护,保障资金和信息安全…………209
七、完善行业自律规范体系,促进行业规范发展………………211

第三节 加强支付清算行业监管和法制建设的建议……………215
一、加强监管协调,进一步完善支付行业监管体系……………216
二、丰富监管手段,完善对违规行为的处罚管理措施…………216
三、充分发挥行业自律作用,完善多维监管体系………………217
四、提高立法层级,完善支付清算法律基础……………………218

专题一 全球支付清算行业总体发展状况及趋势……220

第一节 国际经济环境及趋势……………………220
一、发达经济体的增长强于预期…………………………………220
二、新兴经济体发展差异显著……………………………………221
三、大宗商品价格触底回升,影响通胀水平……………………221
四、金融市场和汇率波动较大,资本流动加速…………………221

第二节 全球支付清算行业发展总体态势 ……222

一、新兴亚洲成为全球支付行业发展引擎 …………………… 222
　　二、银行卡支付仍占主导地位，移动支付发展最为迅猛 …… 223
　　三、支付技术日新月异，金融科技加速向全产业链渗透 …… 223
　　四、大数据运用重塑全行业商业模式 ………………………… 223
　　五、支付基础设施日趋实时化 ………………………………… 224
　　六、网络安全、风险控制和合规经营仍是行业发展的基础 … 224
　第三节　全球支付清算行业监管态势 ……………………………… 224
　　一、风险控制仍然是全球支付行业监管的重点 ……………… 224
　　二、规范行业秩序、提高透明度是另一个重点工作 ………… 225
　　三、全球和区域性的支付基础设施建设持续推进 …………… 225
　　四、支付监管伴随着技术创新不断发展 ……………………… 226

专题二　区块链发展现状及其在支付清算中的应用前景 …………… 228
　第一节　区块链的兴起和发展 ……………………………………… 228
　　一、比特币的诞生 ……………………………………………… 228
　　二、从比特币到"区块链+" …………………………………… 229
　　三、区块链产业发展格局 ……………………………………… 229
　第二节　区块链的技术发展现状 …………………………………… 231
　　一、区块链的架构层次 ………………………………………… 231
　　二、从分布式数据库到区块链的发展演变 …………………… 232
　　三、共识机制 …………………………………………………… 232
　　四、密码学 ……………………………………………………… 234
　　五、智能合约 …………………………………………………… 235
　第三节　区块链的应用发展现状 …………………………………… 235
　　一、金融领域 …………………………………………………… 236
　　二、公共服务领域 ……………………………………………… 238
　　三、物联网领域 ………………………………………………… 238
　第四节　区块链在支付清算行业的应用 …………………………… 238
　　一、区块链对支付清算行业的影响 …………………………… 238

二、行业内应用场景分析 …………………………………………… 240
　　三、典型应用架构 …………………………………………………… 245
  第五节　区块链面临的挑战以及未来发展建议 …………………………… 248
　　一、区块链当前面临的挑战 ………………………………………… 248
　　二、区块链未来发展建议 …………………………………………… 248

主要业务数据表

　表一　2016年牌照续展后要求被合并的机构列表 …………………… 250
　表二　2016年续展不予通过的机构列表 ………………………………… 251
　表三　2016年已注销支付机构列表 ……………………………………… 251
　表四　票据业务主要数据 ………………………………………………… 251
　表五　银行卡业务主要数据 ……………………………………………… 252
　表六　互联网支付业务主要数据 ………………………………………… 253
　表七　移动支付业务主要数据 …………………………………………… 253
　表八　预付卡业务主要数据 ……………………………………………… 254
　表九　国内主要支付清算系统业务量 …………………………………… 255

专　栏

　专栏2-1　个人银行账户改革的主要内容 ………………………………… 25
　专栏2-2　聚合支付 ………………………………………………………… 35
　专栏3-1　上海票据交易所 ………………………………………………… 51
　专栏3-2　商业银行票据资产证券化产品 ………………………………… 53
　专栏3-3　区块链技术在票据市场的应用 ………………………………… 61
　专栏4-1　商业银行借助账户分类管理机制完善银行卡产品体系 …… 76
　专栏4-2　银联高端卡 ……………………………………………………… 78
　专栏4-3　基于商户的移动支付新应用——装在口袋里的收银台 …… 82
　专栏4-4　中国支付清算协会建立银行卡收单业务风险信息共享平台 … 85
　专栏4-5　智能终端——从收单机构向综合支付服务提供商转变 …… 91
　专栏6-1　移动支付在医疗行业的应用、特点及趋势 ………………… 124

专栏6-2　NFC-HCE和NFC全手机移动支付模式对比研究 …………128
专栏7-1　预付卡行业营改增政策及其影响分析 ………………………146
专栏7-2　资和信苹果APP Store充值卡及其特点 ……………………148
专栏7-3　美国预付卡产业发展模式 ……………………………………154
专栏8-1　陆金所投资者适当性管理的探索和实践 ……………………167
专栏8-2　微贷网车贷风控系统及风控管理体系 ………………………168
专栏8-3　拍拍贷"大数据魔镜风控系统" ……………………………169
专栏8-4　中国支付清算协会小微金融风险信息共享平台 ……………185
专栏8-5　PPmoney理财"互联网+信用三农"探索…………………188

第一章 我国支付清算行业发展综述

2016年,全球经济增长继续呈现温和复苏态势,支付清算行业保持快速增长,非现金支付交易笔数增长了10%以上[1],远高于全球经济3.1%[2]的增长水平。中国经济运行缓中趋稳、稳中向好,2016年国内生产总值达到74.4万亿元,增长6.7%,名列世界前茅,对全球经济增长的贡献率超过30%。与此同时,我国创新驱动发展战略持续推进,支付与各行业加速融合,推动新兴产业快速增长。凯捷(Capgemini)与苏格兰皇家银行集团(RBS)联合发布的《2016年全球支付报告》指出,以中国为代表的亚洲新兴国家已成为全球支付清算行业发展的引擎。

支付结算是重要的金融基础设施,也是服务民生、促进消费的重要渠道。近年来,我国商业银行、非银行支付机构在零售支付、科技金融等多个领域进一步深化合作,共同推进支付清算行业规模持续扩大,产品不断丰富,手段更为安全便捷,成为中国经济转型升级的重要亮点。在支付清算行业快速发展的同时,监管部门主动适应行业创新发展步伐,持续完善行业顶层设计,推进各项制度落地生根,加快支付结算基础设施建设;针对行业快速发展中暴露出的过度竞争、消费者信息泄露和备付金风险等市场乱象和违法违规行为,贯彻"强化支付监管、防范支付风险"理念,继续加大监管力度,保持高压态势,规范业务行为,化解处置风险,淘汰不合规企业,有效应对未来行业格局变化和支付业务创新带来的挑战,引导行业健康、合规发展,坚决守住支付领域不发生系统性风险的底线。

第一节 我国支付清算行业运行基本情况

我国支付清算行业发展迅速,业务增量全球第一。同时,作为一个技

---

[1] 凯捷(Capgemini)与苏格兰皇家银行集团(RBS)联合发布的《2016年全球支付报告》预估数据。根据往年数据对比,预估偏差极小。
[2] 数据来源:IMF《世界经济展望》,2017年4月18日。

中国支付清算行业运行报告(2017)

术密集型新兴行业，我国支付清算行业发展水平基本与主要发达国家处于同一阵营，在互联网支付、移动支付等行业发展热点上，我国都有支柱型的龙头企业；从电子商务这一支撑行业未来发展的重点看，我国电子商务交易额全球领先，移动电商支付金额相当于美国的4.5倍；从主要的支付子行业看，我国的发展趋势与全球一样，呈现出银行卡支付占主导地位、票据支付下降、移动支付成为新增长点的结构性发展趋势。

一、支付结算业务量快速增长

2016年，全国共办理非现金支付业务1 251.11亿笔[1]，金额3 687.24万亿元，同比分别增长32.64%和6.91%。《2016年全球支付报告》显示，从全球可比口径看，2015年[2]我国非现金支付业务笔数占全球非现金支付业务笔数的22.12%，增速为全球平均速度的4倍以上。

票据业务持续下降，电子商业汇票系统出票金额快速增长。从全球看，票据支付的占比持续降低，曾经在发达国家支付结算中占主要地位的支票付款已经快速萎缩，2010年到2014年在非现金支付中的占比缩小了一半。我国票据业务的趋势与全球基本同步。2016年，票据业务降幅较上年有所加大，全国共发生票据业务2.93亿笔，金额187.79万亿元，同比分别下降29.64%和21.17%。支票、实际结算商业汇票、银行汇票和银行本票业务量整体呈下降趋势，实际结算商业汇票业务量八年来首次下降。电子商业汇票增速较快，中国人民银行电子商业汇票系统出票230.47万笔，金额8.34万亿元，同比分别增长71.89%和48.96%，其中出票金额占企业累计签发商业汇票金额的比重连续七年保持增长态势，且近三年来进入快速增长通道，占比从2013年的7.83%增长到了2016年的46.08%。

银行卡产业整体保持稳定增长，产业政策不断完善。银行卡是当前全球非现金支付的主要渠道。统计数据表明，2014年全球45.7%的非现金支付

---

[1] 非现金支付业务包含票据、银行卡及其他结算业务。其中，其他结算业务主要是银行间支付结算业务，包含贷记转账、直接借记、托收承付及国内信用证业务，2016年全国共发生其他结算业务93.44亿笔，金额2 757.63万亿元。

[2] 数据滞后两年，2015年的全球非现金支付笔数为预估数。

是通过银行卡完成的。我国银行卡发展趋势与全球基本保持一致。发卡量平稳增长。截至2016年底,全国银行卡在用发卡数量61.25亿张,同比增长12.54%。其中,借记卡在用发卡数量56.60亿张,同比增长12.96%;信用卡和借贷合一卡在用发卡数量共计4.65亿张,同比增长7.60%。银行卡交易量增速放缓。全年发生银行卡交易1 154.74亿笔,金额741.81万亿元,同比分别增长35.49%和10.75%,增速分别下降了7.58个和38.13个百分点。从交易金额看,转账业务增长最快,同比增长15.29%;取现业务出现负增长,下降10.46%;全年办理银行卡消费业务383.29亿笔,金额56.50万亿元,同比分别增长32.03%和2.72%,金额增速连续三年快速下滑。银行卡跨行消费业务[①]202.43亿笔,金额49.07万亿元,分别占银行卡消费业务量的52.81%和86.85%,银行卡渗透率达48.47%(2015年为47.96%)。受理环境持续改善。截至2016年底,银行卡跨行支付系统联网特约商户2 067.20万户,POS机具2 453.5万台,ATM92.42万台,联网商户、POS机具、ATM数量分别较上年增长23.78%、7.51%和6.63%。信贷规模持续扩大。银行卡授信总额[②]为9.14万亿元,同比增长29.06%;银行卡应偿信贷余额为4.06 万亿元,同比增长23.63%。通过网络支付接口办理的银行卡收单业务量[③]占比进一步提升。2016年,通过网络支付接口办理的银行卡收单业务量为467.33亿笔,金额36.52万亿元,占银行卡收单业务量的比重分别为65.46%和47.74%,较上年分别上升了0.5个和10.93个百分点。

新兴支付业务保持快速增长。互联网支付行业整体保持安全、平稳、高效运行,交易规模稳步提升。2016年,国内商业银行共处理网上支付业务461.78亿笔,金额2 084.95万亿元,分别比上年增长26.96%和3.31%[④];非银行支付机构共处理互联网支付业务663.3亿笔,金额54.25万亿元,分别比

---

① 银行卡跨行消费业务是指通过POS(含移动POS)、网上、其他终端等设备受理的跨行银行卡消费的交易业务量。
② 银行卡授信总额为信用卡和借贷合一卡的授信总额之和。
③ 数据来源:中国支付清算协会。
④ 数据来源:中国人民银行。网上支付业务是指统计期内,客户通过网上银行从结算账户上主动发起的账务变动类业务笔数和金额,包括网上银行金融交易业务。

中国支付清算行业运行报告 (2017)

上年增长98.60%和124.27%[①]。移动支付行业延续高速发展态势。2016年，国内商业银行共处理移动支付业务257.10亿笔，金额157.55万亿元，同比分别增长85.82%和45.59%[②]。非银行支付机构共处理移动支付业务970.51亿笔，金额51.01万亿元，同比分别增长143.47%和132.29%[③]。

预付卡行业在规范中稳定发展。2016年预付卡机构发卡数量有所下降，发卡金额略有上升，单笔平均发卡金额明显上升；预付卡使用领域、范围持续扩展，商户数量和受理终端数量稳步增长。2016年，160家预付卡发卡机构合计发卡2.21亿张，金额820.23亿元，发卡数量同比下降14.67%，发卡金额同比增长7.72%。单笔平均发卡金额为371.15元，较上年增长26.25%。平均每家机构发卡138.13万张，金额5.13亿元。截至2016年底，中国支付清算协会有124家预付卡会员单位，累计发展特约商户20.07万家，特约商户网点4.41万个，布放预付卡受理终端共10.44万台。

二、支付服务参与者不断丰富

随着支付方式、支付介质和支付场景的不断创新，形成了以新商业形态、新产业模式、新参与主体为特征的多样化竞合关系格局，市场参与主体数量快速增长。支付服务市场主体呈现多元化发展，形成了包括银行业金融机构、特许清算机构和非银行支付机构等多种市场主体并存的格局。

银行业金融机构在支付产业中仍处于主导地位。一是机构数量和营业网点众多，城乡金融服务基本实现全覆盖。我国共有银行业金融机构法人4 200余家[④]，境内营业性网点21万余个，基本实现了城乡金融服务全覆盖。依托发达的商业银行行内业务系统，借助传统柜台渠道和网上支付、移动支付等电子支付方式，银行业金融机构为广大企事业单位和个人提供方便、快捷的支付服务。截至2016年底，共有17家民营银行获批筹建，已开业的8家均具有互联网背景，业务重心放在消费者、中小微企业、"三

[①] 数据来源：中国支付清算协会。
[②] 数据来源：中国人民银行。
[③] 数据来源：中国支付清算协会。
[④] 数据来源：《中国银行业监督管理委员会2015年报》。

农"和社区等金融服务比较薄弱的领域和群体。二是支付主渠道作用突出，业务体量和用户数量优势明显。2016年，银行处理的非现金支付业务金额占非现金业务总量的97.3%，在大额资金支付、企事业单位资金结算及跨境支付等方面占据主导优势。三是支付服务安全、可靠的形象依然深入人心。作为我国资金流转网络的稳定节点，银行账户实名制构成了支付体系的安全基石。在近期全国性打击电信网络诈骗犯罪专项活动中，银行机构承担了主要任务，通过系统和业务改造，增加网点、ATM及网银转账支付渠道等防范措施，开展反欺诈风险监测，取得了阶段性成果。与此同时，银行还同步推进"三票一卡"与新兴支付业务的创新发展。

非银行支付机构在零售支付领域发挥积极作用，带动行业创新发展，在互联网支付、银行卡收单等零售支付市场占有率迅速增长。自2011年5月3日至2015年3月26日，中国人民银行分8批向270家机构发放了支付业务牌照，既有牌照齐全的大型机构，也有只在单一地区从事单一业务的小型机构。此后，因注销、主动申请注销[①]、不予续展和续展合并等因素，非银行支付机构数量在调整完毕后将缩减为255家，其中预付卡发行与受理160家，预付卡受理6家，互联网支付109家[②]，银行卡收单62家[③]，移动电话支付47家[④]，固定电话支付8家[⑤]，数字电视支付6家[⑥]。

近年来，我国的非银行支付机构业务增长十分显著，中国人民银行统计数据显示，我国非银行支付机构处理的业务量从2013年的371亿笔增加到了2016年的1 855亿笔，金额从18万亿元增加到了120万亿元，年复合增长率分别达到了71%和90%。

[①] 北京润京搜索投资有限公司于2016年8月向中国人民银行递交终止支付业务的报告，中国人民银行官网对其注销信息予以公示，注销日期显示为2016年10月20日。
[②] 资和信网络支付有限公司被合并、中汇电子支付有限公司、上海畅购企业服务有限公司的支付业务许可证（含互联网支付业务许可）被依法注销，整合完成后将减少3张互联网支付业务许可证。
[③] 上海通卡投资管理有限公司支付业务牌照（含预付卡发行与受理、银行卡收单许可）不予续展。
[④] 银联商务和易生支付2家机构在续展后增加了移动电话支付许可。
[⑤] 财付通、快钱、网银在线、海南新生、上海付费通、上海银生宝6家机构续展后主动终止了固定电话支付。
[⑥] 因为存在一家支付机构获得多种牌照的情况，所以各分项大于机构总数。

中国支付清算行业运行报告(2017)

中国支付清算协会统计数据[①]显示，我国非银行支付机构发展呈现以下特点。一是业务基本实现全覆盖。截至2016年底，223家机构共有分公司1 471家，互联网支付、银行卡收单和预付卡受理业务覆盖了全国所有地级市，预付卡发行业务覆盖了337个[②]被统计城市中的331个。二是从业人员数量初具规模，学历水平和流动性双高。截至2016年底，223家机构共有支付业务相关从业人员60 547名，其中大学本科以上学历60.12%，硕士以上学历8.1%，员工教育水平较高；在本单位工作1年以下、1~3年、3~5年和5年以上的员工比例分别为29.94%、36.89%、15.59%和17.58%，从业人员流动性较高。三是业务多集中在沿海及大城市。分公司数量排名前10的省份拥有223家非银行支付机构54.66%的分公司，其中广东省最多（133家），西藏自治区最少（10家）（见图1-1）。数量排名前10的城市[③]（含直辖市）支付机构分公司占到33.72%，还有205个地级市尚未设立支付机构分支机构。四是机构营业收入规模参差不齐。223家机构实现全年营业收入783亿元，其中支付业务收入685亿元，其中年收入100亿元以上机构2家，10亿~100亿元规模9家，1亿~10亿元规模46家，1 000万元~1亿元规模71家，其他规模较小机构创收能力较弱。

[①] 数据来源：中国支付清算协会223家非银行支付机构基本情况数据。
[②] 337个被统计城市为4个直辖市加333个地级市。
[③] 支付机构分公司数量最多的10个城市分别为：上海市（70家）、北京市（67家）、广州市（60家）、成都市（47家）、南京市（45家）、杭州市（43家）、深圳市（42家）、济南市（41家）、重庆市（41家）、武汉市（40家）。

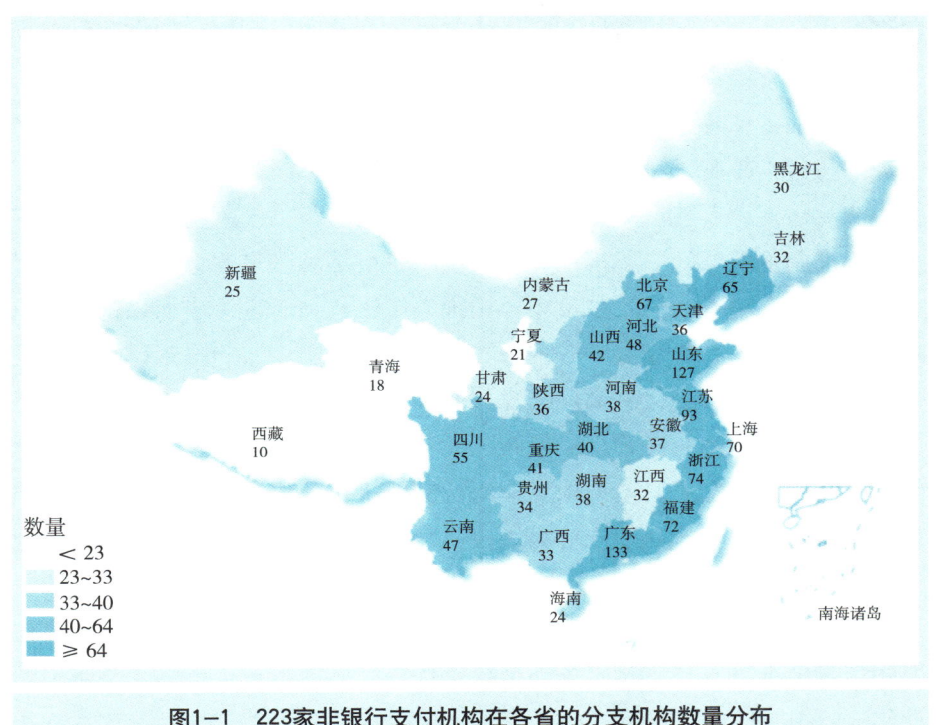

图1-1　223家非银行支付机构在各省的分支机构数量分布

三、基础设施和机制更加完善

支付结算基础设施建设深入推进。2016年，我国支付结算基础设施建设取得重大进展。一是人民币跨境支付系统（CIPS）提质增效稳步推进。截至2016年底，CIPS共有境内外直接参与者27家、间接参与者414家，覆盖70多个国家和地区，业务量增长超过2倍，日均处理业务3 397笔，金额274亿元，人民币跨境支付主渠道作用日益明显。二是全国统一的票据交易所正式成立。上海票据交易所一期试点机构共计43家，包括35家商业银行、2家财务公司、3家券商、3家基金，统一的票据交易平台将有利于提高我国票据市场的交易透明度。三是启动非银行支付机构网络支付清算平台（以下简称"网联"）建设。作为我国首次运用分布式架构开发建设的金融基础设施，"网联"平台旨在畅通非银行支付机构业务处理通道，搭建促进业务创新的公共平台，有利于降低机构业务处理成本、实现业务资金清算透明化。

支付结算法律法规制度不断健全。2016年，国家和支付行业监管部门密集出台了一系列规范性和自律性文件，强化业务制度，加大支付清算及相关行业整治力度。全国人大于2016年11月通过了《网络安全法》，特别规定对关键信息基础设施实施重点保护，标志着我国支付系统作为金融领域的关键信息基础设施拥有了法律保护。监管部门也在过去一年加强了支付清算法规体系建设。一是发布《中国人民银行关于落实个人银行账户分类管理制度的通知》，推动完善人民币银行结算账户改革，落实个人银行账户分类管理机制。二是发布《中国人民银行关于进一步加强银行卡风险管理的通知》，建立健全非现金支付工具法规制度，加强银行卡风险管理。三是《非银行支付机构网络支付业务管理办法》正式实施，进一步完善新兴支付方式的业务管理；发布《关于实施支付机构客户备付金集中存管有关事项的通知》，基本确立非银行支付机构备付金集中管理模式。四是发布《支付结算违法违规行为举报奖励办法》，建立支付结算违法违规举报奖励机制，充分发挥社会监督作用，规范支付服务市场秩序。

支付服务广度深度不断拓展，收费定价机制更加完善。过去一年，监管部门着力推进农村支付服务环境持续优化，推动银行卡市场化改革不断深化。组织开展农村支付"互联网+"建设工程，协调推动农村地区非现金支付服务优惠支持政策，深入推进农村支付服务环境建设，畅通农村电子支付渠道，大力发展移动支付和网上支付，创新推动助农取款+农村电商融合发展，打造线上线下一体化的综合服务体系，不断拓展农村地区支付服务广度，持续改善农村支付服务环境。积极响应国家供给侧改革提出的"三去一降一补"之"降成本"任务，完善银行卡刷卡手续费定价机制，按照市场原则"取消商户分类"、实施"借贷分离"，有效降低发卡行服务费和网络服务费。预计2017年将为商户减负97亿元，降幅达9.2%，为提升支付效率奠定了基础。大力推进信用卡定价机制及相关制度改革，从推进信用卡利率和息费规则市场化、提升预借现金服务质量、加强持卡人权益保护等方面，引导商业银行建立差异化、个性化的信用卡产品和服务体系，促进信用卡服务创新和良性竞争。

第二节 我国支付清算行业监管和治理体系

随着我国支付服务主体多元化发展和非现金支付工具广泛应用，支付清算行业对促进经济社会发展的重要作用日益凸显。过去一年，我国支付清算行业监管体制机制不断健全，治理水平不断提高，"政府监管、行业自律、机构自治、社会监督"的一体化行业治理体系基本形成。

一、围绕防范风险，强化政府监管

2016年，监管部门坚持"鼓励创新与防范风险并重"的原则，确立了"安全"和"高效"并重的监管目标，明确监管范围和监管手段，在促进行业创新的同时，密集出台了一系列法律法规制度，强化业务监管，不断增强行业风险防范能力。一是统筹实施重点领域专项整治和对市场主体的组合检查，加大无证经营支付业务机构的清理处置，加大非银行支付机构备付金风险和跨机构清算业务监管。二是创新非现场监管模式，根据非银行支付机构分类评级结果确定监管重点，采取差异化监管措施。三是完善市场退出机制，以分类评级和支付业务许可证续展为基础，推动机构合并、调减业务范围、注销许可证等多种方式的市场退出渠道。

截至2016年底，中国人民银行共清理非法从事支付业务机构232家[①]。另外，秉承"总量控制、结构优化、提高质量、有序发展"理念，加大获牌机构的审慎监管力度。截至2016年底，累计处罚13家违反客户备付金相关管理规定的非银行支付机构，注销3家[②]机构业务许可证；2016年，完成三批共92家机构支付业务许可证续展工作，调整机构业务范围18家，合并机构10家，不予续展1家[③]，并借此综合评判非银行支付机构许可证存续期间的整体经营稳健性和合规性，以及支付业务的运营能力、风险防控能力、客户权益保障能力、发展可持续性等情况，建立健全市场退出机制。

与此同时，监管部门还针对互联网支付与电子商务运行模式创新相结

[①] 截至2017年1月底，中国人民银行共清理无证即非法从事支付业务机构239家，部分已经移送给公安部门处理。
[②] 被注销牌照的3家机构分别为：浙江易士企业管理服务有限公司（预付卡）、广东益民旅游休闲服务有限公司（预付卡）、上海畅购企业服务有限公司（互联网和区域预付卡）。
[③] 上海通卡投资管理有限公司因违反《中国人民银行关于〈支付业务许可证〉续展工作的通知》（银发〔2015〕385号）第六条的规定（通过伪造、变造、隐匿数据等手段故意规避监管要求，或恶意拒绝、阻碍检查监督的）不予续展情形。

合的特性，创新监管模式，针对支付平台的核心"信息流与资金流的安全问题"，探索非现场监管体系，确保客户备付金安全、平台系统安全、客户信息安全，并提高监管效率。

二、丰富服务手段，积极发挥行业自律

中国支付清算协会综合利用各类行业自律机制，引导会员单位将合规意识内化于实际经营之中，促进各类支付主体落实监管政策，诚信经营，规范发展，提升行业安全服务水平。2016年，中国支付清算协会共发布行业自律规范、通知、公告、提示等13项，并推动落实。着力加强重点领域市场治理，持续深化和完善自律体系，为争取行业发展空间积极协调沟通，切实维护行业和消费者权益，支持和推动非银行支付机构网络支付平台建设，持续推进会员服务精细化，为促进行业健康可持续发展发挥了积极作用。

推动重点领域的自律规范和风险防控。优化协会综合服务平台，丰富系统模块功能，收集不同等级及类型风险信息近10万条，提高违法违规人员和企业的失信成本。进一步完善银行卡业务自律体系，上线银行卡收单外包服务机构信息登记和风险信息共享系统，实现收单外包机构信息及线上线下收单业务风险信息联网查询。启动特约商户信息系统建设，构建银行卡收单市场黑白名单机制，及时向会员单位提供多层次的信息支持，进一步提升行业风控水平。完善支付受理终端电子化登记和注册信息管理。起草信用卡协议和章程推荐范本，将信用卡利率确定和计息规则等纳入自律管理范畴。制定非银行支付机构网络支付业务自律管理相关规范，建立自律审查机制，督促会员单位签署客户信息验证合作机构基本信息和信用承诺书。发布《国内信用证审单规则》及跨行凭证范本，填补了国内信用证单据审核规则方面的空白。

落实打击电信网络诈骗犯罪各项政策举措。中国支付清算协会通过组织发放宣传折页、海报，在媒体终端投放公益广告等方式，开展"加强支付结算管理，防范电信网络新型诈骗"宣传活动。开展反欺诈研究，组织开展向非法网站提供支付服务的排查，建立重点监测库和非法网站黑名单，提示防范风险，构建共享和协调机制。

做好行业违规行为处置和自律评价工作,完善条码支付业务规范。开发建设支付结算违法违规行为网络举报平台,发布严重违规行为公告,明确7类35种严重违法违规行为类型。截至2016年底,257家会员单位签署《守法守规协议书》并交纳合规保证金,收到举报1 777件,坚持公平公正原则,对经查实涉及"二清"、未落实账户实名制、超范围经营、商户管理不严等违规行为的10家非银行支付机构实施了自律惩戒。完成对266家[①]非银行支付机构的自律评价,评价结果上报中国人民银行并纳入其对非银行支付机构的分类评级。完善条码支付"一个业务规范,两项技术指引",提升条码支付业务和技术安全水平。

积极争取行业发展空间,切实维护行业和消费者权益。代表行业就银行卡费率标准和非标准类商户价格优惠措施等问题与监管部门沟通协调,为行业发展争取更为公正、合理的价格水平,协调推动商户换签顺利开展并做好政策宣传解读。在中国人民银行的支持下,积极与相关监管部门就支付清算行业"营改增"政策的税收和发票政策建议进行沟通并受到认可,国家税务总局在正式文件中明确多用途预付卡行业和银行卡跨行交易适用税收政策,解决了多年来困扰行业的税收和发票问题。

三、加强消费者保护,促进机构自治和社会监督

近年来,支付行业风险事件频发,消费者信息泄露和备付金风险事件时有发生,侵犯消费者利益的同时也凸显部分支付机构亟须强化和规范机构自治。监管部门对此高度重视,强调业务规范和内控安全,加强金融消费者权益保护制度建设,从信息管理、资金管理及其他权益方面加强消费者权益保护。

首先,加强包括账户和交易过程的交易风险防控。完善支付平台技术标准,推行个人银行账户和支付账户分类制度,落实支付账户实名制管理,严格支付平台的商户审核义务。其次,保障消费者信息和资金安全。适时出台《金融业机构信息管理规定》和《关于实施支付机构客户备付金

---

① 广东广物电子商务有限公司因获牌未满一年而未参评。

集中存管有关事项的通知》，加强消费者信息保护，推进客户备付金集中存管以有效保护客户资金安全。针对金融行业网络化程度高、非面对面交易导致双方交易证据难以掌握的特点，出台了同样适用支付行业的《中国人民银行金融消费者权益保护实施办法》。此外，加大消费者知情权，提供纠纷解决途径，积极稳妥地处理消费者投诉。中国支付清算协会共受理消费者投诉13起，涉及金额14万元。经过一段时期的调整和探索，市场主体不断加强内控和风险约束，主动完善支付产品安全，积极维护消费者权益，行业整体合规意识不断增强。

第三节 我国支付清算行业发展特点

一、移动支付成热点，扫码支付逐步规范

随着金融业改革创新的不断深入和互联网行业的快速发展，越来越多的相关产业主体和资金进入第三方支付领域争夺市场份额。移动支付因具有丰富的应用场景，再加上其支付的快捷性和便利性，大大增强了用户黏性，同时可沉淀下众多的用户支付数据，是移动互联网的重要入口，在竞争中具有重要战略意义。随着智能终端的普及和手机上网用户的激增[①]，移动互联时代已经悄然来临。花旗分析师在一份研究报告中列出了10项可能彻底改变世界的技术，"移动支付"便是其中之一。

当前移动支付的产业布局分为三个方面，竞争态势各有不同。一是传统电子商务中的线上远程支付，其业务模式相对成熟，经历了几年的激烈竞争后已经初步形成了相对稳定的市场格局。二是互联网企业、非银行支付机构推出的借助二维码、条形码的O2O支付模式，目前已广泛布局线下商户，用户使用习惯已养成。三是基于近场通信技术（Near Field Communication，NFC），通过电子设备间进行非接触式点对点数据传输，借助银联等支付通道实现线下支付的模式，实现方式多样，产品形态不统

---

① 工信部公布的统计数据显示，2016年，我国移动电话用户净增5 054万户，总数达13.2亿户，移动电话用户普及率达96.2部/百人。

一。随着众多手机巨头支持的NFC支付逐步获得推广，并与二维码支付方式形成竞争，对移动支付的加快普及有极大的促进作用。过去一年，移动近场支付不断向传统线下支付市场渗透，成为流量和客户战略的重要支点，以及移动支付的新风口，银行、银联以及非银行支付机构在这一领域竞争激烈。另外，基于移动设备的二维码支付和APP支付（如美团、大众点评），因能较好地满足小微商户和用户的支付需求而快速普及。银联研究数据表明，二维码支付和APP支付在餐饮和娱乐类商户中占比不断提高，对银行卡替代效应初显。目前，除了微信支付和支付宝的激烈竞争外，绝大部分的大型商业银行和股份制商业银行都推出了二维码支付产品[1]。中国银联结合业务、技术、安全等实际情况，联合主要成员机构，制定并发布了银联二维码支付标准，主要包括《中国银联二维码支付安全规范》和《中国银联二维码支付应用规范》两个规范，根据监管要求，从模式、技术、业务、产品等方面全面保障二维码支付的安全性。

二、新产业形态逐渐形成，投资并购井喷

随着支付网络构建和支付工具应用在广度和深度的不断拓展，支付业务在快速清算资金、获取核心交易信息的同时，也逐渐从后台基础设施转变为前台用户入口，安全便捷的支付方式不仅能增加商业机构的消费者黏性，还成为消费者需要考虑的重要因素。因此，基于支付平台的场景化应用新业态正在形成，如沟通交流等社交平台场景、生活消费场景、票务旅游场景、金融理财场景等，以及涉及各行业的综合服务平台。越来越多的大型企业出于自身业务发展需要，希望通过构建自己的支付平台以完善相关产业链布局，或形成产业闭环。在支付牌照收紧、监管趋严的市场环境下，最优选择就是通过收购或股权投资等方式快速涉足支付领域。另外，支付行业尤其是线上支付一直以来业务集中度非常高，行业竞争激烈，中小型机构生存空间有限，加之近年来费率下行、监管趋严，寻找有行业资源背景的合作伙伴或引入战略投资成为中小型机构谋求在细分行业领域发

---

[1] 2016年7月统计数据表明，工商银行、建设银行、民生银行、中信银行、招商银行、浦发银行、兴业银行二维码支付产品已上线，农业银行、平安银行预计2017年上线。

展的必然选择。公开信息显示，2016年共有16家获牌非银行支付机构被并购，其中预付卡业务4家，互联网或移动支付业务牌照9家，银行卡收单业务8家[①]。支付行业投资并购潮的兴起，将为行业注入资金，有利于支付产业链整合，借助支付行业的创新能力，推动行业深化发展。

三、对外开放深入推进，市场竞争更加公平

自2014年10月国务院常务会议作出进一步放开和规范银行卡清算市场的决定，并于次年发布《国务院关于实施银行卡清算机构准入管理的决定》以来，我国的银行卡清算市场对外开放稳步推进。2016年6月，中国人民银行会同中国银行业监督管理委员会落实银行卡清算机构准入管理决定，发布《银行卡清算机构管理办法》（以下简称《办法》），依法有序推进银行卡清算市场开放，进一步完善了我国银行卡清算市场准入制度。《办法》规范了银行卡清算机构管理，为依法开展银行卡清算机构准入的受理和审核工作，推动境内及跨境外币支付系统协调发展，提高外币支付效率提供了法律基础。目前，中国人民银行正在着手研究制定相关的业务操作指南，进一步明确和规范银行卡清算机构牌照申请的流程、手续、所涉申请资料等操作层面的细节，为申请机构提供具体指导。银行卡支付清算市场对外开放政策的落实推进，对培育公平竞争的市场环境，提升银行卡清算服务水平，构建良好的产业生态体系，加快中国支付服务市场开放和创新，以及强化国际经济合作等方面有着多重积极作用。

第四节 行业发展趋势及展望

一、各项政策推进落实，防范风险成主旋律

近两年一系列重大政策的出台和实施，将推动支付清算行业进入各项政策全面落实和消化调整期。无论是从国家宏观经济金融环境看，还是从支付清算行业监管环境看，总体均是趋严，合规性要求不断提高。2017

---

① 因为存在一家支付机构获得多种牌照的情况，所以各分项之和大于机构总数。

年，将会逐步落实前期出台的各项政策并执行到位，以达到预期政策目标。监管要求将更多、更严，对违规开展业务的现象容忍度将会降低，对风险防控薄弱企业的约束将会加强，重点防范资金风险、业务系统重大宕机风险以及较大规模违规事件风险。与此同时，市场竞争将会更加白热化，行业将从注重效率和市场拓展的快进节奏转向效率和安全并重，行业进入稳定发展期。行业参与者应顺应政策环境和市场形势变化，优化经营策略，主动强化内控，做到合规经营，健康发展。

二、市场规模保持增长，经营策略和模式逐步分化

支付市场仍将保持快速发展，效率不断提升，市场持续扩容，效率提升和市场扩展形成良性互动，共同推动业务规模高速增长。与此同时，消费者对现代化支付需求的不断增加，也将推动支付市场快速发展。首先，随着消费者对安全、快捷的现代化支付方式的高度认可，非现金支付工具和方式渗入越来越多的人群。其次，受理商户数量近两年增加了一倍，随着受理成本的降低和有强有力的市场推广效应、客户导流效应，未来仍会保持较快扩张速度。再次，支付效率和用户体验的提升以及创新支付产品在小额零售领域的推广，对传统支付产品和现金的替代效应加快，形成了新的增长极。最后，随着普惠金融政策的推进，中小商户和二三线城市以及农村地区的非现金支付程度将会持续提高。

市场规模持续扩大和行业渗透逐步深化，将进一步提升支付市场的活力和创新热度，支付市场的经营模式更加丰富，并趋于分化。一些支付服务商向大商户的垂直行业以及增值服务渗透，利用支付服务的专业化优势深入企业的财务资金网络，通过将高效支付和企业应收款、现金及资金调度、结算等相结合，打通资金流通环节和通道，极大提升企业集团的财务效率，企业通过内外部财务资源整合有效提高资金运用能力。收单端也利用智能POS机、聚合支付等创新方式形成了多样化的商业模式和经营策略，部分收单机构之间结成代理联合体，在机具采购、费率政策、平台运营上更具竞争优势。商业银行加大对支付业务的重视，实行网上支付和手机支付跨行转账优惠等活动，部分银行依托支付平台搭建电商平台，推出二维码支付产品，探索支付大数据应用等，经营模式逐渐分化。

三、清算市场格局重塑，双向开放成必然

银行卡清算市场开放是中国银行卡产业市场化进程中关键的一环，国内外机构将依托各自优势开展同台竞争。鉴于银行卡支付清算行业服务内容的特殊性以及高准入门槛，未来真正有能力和资质进入市场提供服务的机构数量比较有限，并会通过优胜劣汰的市场机制形成相对稳定的数量。大型国际卡组织将依托自身品牌建设、业务处理和技术标准架构等方面的优势，以及与中国银联、国内发卡机构的多年合作所积累的在中国国内市场开展业务的经验，积极筹备进入中国市场。此外，具有支付清算服务业务基础且符合技术架构、业务处理系统等准入条件的内资企业也将会申请成为新的银行卡清算机构并专注于国内人民币银行卡清算业务。

我国支付行业在很多方面已经达到了国际领先水平，随着"一带一路"战略的实施和跨境人民币业务的拓展，本土支付服务将逐步走出国门。在大额支付服务输出方面，随着CIPS功能和服务的提升，将吸引更多国家的银行和金融市场基础设施加入，推动人民币跨境结算的快速发展。在零售支付服务输出方面，中国银联将持续推进国内国外两个市场协同发展战略，推进业务境外延伸，加快银联相关技术和标准的输出，商业银行和非银行支付机构也将加快拓展海外业务，支付行业双向开放将是大势所趋。

四、金融化创新显著，支付服务主体金融渗透提速

余额宝的诞生，开启了支付与金融的加速融合，互联网金融的快速崛起，更是推动了金融服务的线上发展。在科技金融的强力助推下，支付金融服务创新显著，将呈现多元化发展趋势。一是基于支付服务衍生或关联的金融服务将会快速发展，如利用沉淀的客户衍生出消费金融、现金贷以及针对企业端的现金管理。二是"96费改"降低了支付市场的整体费率水平，杜绝了套码获利空间，备付金集中存管即将推行，支付服务商面临佣金费率下降和客户备付金利息收入取消的双重压力，推动支付关联服务和金融化服务的意愿将越来越强。三是非银行支付机构向金融服务延伸，具有连接商户和消费者，掌握资金流和信息流的独特优势，将会有更多有互

联网支付背景的机构参与到网络银行业务或开展互联网金融相关业务。

五、创新产品应用深入，技术进步推动行业变革

近年来，互联网和移动通信技术在支付领域的广泛应用，对支付行业的市场主体、产品服务等产生了巨大影响，支付标记、新型身份认证方式、数字货币以及区块链等新技术在支付领域的应用，在提高效率、降低成本、加大防御系统性风险方面都呈现出积极影响。与此同时，新兴技术与支付产品的有机结合，在提升客户支付体验的同时更会改变客户的支付方式乃至生活习惯。未来，随着现有创新技术进入大规模商用阶段，将会极大影响支付业务处理流程，有效提高支付效率及安全性，甚至推动支付体系发生深度变革。相关监管部门已着手对相关技术进行深入研究和跟踪，在以后的政策框架设计中将会对新技术更具敏感性和前瞻性，提前做好预判，及时掌握并使用新技术提升监管水平和服务能力。

第二章 支付清算行业热点回顾

2016年是我国"十三五"开局之年，经济缓中趋稳，稳中向好，结构深入调整。金融业在面临贷款不良率上升、互联网金融风险暴露，以及人民币贬值压力增大等多重挑战下，依然保持了稳定运行态势。作为现代金融服务业，我国支付清算市场规模持续扩大，创新活跃，市场繁荣，基于支付的生态建设和增值服务逐步完善，服务实体经济的能力不断提高，进一步促进了我国经济新业态发展，更发生了不少对行业影响深远的重大事件。

第一节 标本兼治，"严监管"成为支付行业新常态

一、创新监管方式，支付机构分类评级施行

对非银行支付机构实施分类评级管理，是中国人民银行在监管方面的积极创新和有益尝试。一直以来，不同类型、不同地域支付机构发展不平衡的问题比较突出，支付机构在合规经营、风险管理、可持续发展等方面存在较大差异。中国人民银行根据非银行支付机构发展实际情况，探索建立非银行支付机构分类评级管理机制，并在2016年首次开展分类评级工作时，取得了良好效果。

事实上，针对非银行支付机构发展参差不齐的问题，中国人民银行很早就开始着手研究分类分级管理。2014年，中国人民银行委托中国支付清算协会起草《非银行支付机构风险评价指标体系》，尝试构建支付机构风险水平评价指标，针对支付机构的业务风险及风控管理作出评价，并据此在行政监管和自律管理中灵活采取相应的管理举措，防控风险，激发企业活力，促进行业健康稳定发展。虽然该评价指标没有正式实施，但为后期中国人民银行研究制定支付机构分类评级指标奠定了基础，也使市场对实施分类监管形成了一定的监管预期。

2016年4月7日，中国人民银行发布《非银行支付机构分类评级管理办

法》（银发〔2016〕106号），"靴子"落地。中国人民银行根据"全面与重点相结合、定量与定性相结合、非现场监管与现场调查相结合、监管评级和自律评级相结合"四项原则，以非银行支付机构合规经营情况、风险管理水平、可持续发展能力为基础，将支付机构确定为A（AAA、AA、A）、B（BBB、BB、B）、C（CCC、CC、C）、D、E共5类11个级别。具体评级指标由监管指标和自律管理指标组成：监管指标包括客户备付金管理、合规与风险防范、客户权益保护、系统安全性、反洗钱措施、持续发展能力六项；自律管理指标包括企业内部管理、履行会员义务、接受行业自律、践行社会责任四项。两类指标各有侧重、互为补充，形成了监管和自律的良好衔接。

2016年，非银行支付机构分类评级工作首次开展。对提升监管针对性、有效性、前瞻性发挥了积极作用。

一是分类评级的结果作为后期实施差异化监管的依据，对非银行支付机构影响重大，中国人民银行根据分类评级结果给予机构相应奖励或采取相应的监管措施。对于评级结果较高的机构，中国人民银行在确定支付账户功能、交易限额和实名制核验手段等方面给予较大支持；对于评级较低的机构，则在日常监管方面采取包括限期整改、监管谈话、负责人约谈、风险提示等措施；被评为D、E类的机构可能面临责令停止办理部分或全部业务、注销支付业务许可证等严厉的惩罚措施。

二是针对性更强，体现了对非银行支付机构的正向激励。例如，《非银行支付机构网络支付业务管理办法》中明确规定，对于综合评级较高且实名制落实较好的支付机构，可以扩充支付账户转账交易功能，可以同时办理支付账户与同名银行账户之间、支付账户与非同名银行账户之间的转账交易，可适度提高支付账户的余额付款单日累计限额，可在快捷支付业务中与银行自主约定由支付机构代替银行进行交易验证的具体情形。但对于综合评级较低、实名制落实较差、对零售支付体系或社会公众非现金支付信心产生重大影响的支付机构，可适度提高公开披露相关信息的要求，并加强非现场监管和现场监管。又如，2017年初，《中国人民银行办公厅关于实施支付机构客户备付金集中存管有关事项的通知》（银办发〔2017〕10号），直接将评价结果作为确定非银行支付机构集中缴存比例的依据，为合规性强、评级较高的机构提供了更大的空间。

三是加强了中国人民银行对非银行支付机构监管方面应对新问题、新情况和新业务融合的能力。分类评级是《非金融机构支付服务管理办法》（中国人民银行令［2011］2号）以支付业务类型为基础实行条线管理模式的深化，开启了以非银行支付机构为对象的差异化、综合化监管之路。在监管基础环境还不理想，特别是市场机构创新有余，合规不足，劣币驱除良币现象时有发生的情况下，能较好地引导和激励支付机构正向合规发展，既能坚持原则、守住风险底线，又能在一定程度上赋予支付机构主观能动性，激发各机构"因时制宜、因地制宜、因事制宜"。

四是形成行政监管和行业自律合力，初评工作由中国人民银行分支机构和中国支付清算协会共同完成。中国人民银行分支机构根据《非银行支付机构分类评级管理办法》规定的指标和标准，对辖内支付机构进行评分。中国支付清算协会根据《非银行支付机构自律管理评价实施办法》，基于支付机构提交的材料和协会掌握的情况对支付机构进行评价。该机制有利于行政监管和行业自律形成合力，发挥市场调节作用，共同引导行业持续健康发展。

二、风险整治重拳出击，肃清市场时不我待

2016年中央经济工作会议指出，要稳中求进，适应新常态，积极应对日趋复杂的国内外经济金融形势，要把防控金融风险放到更加重要的位置，要按照统筹推进、重点突破的要求加快改革步伐。中国人民银行副行长范一飞提出："辩证、具体和动态地认识支付产业发展中的安全和效率的关系，是遵循市场发展规律的必然要求，也是监管者制定和优化政策的重要依据和出发点。"中国人民银行自2011年发放支付业务许可证以来，一直遵守"规范创新与促进发展并重"的监管思路，密切关注支付行业发展态势，适时出台防御性、适用性监管举措；开放、包容地对待非银行支付机构的发展，观察新技术应用、新支付业务开展，为行业发展中的新事物留有一定空间，做到不一棍子打死，也不放任自流，体现了监管的灵活性和适应性，鼓励支付创新，为促进支付服务市场快速发展、提升支付行业的服务质量和效率、推动金融改革发挥了积极作用，也为支付机构快速

成长壮大提供了良好的政策环境；同时，对违规风险事件也绝不手软，多措并举、重拳出击。2016年，中国人民银行加强市场监管，严处违规行为，不断净化市场环境，切实保障消费者合法权益和资金安全。

一是印发了《非银行支付机构风险专项整治工作实施方案》。针对无证从事支付结算业务现象突出、支付市场公平竞争无法保障、支付行业秩序遭到破坏等问题，为有效遏制地下钱庄、电信诈骗、非法集资等犯罪行为，根据《关于促进互联网金融健康发展的指导意见》、《互联网金融风险专项整治工作实施方案》，中国人民银行会同十三部委制定并印发了《非银行支付机构风险专项整治工作实施方案》。一方面，积极开展非银行支付机构备付金风险和跨机构清算业务整治。支付机构将客户备付金（预收代付货币资金）以自身名义在多家银行开立账户分散存放，既不利于对客户备付金进行有效监测，也存在被支付机构挪用的风险。中国人民银行加强非银行支付机构备付金风险和跨机构清算业务整治，加大对备付金问题的专项整治和整改监督力度，研究建立非银行支付机构备付金集中存管机制，规范其开展跨行清算行为，逐步取消备付金利息，严格支付机构市场准入和监管，加大违规处罚。另一方面，对无证经营支付业务进行整治。梳理无证经营银行卡收单核心业务、无证经营网络支付业务、无证经营多用途预付卡发行与受理业务的机构名单及相关信息，并根据其业务规模、社会危害程度、违法违规性质和情节轻重分类施策。2016年2月发布的《中国人民银行关于银行卡收单业务的风险提示》，就针对部分地区发生多起银行卡特约商户因与无银行卡收单业务资质的机构合作，导致刷卡消费结算资金未到账的事件，提醒广大商户强化风险意识，合规开展刷卡消费结算业务，避免自身利益受损。在《非银行支付机构风险专项整治工作实施方案》下发后，中国人民银行对无证从事支付业务的机构开展了专项整治工作。截至2016年12月底，在全国范围摸排认定无证经营支付业务机构共232家，对其中152家无证机构进行了查处，专项整治工作成效显著。

二是标本兼治，加强支付结算管理，防范打击电信网络诈骗。电信网络诈骗严重危害人民群众财产安全和合法权益，损害社会诚信和社会秩序，成为影响群众财产安全和社会和谐稳定的一大公害。根据党中央、国务院的决策部署，中国人民银行会同有关部门建立了涉案账户紧急止付和快速冻结机制，建成运行"电信网络新型违法犯罪交易风险事件管理平台"；进一步强化了银行卡信息安全管理，组织对银行、非银行支付机构和银行卡清算机构的银行卡受理终端（POS机具）受理环境安全性和标准符合性进行检查，督促相关机构进一步提升支付业务系统、客户端软件的敏感信息保护能力和交易风险防控水平；开展支付业务系统安全专项检查工作，全面排查上述机构支付业务系统的敏感信息和资金安全隐患；开展联合整治非法买卖银行卡信息专项行动，净化市场环境，促进市场合规健康发展。2016年9月，中国人民银行下发了《关于加强支付结算管理 防范电信网络新型违法犯罪有关事项的通知》，从加强账户实名制、阻断电信网络新型违法犯罪资金转移的主要通道、加强个人支付信息安全保护、建立个人资金保护长效机制等方面采取有效措施，筑牢支付结算安全防线。截至2016年12月11日，银行和非银行支付机构撤销ATM电信诈骗转账320笔，为群众挽回资金损失346.56万元；堵截冒用他人身份证件开立账户7 622人次；暂停严重违法失信企业账户18户；加强异常开户审查约27.75万家单位；拒绝不明人员组织开户、无法说明开户用途等异常开户申请7.93万人次；暂停多人共用同一电话号码且无法说明合理性的账户45.99万户、撤销304.41万户；各电商平台和信息发布平台下架POS机具3万余件等。

三是注重激发社会力量，形成支付合规的监督环境。2016年4月，中国人民银行发布《支付结算违法违规行为举报奖励办法》，明确支付结算违法违规行为举报范围、奖励的条件与标准、举报奖励程序、纪律监督等，举报奖励制度正式建立。中国支付清算协会积极落实监管部门要求，制定《支付结算违法违规行为举报奖励办法实施细则》，并明确举报工作具体流程和相关要求；出台《关于发布支付结算严重违法违规行为的公告》，明确七类35种严重违法违规行为，为社会公众举报提供指引。截至2016年底，中国支付清算协会网络举报平台共接到各类举报案件1 777件，符合受理条件的有547件，对经查实涉及"二清"、未落实账户实名制、超范围经营、商户管理不严等违规行为的10家支付机构实施了自律惩戒。举报奖励机制运行以来，有效发挥了社会监督力量，成为收集风险信息、探查违规行为的重要手段，对维护行业秩序、净化市场环境发挥了积极作用，成为日常监管和行业自律的重要补充。

总的来说，2016年支付市场监管趋严，并且未来一段时间"严监管"仍将成为支付行业的常态。2016年，中国人民银行陆续出台了多项实质性的措施，有效遏制了市场主体因利益驱动引发的无序竞争、恶性竞争和不公平竞争；加大惩处力度，增加违法违规成本，起到震慑作用；再加上支付机构分类评级、非现场监管系统建设、网络支付清算平台建设等一系列举措配合呼应，为有效监管、科学监管奠定了基础。同时，中国人民银行通过牌照续展工作，不断优化牌照管理和结构，提高非银行支付业务的合规性。这一系列措施的出台，形成一套有力的组合拳，体现了监管思路和监管方式上的创新，取得了良好的政策效果。

三、账户改革推进，筑牢风险防范大堤

账户是最基础的金融资源，账户的分布和变动反映了金融市场格局和业务资源分配的变化。2003年，在个人经济活动日趋活跃的背景下，中国人民银行发布了《人民币银行结算账户管理办法》，明确个人因投资、消费、结算等需要可以开立个人银行结算账户。经过十几年的快速发展，账户规模不断壮大，对便利个人生产生活、促进消费、拉动经济增长、推动金融普惠发挥了积极作用。但在账户发展和管理中也遇到了新情况，出现了新问题，如现行结算账户和储蓄账户界限逐渐模糊，当前银行账户服务不能满足互联网与金融融合发展的需要，账户信息泄露时有发生，电信网络诈骗频发等，亟待建立完善账户保护机制和管理机制。

为顺应和规范互联网金融发展，保护个人银行账户信息安全和资金安全，提升个人银行账户服务，防范电信网络诈骗，中国人民银行于2015年启动个人银行账户改革，并在2016年进一步推进，陆续出台了《关于改进个人银行账户服务 加强账户管理的通知》、《关于加强支付结算管理防范电信网络新型违法犯罪有关事项的通知》、《关于落实个人账户分类管理制度的通知》等文件，个人银行账户分类管理的制度框架基本形成。

从账户体系改革的总体思路来看，个人银行账户分类管理中坚持了两条主线：一是严格落实账户实名制。银行账户实名制是我国的一项基础性金融制度安排，是银行账户管理的基本原则和底线要求。二是区别主辅

账户功能，实现账户分类管理。引导个人将大额资金存放在主账户中，通过辅助账户来进行日常零星支付，尤其是进行网络支付、移动支付等，以保障主账户资金安全。分类管理是落实账户实名制和实现账户主辅功能的重要手段，根据账户开户渠道、实名验证的程度不同，赋予账户不同的功能，实名验证程度越高的账户功能越全。

专栏2-1
个人银行账户改革的主要内容

首先，根据开户渠道和功能定位划分账户类别。个人银行结算账户分为Ⅰ、Ⅱ、Ⅲ三类。同一个人在同一法人只能开立一个Ⅰ类账户，可根据需要开立Ⅱ类、Ⅲ类账户。Ⅰ类账户仅可以通过柜面或者在银行工作人员现场核验开户申请人身份信息的情况下开立；Ⅱ类、Ⅲ类账户可以通过柜面，以及网上银行、手机银行、自助机具等电子渠道开立。通过电子渠道开立的Ⅱ类、Ⅲ类户，需要与Ⅰ类账户绑定验证身份信息。

其次，对账户功能进行划分。Ⅰ类账户具有全功能，可办理存款、存取现金、转账、消费和缴费、购买投资理财产品、贷款和还款等，使用范围不受限制。Ⅱ类账户可办理存款、购买投资理财产品、限额消费和缴费、限额转出资金业务；经银行面对面确认身份的，还可以发放银行卡，办理限额存取现金和非绑定账户资金转入业务。Ⅲ类账户定位于小额支付，可办理限额消费和缴费、限额转出资金业务，但不能存取现金；经银行面对面确认身份信息的，还可以办理限额非绑定账户资金转入业务。

最后，不同类别账户的交易金额限制不同。Ⅰ类账户没有交易额度限制。Ⅱ类、Ⅲ类账户除与绑定账户之间转账、购买理财产品、银行贷款不受额度控制外，Ⅱ类账户入金限额和出金限额分别是每日1万元，每年累计20万元；Ⅲ类账户入金限额和出金限额分别是每日5 000元，每年累计10万元，且账户余额不得超过1 000元。

总体而言，Ⅰ类账户的特点是安全性高，资金量大，适用于大额支付；Ⅱ类账户的特点是资金量相对较小，适用于日常支付；Ⅲ类账户便捷性突出，尤其适用于移动支付等新兴支付方式。

个人银行账户改革是我国个人银行账户管理制度的一次重大创新，将对我国的个人银行账户体系发展和银行业务经营产生重要而深远的影响。

一是有利于强化账户实名制，通过实施分类管理，根据开户渠道对客户身份实名验证程度的不同，划分银行账户功能，在满足创新的同时强化了实名要求，有效应对了支付业务创新要求，对远程开户采取绑定账户验证身份和使用的制度安排，解决了远程开户身份信息验证不充分、间接认证叠加实名制风险的问题。

二是有利于建立账户安全屏障。兼顾支付的便捷性和安全性，便于个人分类管理自己的账户，合理分配账户用途，通过主辅账户实现需求分层管理，满足个人日益多样化、个性化的支付服务需求和其他金融服务。

三是有利于推动金融服务创新。开户渠道得以拓展和延伸，银行的获客方式多元化，必将为银行带来新的发展机遇，可以以此为契机推动战略定位调整，重新布局线上线下业务，整合互联网金融和传统运营管理资源，加快电子银行业务创新步伐，提升账户服务的便捷性和客户的客户体验。

第二节　行业格局重塑

一、网联平台建设，或将开创支付清算新格局

改革开放以来，中国人民银行按照"建立和完善统一、高效、安全的支付清算系统"的要求，不断推进现代央行支付系统建设，鼓励非现金支付工具的推广和创新，促进支付服务市场的多元化发展。2005年，大额实时支付系统建成上线，搭建了中央银行与各银行业金融机构、金融市场的连接通道，实现了跨行支付业务的即时转账结算和债券交易的付款交割结算；2006年，小额批量支付系统推广上线，实行7×24小时连续运行，支撑多种支付工具的应用，为银行业金融机构小金额、大批量跨行支付提供

了一个低成本的公共支付服务平台。大、小额支付系统的建成运行，实现了我国异地跨行支付清算从联行到现代化支付系统的跨越式发展。此后，中国人民银行相继建成了全国支票影像交换系统、境内外币支付系统、网上支付跨行清算系统等，进一步提升了业务处理能力，为促进金融服务发展、支持创新创造了条件。

可以说，我国现代化的支付清算网络是以中央银行系统和商业银行行业支付系统为中心规划和建设的。但随着网络信息、通信技术的快速发展和支付服务的不断分工细化，越来越多的非银行支付机构参与进来，凭借各自独特的技术优势延伸商业银行网上支付服务，通过与多家银行直连实现商户与消费者的连接。随着服务深入，非银行支付机构从服务电商拓展到全行业运用，从线上服务延伸到线下服务，并实际控制了大量的沉淀资金。但是，非银行支付机构不具有金融资质，因此一直未能加入央行支付系统。虽然各类支付业务创新不断涌现，但在清算的基本模式上还延续着传统的直连模式。

随着非银行支付业务日渐庞大，非银行支付机构逐渐进入金融核心领域，直连模式下存在的问题逐渐显现。首先，由于各商业银行业务平台标准不一，造成多次开发、重复建设，不仅资源浪费大，管理的难度也不断增大。其次，非银行支付机构风控水平参差不齐，部分机构系统安全和风控水平较差，缺乏配套的风险防控措施，风险传递可能波及银行，对金融稳定存在潜在风险。最后，两两相连的清算模式封闭性强，交易过程中资金和信息不透明，形成了游离于监管之外的监管死角。

2010年，中国人民银行开始酝酿建设非银行支付机构网络支付清算平台。中国支付清算协会经过多年的调研、规划、论证，于2016年4月审议通过"关于建设非银行支付机构网络清算平台"的议案，并得到中国人民银行批准，网联平台建设终于尘埃落定。6月，中国人民银行会同十三部委联合出台《非银行支付机构风险专项整治工作实施方案》，确定了非银行支付机构开展跨行支付业务处理的原则、通道及监管主旨，明确提出"支付机构开展跨行支付业务必须通过人民银行跨行清算系统或者具有合法资质的清算机构进行，实现资金清算的透明化、集中化运作，加强对社会资金流向的实时监测"。同时也指出，要推动清算机构按照市场化原则共同建设网络支付清算平台，网络支付清算平台应向中国人民银行申请清算业务牌照。平台建立后，非银行支付机构与银行多头连接开展的业务应全部迁移到平台处理；逐步取缔非银行支付机构与银行直接连接处理业务的模式，确保客户备付金集中存管制度落地。

根据建设规划，网联平台将承担非银行支付机构的线上转接清算职能。在网联平台的支撑下，非银行支付机构将摆脱传统模式下束缚业务发展的桎梏，或将迎来再一次腾飞。

一是将非银行支付机构的支付服务提供主体身份与转接清算职能分离，确保各种类型的市场参与机构站在同一起跑线上，在业务处理、业务价格等方面享受同等待遇，充分发挥面向终端用户的业务创新优势，形成价格和服务的差异化竞争。

二是为规范备付金管理提供技术支撑。备付金风险是支付市场不能承受之重，加强对支付机构客户备付金管理一直是中国人民银行对支付市场监管的"重中之重"。因此，《非银行支付机构网络支付业务管理办法》，通过对支付账户余额、交易设置限额、限制账户功能，减少沉淀资金规模、控制风险。在网联平台的支撑下，通过系统监控抓住资金转移的链路和环节，寓监管于服务之中，进一步提高非现场监管的覆盖面和作用，实现有效监管和高效监管，改写现有条件下一定程度上以牺牲效率为代价的安全策略。

三是提升系统稳定性，为服务创新和产品创新提供支撑。网联平台结合非银行支付机构业务特点与系统特性，设计了多层次、递进式的风险防控机制，防范参与者信用风险、流动性风险和平台运营风险；同步搭建同城备份系统，保障平台具备高可靠性；制订日常监控制度和应急方案，确保业务的连续性。稳定可靠的平台支撑将为支付机构的业务创新和服务创新提供支撑。

二、清算市场开放，中外银行卡组织同台共舞

随着国内金融市场开放程度逐步提高，2015年我国人民币银行卡清算市场正式对内、对外全面开放，2016年银行卡清算市场开放及机构准入的基础法规制度体系进一步完善。银行卡清算市场对外开放，有助于培育公平竞争的市场环境，提升银行卡清算服务水平，构建良好的产业生态体

系，加快中国支付服务市场的改革开放和创新转型，充分发挥银行卡拉动居民消费、促进经济增长、助推经济转型升级，以及强化国际经济合作等多重积极作用。

（一）银行卡清算市场对外开放政策不断完善，指导业务实践落地

为进一步深化金融改革，健全支付服务市场化机制，在国家相关政策出台后，银行卡清算市场业务监管机构配套出台了具体制度，推动市场开放在实践层面落地。

在政府决策层面，2014年10月，国务院常务会议作出了进一步放开和规范银行卡清算市场的决定，指出凡符合条件的内外资企业均可申请在中国境内设立银行卡清算机构提供银行卡转接清算服务。2015年4月，国务院发布了《国务院关于实施银行卡清算机构准入管理的决定》（以下简称《决定》），对全面开放银行卡清算市场作出了制度安排，在银行卡清算业务领域形成了具体明确的准入规则和管理制度，标志着我国人民币银行卡清算市场对内、对外全面开放，对深化金融改革和促进公平竞争，加快推动国内银行卡市场和支付市场创新发展意义重大。

在业务监管层面，为落实国务院决定，依法有序推进银行卡清算市场开放，规范银行卡清算机构管理，2016年6月，中国人民银行会同中国银行业监督管理委员会发布《银行卡清算机构管理办法》（中国人民银行 中国银行业监督管理委员会令［2016］第2号）（以下简称《办法》）。《办法》结合银行卡清算机构业务特点和运营模式，进一步完善了我国银行卡清算市场准入制度，为符合条件、具备稳健经营能力的市场机构依法申请银行卡清算业务许可证提供了便利，体现了鼓励竞争、促进市场开放，防范风险、维护金融安全，保障持卡人及相关各方合法权益三项基本原则。《办法》主要规定了三方面内容：一是对银行卡清算机构提出了原则性要求，包括机构设立、业务专营、交易处理、信息传输、资金清算、基础设施管理、金融信息安全、反洗钱和反恐怖融资等方面的基本管理要求；二是根据《决定》中银行卡清算机构准入管理各项条件，细化了银行卡清算业务筹备申请、开业申请、机构变更及业务终止等环节的申请材料与办理程序，规定了银行卡清算机构董事及高管任职资格要求，明确了境外机构

的业务范围和报告机制等；三是明确了相关方法律责任，包括监管部门工作人员、申请人、银行卡清算机构，以及擅自从事银行卡清算业务的机构发生违规行为时应承担的法律责任。

（二）中国银行卡清算市场开放后主要格局预判

银行卡清算市场开放是我国银行卡产业市场化进程中的关键一环。相关政策的出台，搭建了我国银行卡清算市场开放的制度框架，为申请人提供了公开透明的准入机会，符合条件的境内外企业均可依法定程序提出申请，依法合规开展银行卡清算业务。

从市场开放后各类机构的比较优势上看，大型国际银行卡清算机构在品牌建设经验、业务处理制度、技术标准架构等方面既有优势较为突出，且通过与中国银联、国内发卡机构的多年合作，积累了在中国市场开展业务的经验，现阶段已采取积极行动筹备进入中国市场。中国银联多年来采取国内国外两个市场协同发展战略，业务网络遍布中国城乡，并已延伸至境外159个国家和地区，围绕多元化用卡需求不断推出多门类综合支付服务，具备了相当的业务竞争实力。另外，部分具有从事支付清算服务业务基础且符合技术架构、业务处理系统等准入条件的内资企业，可能申请成为新的银行卡清算机构并专注于国内人民币银行卡清算业务。

鉴于银行卡清算行业服务内容的特殊性以及高准入门槛，未来真正有能力和资质进入市场提供服务的机构数量比较有限，并会通过优胜劣汰的市场机制形成相对稳定的数量。随着银行卡清算市场开放，国际卡组织将进入中国市场，其带来的商业模式、服务理念以及风控经验将对我国银行卡产业产生搅动效应，增强银行卡产业的运营和服务的竞争能力，稳固银行卡卡基产业的市场地位。

第三节 市场博弈

一、严把牌照续展关，指导行业有序发展

2011年以来，中国人民银行共向270家机构发放了支付业务许可证。总体来看，非银行支付机构市场发展供过于求，许多支付机构的业务量很小，甚至有一些支付机构长期未实质开展业务，导致支付牌照资源闲置；

另外，非银行支付机构市场竞争激烈，一些支付机构由于利益驱动违规经营，采取无序竞争、恶性竞争等方式开展业务，对支付市场的健康发展造成了一定影响。

针对这些问题和市场乱象，中国人民银行坚持"规范创新与促进发展并重，强化安全与提升效率并重，加强监管与提升服务并重"的监管导向，遵循"依法监管、适度监管、分类监管、协同监管、创新监管"的监管理念，着力构建"政府监管、行业自律、机构自治、社会监督"四位一体的监管体系，下大力气狠抓行业整治，规范市场发展。

2016年，中国人民银行鼓励通过兼并重组方式实现支付机构的结构优化，同时，对于业务许可存续期间未实质开展业务、长期停止开展支付业务、客户备付金管理存在较大风险隐患的支付机构，不予续展支付业务许可证，提高支付牌照的利用率，充分发挥非银行支付机构的服务能力。

二、刷卡手续费改革推进，市场化机制进一步完善

近年来，在行政推动和市场驱动的交互作用下，银行卡刷卡手续费一直处于下行通道。2016年3月18日，国家发展改革委和中国人民银行联合发布了《关于完善银行卡刷卡手续费定价机制的通知》（以下简称《通知》），明确了完善银行卡刷卡手续费定价机制的主要思路和具体方案，标志着较长一段时间以来广受各方关注的核心定价政策成型落地。《通知》自2016年9月6日起正式实施。

这次政策调整以推进市场化改革和降费减负为导向，涉及调整政府定价管理范围、方式，取消商户行业分类定价，实行借贷记卡差别计费等多项内容，总体上较大幅度降低了费率水平。

一是降低发卡行服务费费率水平。发卡机构收取的发卡行服务费由现行的区分不同商户实行政府定价，对借记卡、贷记卡执行相同费率，改为不区分商户类别，实行政府指导价、上限管理，并对借记卡、贷记卡差别计费。费率水平降为借记卡交易不超过交易金额的0.35%，贷记卡交易不超过交易金额的0.45%。

二是降低网络服务费费率水平。银行卡清算机构收取的网络服务费由现行的区分商户类别实行政府定价，改为不区分商户类别，实行政府指导价、上限管理，分别向收单、发卡机构计收。费率水平降低为不超过交易金额的0.065%，由发卡、收单机构各自承担50%。

三是对发卡行服务费、网络服务费实行单笔封顶措施。发卡行服务费借记卡交易单笔收费金额最高不超过13元，贷记卡交易不实行单笔封顶控制；网络服务费不区分借、贷记卡，单笔交易的收费金额最高不超过6.5元（分别向收单、发卡机构计收时，单笔收费金额均不超过3.25元）。

四是对部分商户实行发卡行服务费、网络服务费优惠措施。对非营利性的医疗机构、教育机构、社会福利机构、养老机构、慈善机构，实行发卡行服务费、网络服务费全额减免；与人民群众日常生活关系较为密切的超市、大型仓储式卖场、水电煤气缴费、加油、交通运输售票商户，实行较低费率，调整后将按照实际费率水平保持总体稳定的原则，在2年的过渡期内实行发卡行服务费、网络服务费费率优惠。

五是适应市场化格局变化，实行更为灵活的价格形成机制。对竞争较为充分的收单环节服务费，由现行的政府指导价改为市场调节价，由收单机构与商户协商确定具体费率。

本轮定价改革推动银行卡收单市场进一步优化整合，有助于促进收单市场公平竞争、收单服务内涵的提升以及市场有效整合。从短期看，收单行业手续费收入整体水平下降，市场参与者均需适应新的价格体系，作出相应的业务经营策略调整。从长期看，定价改革有助于收单市场的整合和收单服务内涵与水平的提升，还原支付服务的本质，在一定程度上遏制套码等违规行为，促进收单市场公平竞争。具有综合服务能力的大型收单机构能够依靠专业化增值服务能力取得竞争优势，在丰富服务内涵、提升服务水平、推进服务产品升级方面增加投入，有利于提升整个收单市场的专业化服务能力。在新政下，收单服务更趋规范，单纯做收单服务、增值服务能力匮乏或风控能力不足的小型收单机构可持续发展空间较窄，可能会诉诸兼并收购道路谋求发展，从而也有利于市场的整合与规范。

三、条码支付促进线上线下融合

条码技术从20世纪90年代开始应用于支付领域，在韩国、日本等地应用较早。近年来，随着我国智能手机等移动终端不断普及，4G网络覆盖率快速上升，移动电商、O2O、互联网金融等新业态快速发展，带动了我国条码支付爆发式发展。

条码支付具有单技术、多信息的特征。条码支付是二维码技术和移动支付技术的结合，扫描商品二维码即可通过银行或非银行支付机构提供的手机移动设备端通道完成支付，是连接实物商品与移动应用软件之间的桥梁。作为一种基于账户体系搭建起来的无线支付方案，条码支付通过运营机构应用条码技术向商户与消费者提供加密并带有账户、金额、付款方或收款方等信息的条码，实现支付指令传递和资金结算，从而实现收付款人之间货币资金转移。按照支付指令的发起方式，条码支付可以分为主扫模式和被扫模式：主扫模式即付款扫码，是指付款人通过移动终端读取收款人展示的条码来完成支付的行为；被扫模式即收款扫码，是指收款人通过读取付款人移动终端展示的条码来完成支付的行为。

现阶段，主扫模式和被扫模式都较为普遍，主要立足于小额支付场景，以便民、小额、多频的线上和线下商户便捷支付业务为主。在应用场景方面，条码支付基于网络支付与传统收单市场进行业务拓展，在移动互联网与移动支付较为普及的区域均有受理基础。从商户端应用场景看，条码支付主要应用于以下三种商户：一是需要丰富支付种类以引流客户的品牌商户；二是认为银行卡刷卡手续费高，需分散交易以及降低成本的中小商户；三是需要解决非现金支付需求，但未安装POS机具的小微商户以及偏远地区的商户。从个人应用端看，主要可以应用于个人收付款、转账等小额资金往来场景。

在技术层面，二维码作为开放的编码方式，仅提供信息的承载功能，易被不法分子复制和篡改利用，使之包含木马病毒，导致用户扫描后的信息泄露、短信被截、存款被盗等风险。如果手机遗失或者被盗取，存在他人解锁手机后即可使用条码支付的可能性，与条码支付绑定的资金账户也存在被盗用的风险。因此，条码支付的安全防范是重中之重。

目前，支付宝、微信支付占据了移动支付市场的主要份额，以其庞大的用户基数和丰富的场景生态为基础，通过补贴营销快速拓展商户并培育用户消费习惯。条码支付的快速发展，为传统的线下收单业务向线上转移提供了支撑，业务已经覆盖了多种支付场景，以轻量化、小额便捷为特点提供便捷的支付服务，推进线上线下支付进一步融合。

尽管条码支付运用由来已久，但由于受到整个产业链的构建、硬件改造成本等多方面因素影响，条码支付模式迄今还处于发展初期。2016年，中国支付清算协会制定了《条码支付自律规范》、《条码支付技术安全指引》和《条码支付受理终端技术指引》并公开征求意见，为明确基础标准、规范条码支付业务发展开启了新阶段。相关行业自律规范已基本制定完毕，将择机对外发布。

随着行业标准的逐步明确，各家商业银行也开始积极布局条码支付。2016年7月15日，中国工商银行率先推出覆盖线上线下支付全场景的条码支付产品。与支付宝、财付通条码支付类似的是，中国工商银行条码支付通过该行"融e联"APP扫码完成。交通银行、招商银行、民生银行、浦发银行等多家商业银行也陆续推出了条码支付产品。2016年12月，中国银联正式发布二维码支付企业技术标准，包括《中国银联二维码支付安全规范》、《中国银联二维码支付应用规范》，从而有效规范了条码支付业务的开展。

随着条码支付在产品形态、用户接受程度、技术安全等方面日趋成熟，其在小额支付场景中已逐渐显现出对零售、便民等行业的现金和银行卡交易的一定替代作用，成为广受欢迎的收银解决方案。对于广大中小商户，特别是边远地区或农村的商户而言，条码支付省去了传统POS硬件设施的投入与维护成本，同时商户结算费率更优惠、消费者使用更便捷，符合广大中小微商户以及使用传统收单方式不便的商户的需要。未来，条码支付以其低成本、安全快捷的优势，在小额、便民、高频等应用场景下还有很大的市场拓展空间。

四、聚合支付推动收单受理市场新发展

近年来，我国支付服务市场快速发展、创新活跃，效率提升和市场扩容形成良性互动，共同推动业务规模高速增长，银行和支付机构在长期发展中形成并积累了各自的账户体系，但各机构间相互隔离难以互通。随着支付服务市场多元化、智能化、线下和线上不断融合，2014年前后，收单市场开始出现为特约商户提供支付渠道融合、一站式资金结算和对账的技术服务商,并由此衍生出"聚合支付"这一新生业态。

专栏2-2
聚合支付

聚合支付也称"融合支付"、"第四方聚合支付",是指聚合支付服务机构运用安全、有效的技术手段,集成银行卡支付和基于近场通信、远程通信、图像识别等技术的互联网、移动支付方式,对采用不同交互方式、具有不同支付功能或者对应不同支付服务品牌的多个支付渠道统一实施系统对接和技术整合,并为特约商户提供一点接入和一站式资金结算、对账服务。目前,国内已经出现了钱方好近、PING++、哆啦宝、BeeCloud、Paymax、付钱拉、收钱吧等诸多聚合支付公司,产品同质化较为明显,市场竞争日趋激烈。

聚合支付成为当前市场热点之一,在帮助特约商户降低系统投入和运营成本,提高支付和对账效率,为消费者提供多元化的支付方式方面进行了有益的尝试,对提升支付体验、改善支付服务环境发挥了重要作用。聚合支付的收入来源主要是交易返佣和增值服务收费。聚合支付公司通过整合多种支付渠道和海量小微商户,做大长尾的交易流量,获得佣金分润,甚至作为大商户以较低费率接入支付机构后,再作为"第四方"向接入的小微商户收取手续费,赚取差价。此外,聚合公司还针对运行维护和终端管理、会员账户和现金管理、库存信息管理、供应链管理、广告营销、消费借贷等服务收取费用。

聚合支付发展能有效降低商户的系统投入成本。随着非银行支付机构和商业银行纷纷推出覆盖全场景的二维码支付产品抢占市场,扫码支付市场呈现百家争鸣、百花齐放的繁荣,加之银行卡刷卡支付、NFC近场支付等多种支付方式,"一柜多机"的现象比较突出。聚合支付抓住机会,顺应支付多元化的趋势，满足了商户和用户的实际需求，改善了支付环境，提高了支付效率，再次从供给侧优化了对商户和消费者的服务。从图像识别的聚合，到支付渠道的聚合，再到服务方式的聚合，从收单业务前端着眼，试图打破垂直的账户体系，实现多种支付渠道的横向链接，将多种支付方式聚合在一个二维码或终端中。聚合支付的诞生和发展，延续了现代支付产业在细分市场—建立壁垒—自成一体—联网通用，到再度细分市场、建立壁垒的循环之路。

从发展前景来看，聚合支付可能将面临三大挑战。

一是监管对客户备付金和账户信息保护有严格的要求，企图以二次清算或敏感信息获利的模式将举步维艰。支付链路中的资金主要是客户备付金。为规范支付服务市场客户备付金管理，中国人民银行出台了一系列制度，大力开展互联网金融风险整治，实施备付金集中存管，加强收单市场管理，防范和打击电信诈骗。包括推进账户改革，对账户功能和交易金额进行各种限制；分步实施备付金集中存管，交存金额不计利息；开展互联网金融风险整治，加强支付结算管理，防范和打击电信诈骗；肃清收单市场乱象，开展针对"二清"等违规行为的清理整顿等。监管重拳之下，不论是非银行支付机构还是聚合服务机构，意图通过沉淀资金攫取利润都变得不现实。此外，为了保证支付的确定性和可追溯性，支付信息中难免涉及账户信息、个人信息等敏感内容，聚合支付作为信息的聚集体难免有所涉及，须遵守监管部门"禁止支付外包机构采集、留存商户和消费者敏感信息"的要求。

二是非银行支付机构出于对自身利益的保护，限制聚合服务深度渗透支付业务。当前支付服务市场饱和，竞争激烈，网络支付时代用户体验的重要性不言而喻，离用户越近就越危险，离用户越远就越容易被替代。虽然目前聚合支付业务侧重于服务长尾市场，但作为受理的最前端，直接掌握消费场景和用户信息的第一手资料，并且通过打通不同品牌、不同支付渠道建立横向的网络，积累庞大的场景信息和用户信息只是时间的问题。非银行支付机构曾经作为商业银行的"第三方"，从外包者、合作者、补充者成为了最大的竞争者；如今的聚合支付公司作为向"第三方"支付机构提供外包服务的"第四方"，非银行支付机构必将从保护自身利益出发限制聚合支付深度渗透。

  三是网联平台上线后将逐步开启商户管理和终端管理的新模式。按照规划2017年3月底网联平台上线试运行，将承担非银行支付机构发起的涉及银行账户的网络支付业务，相关机制也将逐步建立完善，现有的收单业务模式将面临重大的调整。在统一的业务规则和技术标准中，或将从各机构支付渠道通用方面加强顶层设计，这对聚合支付而言无疑是重大挑战。

第三章 票 据

2016年，我国经济仍处在转型升级、动能转换的关键阶段，国民经济保持总体平稳、稳中有进、稳中提质的发展态势，但在国内国际因素共同影响、不稳定和不确定因素仍然较多的情况下，经济持续发展的基础尚不牢固，国内经济运行仍面临下行压力。随着金融财税制度改革持续深化，多层次票据市场体系逐步建立，票据业务发展面临的环境相对复杂，票据市场运行体现为谨慎中更趋务实。同时，全国性票据交易所（以下简称票交所）正式挂牌成立，票据风险将得到有效控制，票据交易体量有望进一步安全扩容。

第一节 发展概况

2016年票据市场业务发展平稳，各类票据业务量整体呈下降趋势，票据市场融资规模缩窄；同时，受监管部门政策支持以及票交所正式成立的影响，电子商业汇票继续保持高速增长态势，占比再创新高；未贴现银行承兑汇票规模增量连续六年呈下降趋势；金融财税改革持续深化，监管和自律不断加强。

一、业务量延续下降趋势，实际结算商业汇票八年来首次下降

2016年，全国共发生票据业务2.93亿笔，金额187.79万亿元，同比分别下降29.64%和21.17%。支票、银行汇票、银行本票和实际结算商业汇票业务量均呈下降趋势。

支票业务量整体较上年明显下降，全年总量呈平稳下降趋势，但占比仍保持最高。2016年，全国共发生支票业务2.73亿笔，金额165.80万亿元，同比分别下降30.23%和21.62%，笔数和金额分别占票据业务总量的93.03%和88.29%。

银行汇票和银行本票业务量整体呈连续下降趋势。2016年，全国共发生银行汇票业务153.01万笔，金额9 504.63亿元，同比分别下降27.80%和

39.05%。银行本票业务234.52万笔,金额2.09万亿元,同比分别下降48.86%和49.59%。

实际结算商业汇票业务量八年来首次下降。2016年,全国共发生实际结算商业汇票业务1 656.45万笔,金额18.95万亿元,同比分别下降13.08%和9.71%。

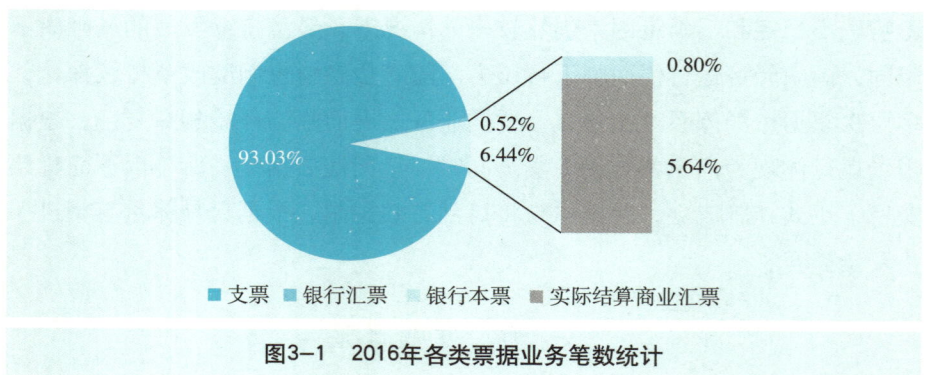

图3-1 2016年各类票据业务笔数统计

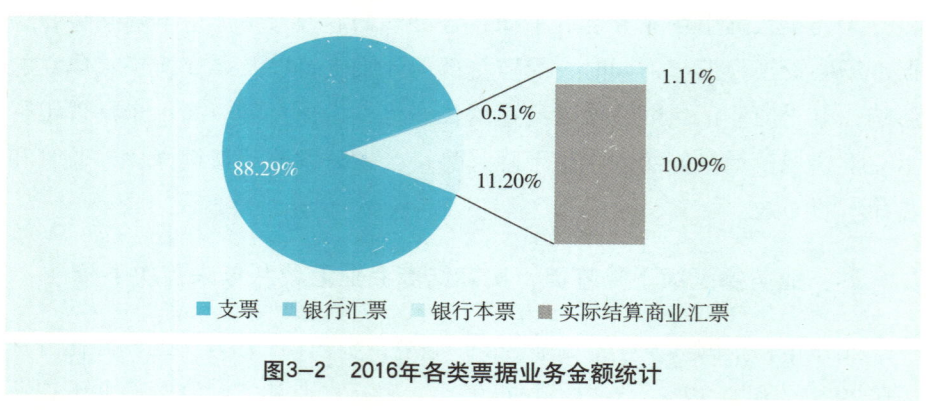

图3-2 2016年各类票据业务金额统计

表3-1   2016年各类票据业务量统计

业务类型	笔数（百万笔）					
	2015年第三季度	2015年第四季度	2016年第一季度	2016年第二季度	2016年第三季度	2016年第四季度
支票	96.49	90.77	68.14	65.06	65.86	73.91
银行汇票	0.45	0.44	0.57	0.42	0.30	0.24
银行本票	1.70	0.72	0.81	0.57	0.50	0.46
实际结算商业汇票	5.00	4.07	4.13	3.95	4.57	3.91

表3-2　　　　　　　　　2016年各类票据业务金额统计

业务类型	金额（万亿元）					
	2015年第三季度	2015年第四季度	2016年第一季度	2016年第二季度	2016年第三季度	2016年第四季度
支票	50.80	50.58	40.41	40.98	39.02	45.38
银行汇票	0.34	0.43	0.34	0.25	0.19	0.17
银行本票	1.48	0.64	0.75	0.50	0.43	0.41
实际结算商业汇票	5.17	5.41	4.67	5.04	4.74	4.51

二、电票保持高速发展，出票金额占比加速增长

截至2016年底，电子商业汇票系统参与者共计426家，较上年末增加30家。2016年，电子商业汇票系统出票230.47万笔，金额8.34万亿元，同比分别增长71.89%和48.96%；承兑237.75万笔，金额8.58万亿元，同比分别增长72.89%和48.29%；贴现83.77万笔，金额5.77万亿元，同比分别增长69.09%和54.54%；转贴现325.08万笔，金额49.2万亿元，同比分别增长108.77%和122.26%。出票、承兑、贴现、转贴现等各类业务均增长显著。

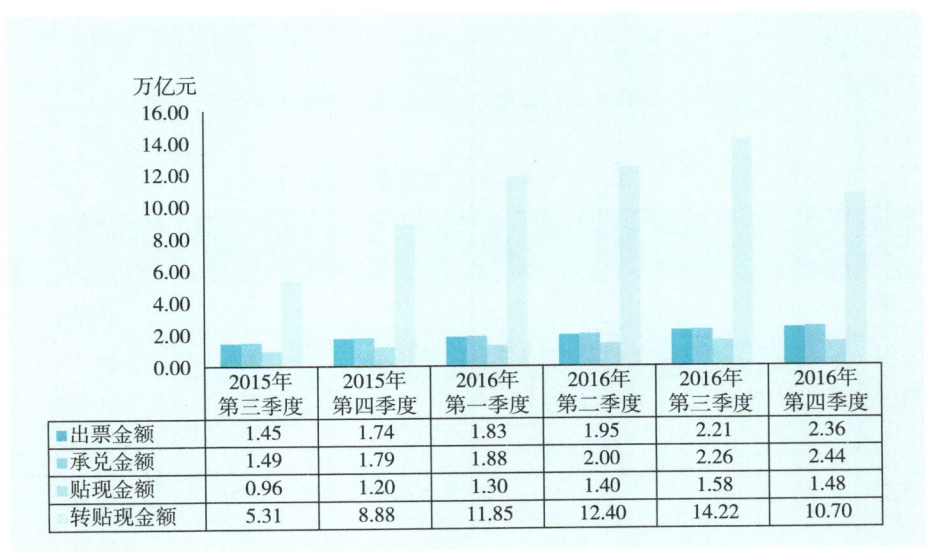

图3-3　2016年电子商业汇票系统各业务量统计

2016年,监管部门对票据市场加大监控力度,纸质商业汇票管控标准趋严,交易成本加大;而电子商业汇票交易便捷,获得政策支持,随着票交所的正式成立,我国电子商业汇票业务呈现出加速增长的发展态势。中国人民银行电子商业汇票系统出票金额占企业累计签发商业汇票金额的比重连续七年保持增长,且近三年来进入快速增长通道,占比从2013年的7.83%增长到2016年的46.08%。

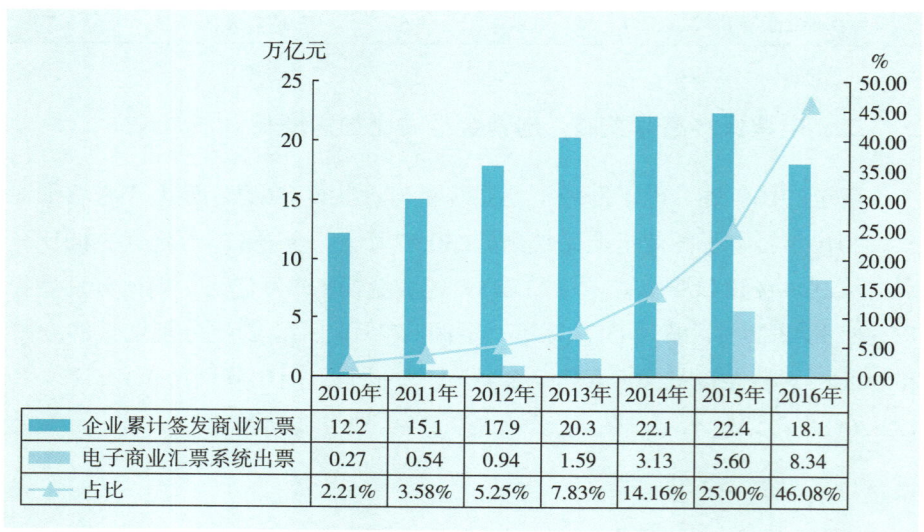

图3-4 2010—2016年电子商业汇票出票金额占比统计

表3-3   2016年电子商业汇票各业务量统计

业务类型	笔数（万笔）	同比增幅	金额（万亿元）	同比增幅
出票	230.47	71.89%	8.34	48.96%
承兑	237.75	72.89%	8.58	48.29%
其中:银行承兑汇票	210.94	70.20%	7.39	51.65%
商业承兑汇票	26.81	97.42%	1.19	30.17%
贴现	83.77	69.09%	5.77	54.54%
转贴现	325.08	108.77%	49.20	122.26%
再贴现	2.90	73.65%	0.12	85.12%

三、未贴现银行承兑汇票规模持续下降，地区间差异明显

2016年，我国社会融资规模增量为17.8万亿元，同比增加2.4万亿元，其中，未贴现银行承兑汇票规模增量连续六年呈下降趋势，对社会融资规模增量贡献度持续下降。自2014年开始，未贴现银行承兑汇票规模转为负增长，且负增长规模逐年扩大。

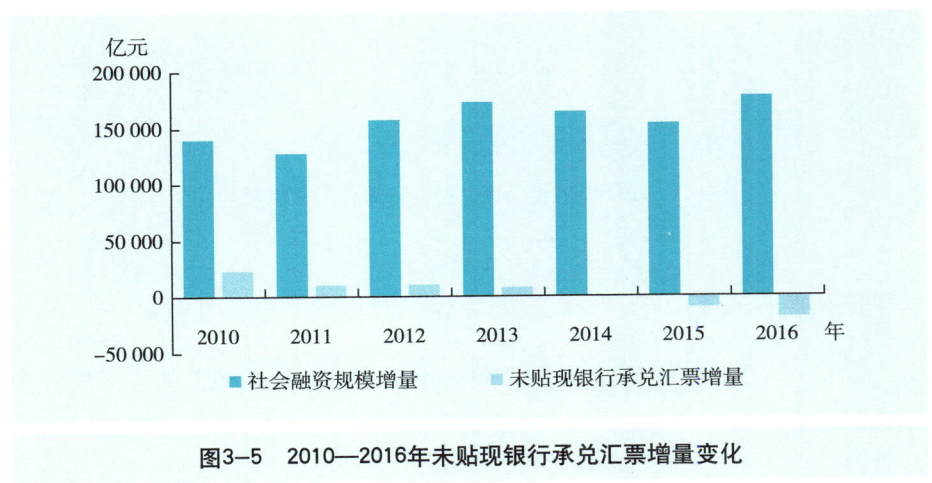

图3-5　2010—2016年未贴现银行承兑汇票增量变化

2016年，各地区之间社会融资规模增量分项指标①变化差异较大，未贴现银行承兑汇票规模增量除北京、吉林、黑龙江、上海、西藏5个省份延续正增长外，其余各省份均为负增长。北京全年规模增长最多，为646亿元；广东省全年规模减小最多，为2 595亿元。

---

① 社会融资规模存量统计由四个部分九项指标构成，即社会融资规模存量=人民币贷款+外币贷款+委托贷款+信托贷款+未贴现银行承兑汇票+企业债券+非金融企业境内股票+投资性房地产+其他。未贴现银行承兑汇票为其中一项指标。

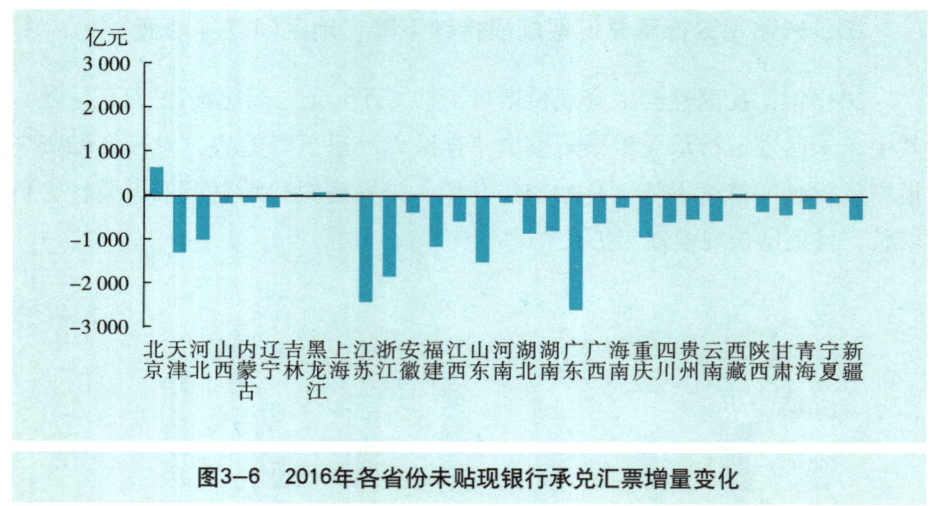

图3-6 2016年各省份未贴现银行承兑汇票增量变化

四、监管政策趋严,财税改革深化,票据市场进入整顿期

2016年,为进一步完善宏观审慎政策框架,有效防范系统性风险,中国人民银行开始实施宏观审慎评估体系(以下简称MPA),从以往关注的狭义贷款转为关注广义信贷[①]。金融机构根据中国人民银行MPA考核结果,调整票据业务经营策略,通过对资产重新进行配置,达到降低风险加权资产总额的目的。银行票据回购交易意愿降低,以票据转贴现交易来满足自身票据融资规模调节需求。票据业务从传统的表内外规模扩张模式向精细化的表内外资产管理模式转变。

根据财政部、国家税务总局《关于全面推开营业税改征增值税试点的通知》(财税〔2016〕36号)相关规定,自2016年5月起,金融机构全面实施"营改增",贴现业务税率由5%上调至6%,增加1个百分点,且由持有期差额纳税改为全额纳税,计税方式由权责发生制变为收付实现制,税收成本的变化成为银行票据业务经营的重要影响因素。为此,银行根据增值税征税范围、征收税率、征收管理要求等进一步加强了票据业务的定价管

---

① 广义信贷包括贷款、证券及投资、买入返售资产、存放非存款类金融机构款项等。

理，票据产品的定价策略及定价方式也相应调整。

2016年第一季度以来，多家银行接连曝出票据风险事件、案件，监管部门将"低风险"业务全口径纳入统一授信范围，进一步加强对票据业务的监管。2016年4月30日，为有效防范和控制票据业务风险，促进票据市场健康有序发展，中国人民银行和中国银监会联合发布《关于加强票据业务监管 促进票据市场健康发展的通知》（银发〔2016〕126号），要求商业银行强化票据业务内控管理，规范票据交易行为，全面开展票据业务风险自查；2016年7月6日，中国银监会下发《关于对城商行票据业务风险进行排查的通知》（城市银行部〔2016〕52号），要求各城商行排查全部票据业务及票据从业人员。在此背景下，银行在加强自身存量票据资产风险排查、提高票据融资业务信用风险和票据交易机构客户准入等方面审查标准的同时，还加大了对票据从业人员异常行为的排查力度。票据市场处于风险出清、业务整顿和模式调整三期叠加的阶段。

五、发挥行业自律作用，推动电票业务良性发展

近年来，随着影像技术及信息技术的普及应用，我国电票业务得到了广泛的应用，有效解决了纸质票据信息不对称、跨区域流通难、业务风险与管理成本高等问题，但在电票系统的使用过程中也存在一些难点和问题。为此，中国支付清算协会根据《电子商业汇票业务管理办法》、《中国人民银行关于规范和促进电子商业汇票业务发展的通知》、《关于加强银行业金融机构人民币同业银行结算账户管理的通知》等规章制度，制定发布了《电子商业汇票系统客户端功能标准及操作规范》。该文件统一和完善了金融机构网银客户端界面显示的基本功能和操作服务，规范了电票业务操作流程，提高了票据业务办理效率，同时明确了接入机构和被代理机构的权责关系，维护了电票市场公平秩序，保障了业务当事人的合法权益。

第二节 运行特点

2016年，我国票据市场受新常态下经济增速进一步放缓和金融财税深化改革以及票据业务风险事件增多引致的票据业务监管持续增强等多因素叠加的影响，商业汇票签发量十年来首降，实际结算商业汇票八年来首降；票据市场转贴现交易活跃程度下降，利率数次反弹，但未能有效向上突破，后转为窄幅震荡；全国性票据交易所的成立，带动票据业务进入新的发展阶段；票据市场各参与主体积极探索票据资产证券化，票据产品创新步伐加快。

一、票据市场集中度高，东部地区和国有商业银行占比领先

2016年，我国票据市场无论是在区域方面还是在机构方面，仍然延续高集中度特征，东部地区及国有商业银行占据市场主导地位。东部地区票据业务金额占当年票据业务总金额的58.89%，国有商业银行票据业务金额占票据业务总金额的43.74%。

同时，各地区之间票据业务发展差异较大，东部地区票据业务量大幅领先西部、中部及东北部地区，笔数和金额分别占全国票据业务总笔数及总金额的55.03%和58.89%。2016年，票据业务笔数排名前五位的省份分别是江苏、广东、浙江、北京和山东；票据业务金额排名前五位的省份分别是江苏、北京、广东、浙江和山东。

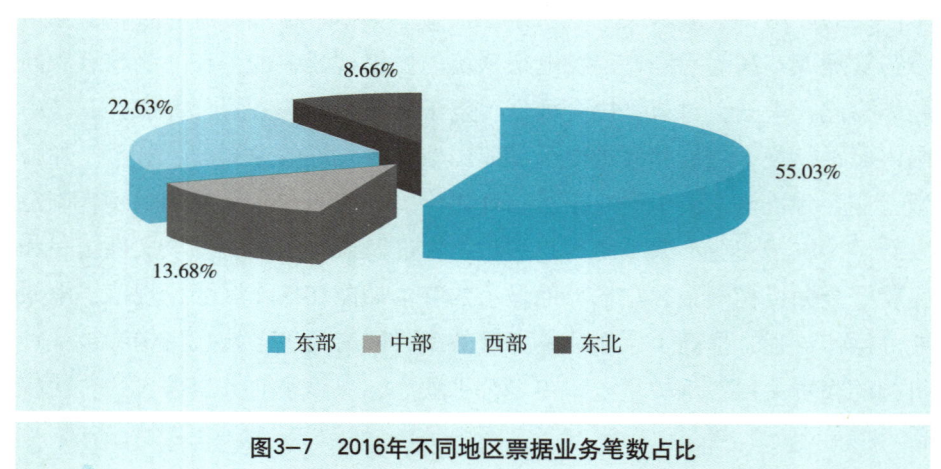

图3-7 2016年不同地区票据业务笔数占比

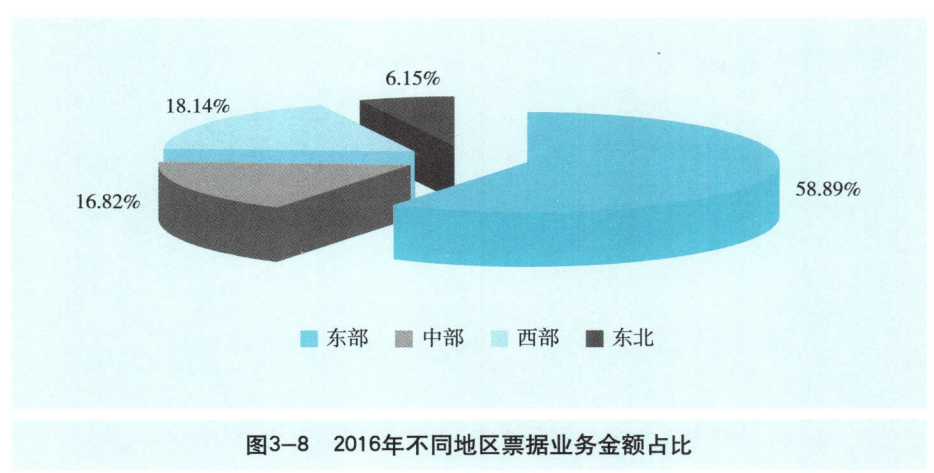

图3-8 2016年不同地区票据业务金额占比

国有商业银行仍然占据市场主体地位，全年共发生票据业务14 912.11万笔，金额82.14万亿元，同比分别下降30.43%和22.07%，商业银行处理的票据业务笔数和金额分别占票据业务总量的50.89%和43.74%，占据主体地位。股份制商业银行共发生票据业务2 583.46万笔，金额41.57万亿元，分别占票据业务总量的8.82%和22.13%，政策性银行共发生票据业务100.59万笔，金额4.4万亿元，分别占票据业务总量的0.34%和2.34%。

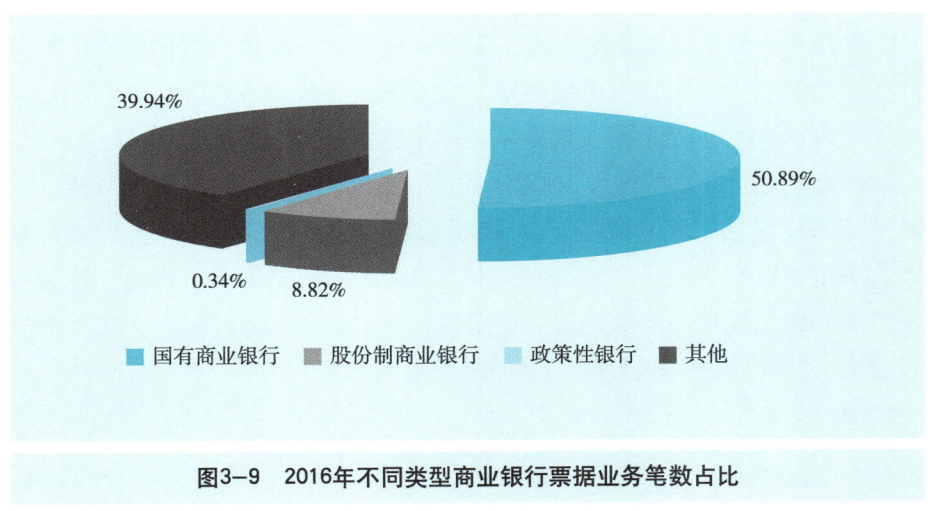

图3-9 2016年不同类型商业银行票据业务笔数占比

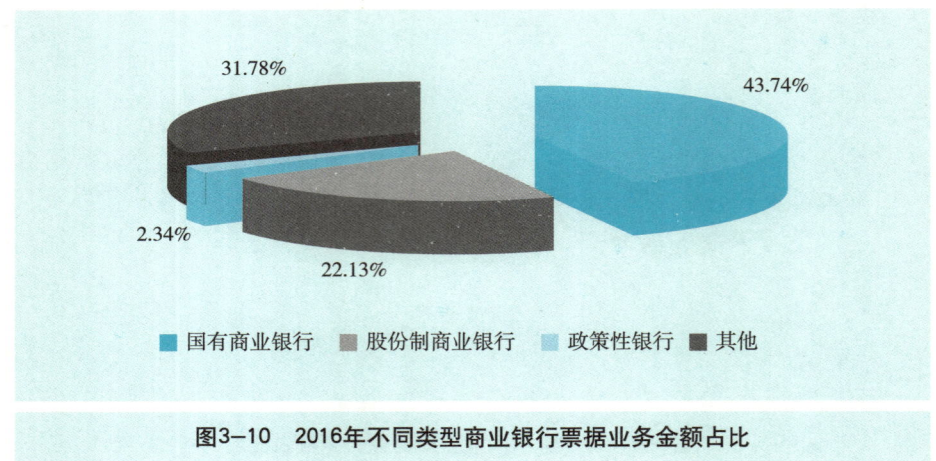

图3-10 2016年不同类型商业银行票据业务金额占比

二、票据融资余额占比提高，商业汇票签发量十年来首降

2016年票据融资增长放缓，票据融资余额年末比年初增加8 946亿元，同比少增7 684亿元。期末票据融资余额占各项贷款的比重为5.1%，同比上升0.2个百分点。从行业结构看，企业签发的银行承兑汇票余额仍集中在制造业、批发和零售业；从企业结构看，由中小型企业签发的银行承兑汇票约占2/3。

2016年，在票源供给端，由于受到经济下行、监管政策趋严的影响，商业汇票签发十年来首次由增转降。企业累计签发商业汇票18.1万亿元，同比下降19.31%；期末商业汇票未到期余额9.0万亿元，同比下降13.3%。年初票据承兑余额小幅增长，2月末达到10.9万亿元，之后承兑余额逐月下降，年末比年初下降1.4万亿元。在票据需求端，由于实体经济资金有效需求不足，以及受禁止"搭桥"、"通道业务"等监管政策影响，票据累计贴现、转贴现量呈下降趋势。金融机构累计贴现84.5万亿元，同比下降17.2%；期末贴现余额5.5万亿元，同比增长19.6%。

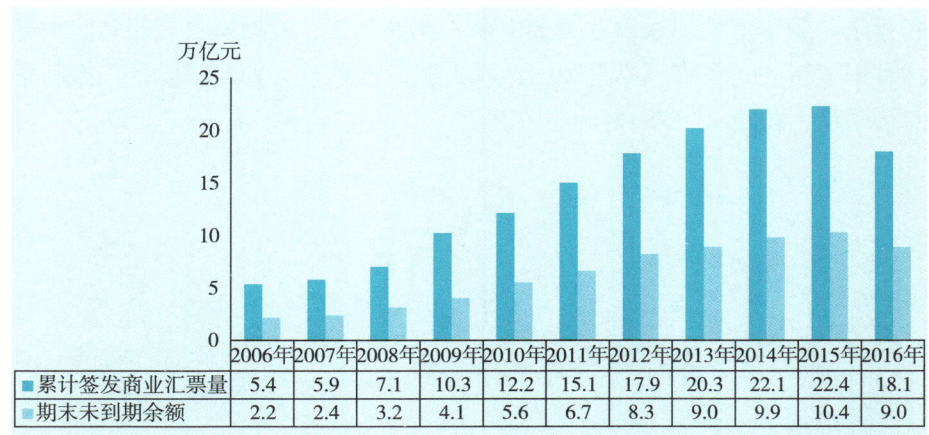

图3-11 2006—2016年企业累计签发商业汇票量及期末商业汇票未到期余额情况

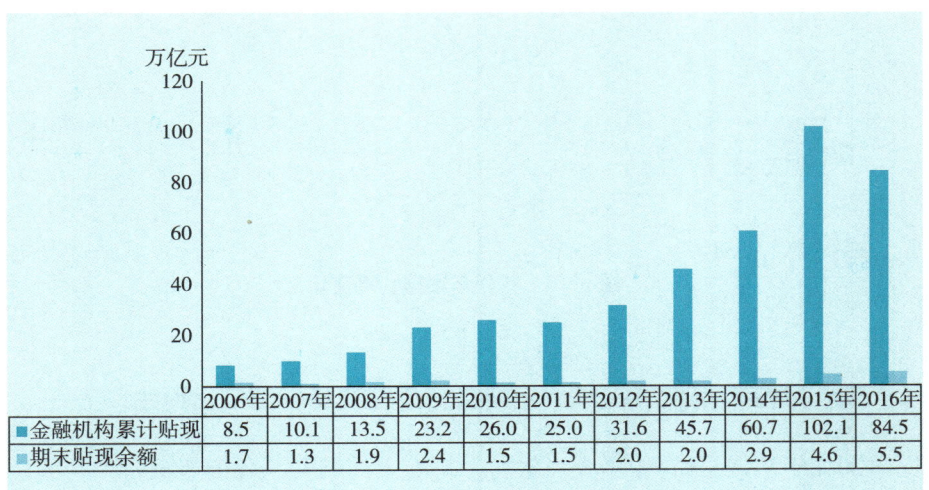

图3-12 2006—2016年金融机构累计贴现及期末贴现余额情况

三、票据利率全年稳中趋降，年初年末波动上升

2016年，我国货币政策松紧适度保持中性稳健，银行体系流动性合理充裕，票据市场供求较为均衡，除年初年末出现两次大幅波动上升，其余时段走势整体平稳，并小幅震荡，下半年利率呈现稳中趋降的走势。年初

和年末，受季节性因素以及资金供求、业务考核、市场风险、监管政策等多种因素影响，票据利率呈现出两次大幅波动上升。其余时段，票据利率总体平稳，在2.5%~3.0%区间小幅波动。

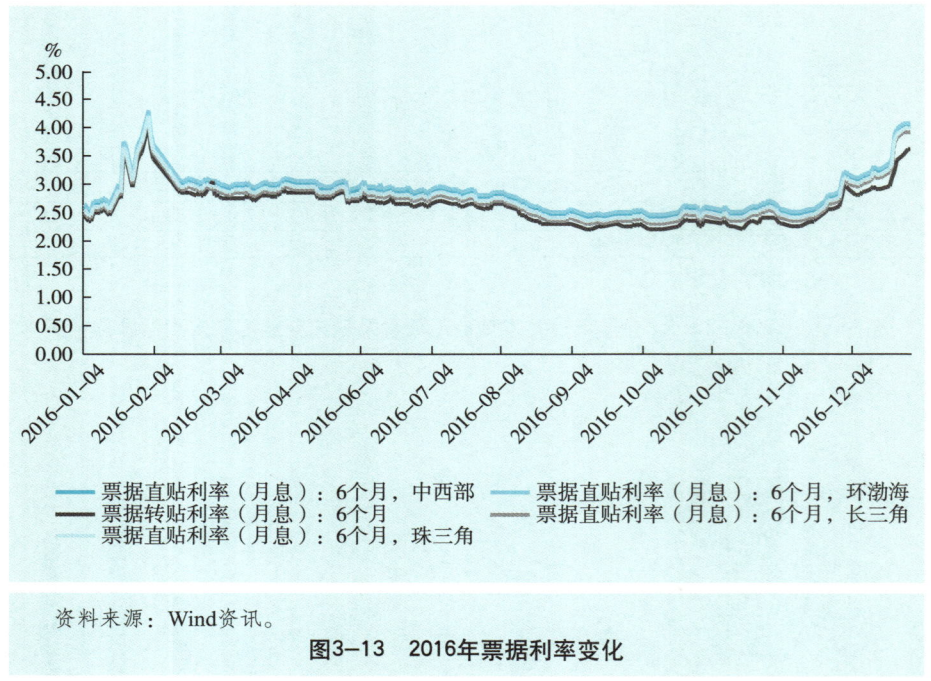

资料来源：Wind资讯。

图3-13 2016年票据利率变化

四、顺应市场发展需求，全国统一票据交易平台应运而生

2016年5月25日，中国人民银行牵头在上海召开了各商业银行参与的票据交易所筹建会议，加速推进票交所的筹建工作。9月7日，中国人民银行发布《关于规范和促进电子商业汇票业务发展的通知》（银发〔2016〕224号），对电子票据的发展及推广策略提出明确要求，为票交所的正式成立铺平道路；11月2日，中国人民银行发布《关于做好票据交易平台接入准备工作的通知》（银办发〔2016〕224号），明确了上海票据交易所票据交易平台的上线时间、分期内容及测试安排；12月初，中国人民银行发布《票据交易管理办法》，对票据市场交易行为作出详细规范，为今后的票据市场和票交所的各项业务提供了指引，全面勾勒了未来票据业务办理的基本

框架；同期，票交所出台《纸质商业汇票信息登记操作规程》，规定了纸质商业汇票线上办理的业务登记规范。12月8日，票交所正式成立，全国性票据交易平台上线运营，标志着我国一体化的票据交易市场已搭建形成，在中国票据发展史上具有里程碑意义。

专栏3-1
上海票据交易所

为防范票据市场风险，提高票据交易效率，优化资源配置，疏通信息渠道，中国人民银行牵头筹备组建集登记托管、交易、清算、信息于一体的专业化票据交易所，依托现代化信息技术搭建全国统一、安全、高效的票据电子化交易平台。

上海票据交易所注册资本为18.45亿元，类型为股份有限公司（非上市），发起人包括中国人民银行清算总中心、中国银行间市场交易商协会、上海黄金交易所、银行间市场清算所股份有限公司、上海国际集团有限公司等，票交所实行会员管理制度，为会员提供票据集中登记和托管服务，为票据市场贴现、转贴现等提供交易平台，为票据市场提供清算结算以及交易后处理服务，包括清算、结算、交割、抵押品管理等，同时为央行再贴现业务提供技术支持。

2016年12月8日，上海票据交易所正式成立并组织交易系统试运行。票交所系统建设分为两期，一期建设实现纸质商业汇票信息登记和交易功能，会员通过客户端模式接入系统；二期建设实现纸质商业汇票和电子商业汇票交易功能，具备技术实力的会员可以系统直连模式接入。系统一期主推"纸票电子化"，试点机构增量纸票业务通过票交所系统客户端办理。已上线的系统参与者开展承兑，贴现前的质押、保证，贴现，贴现后的质押、保证、转贴现、回购、提示付款，票据实物的保管与移库，止付信息登记，付款确认，追索与追偿，结清等纸票业务时均需通过票交所的客户端进行办理，并按照票交所的要求完成承兑信息、质押、质押解除、保证信息、贴现信息、承兑补充信息、初始权属、止付信息、止付信息解除、结清信息登记，并使用DVP模式进行清算；电票业务仍通过电子商业汇票系统（ECDS）办理，并遵守原ECDS业务规则。一期试点机构共43家，包括35家商业银行、2家财务公司、3家证券公司和3家基金公司。试点机构于2016年12月8日参与试点；试点机构之外的其他市场参与者于2017年2月27日起参与推广上线；截至2017年5月底，所有市场参与者全部成为票交所平台会员，每个会员至少安排1家系统参与者上线；截至2017年7月底，所有会员完成其剩余系统参与者的系统上线，推广工作全部完成。

上海票据交易所的成立，将打破目前票据市场的格局，成为票据业务交易、风险防控、信息资讯、研究评级、创新发展等方面的中心，形成基本以法人为参与主体、纸质票据托管电子化、信息集中透明的集约化市场组织形式，对票据市场交易规则重塑、银行间市场发展、利率市场化改革、降低实体经济融资成本等具有深远意义。票交所系统上线运行标志着票据市场进入了电子化发展新时代，将对中国金融发展产生深远的影响。

五、产品不断创新，票据资产证券化大幕拉起

自2014年国务院提出支持资产证券化等产品的发展意见以来，在备案制、注册制、试点规模扩容等利好政策的推动下，我国资产证券化业务提速发展，激发了我国票据市场的产品创新。银行与证券公司、基金公司等金融机构纷纷开展对票据资产证券化的研究，在符合金融监管要求的基础上，积极探索银行机构与非银机构间的票据业务跨领域合作与创新。

2016年，票据资产证券化各项条件逐步成熟，各金融机构间的合作也随之落地开花。多家银行与证券公司合作，成功发行票据资产证券化产品，为企业开辟了直接融资的新渠道，为银行支持实体经济发展构建了票据融资新模式，实现了金融机构整体效益和社会利益最大化，标志着我国已开始步入票据资产证券化新时代。

表3-4　　　　　2016年商业银行及财务公司票据创新产品一览表

序号	产品名称	简介	推出银行
1	票据资产证券化	以法定票据权利所派生的票据收益权为基础资产开展票据资产证券化，有利于解决中小企业融资难、融资贵的问题	江苏银行、徽商银行、中国民生银行、中信银行、上海浦东发展银行、廊坊银行
2	票据池业务	银行为客户提供票据鉴别、托管、托收、查询、质押授信、收益权资管、票据池融资额度项下新开电子票据、在线支付、在线融资、在线增信等一揽子服务，实现企业票据业务管理的集中化、智能化，为供应链企业提供更为多元化自主、高效、便捷的金融服务	浙商银行、包商银行、中国农业银行、中化集团财务有限责任公司
3	商业（承兑）汇票质押（保押）业务	通过质押优质客户商业承兑汇票的方式批量开发上游供应商，或在公司内部建立质押池，通过票据追索、建立体内循环贸易授信圈等方式降低了业务实质风险，发挥供应链金融产品特色，平衡了业务发展和风险控制的压力	北京银行、中国华电集团财务有限公司
4	票据管家业务	银行依托专业票据服务平台为客户提供基于票据生命周期管理的一揽子解决方案，实现票据的全流程管理、电子归集、风险预警、信息联动、增值服务等功能	招商银行、中国邮政储蓄银行、申能集团财务有限公司
5	票据与供应链联动融通产品	提供供应链和生态链综合化金融服务，量身定制的票据供应链联动融通产品，集资金归集、票据结算、汽车合格证监管、资金融通业务等业务为一体，全面拓展"厂商银"合作模式，将金融服务延展至汽车生产、销售乃至售后的全生命流程	中国邮政储蓄银行、吉林银行、中国石化财务有限责任公司、晋商银行

专栏3-2
商业银行票据资产证券化产品

近年来，随着我国资产证券化市场发展提速，在备案制、注册制、试点规模扩容等利好政策的推动下，规模持续增长。票据资产在当前市场同业资产越来越缺乏的背景下，已成为银行重要的同业投资品种。

其中，票据资产证券化（以下简称票据ABS）业务不仅能够增加票据资产的流动性，丰富票据产品种类和银行产品业务体系，减少风险资本占用，优化盈利结构，提高盈利水平，有效应对票据业务转型的挑战。与此同时，客观上有助于更好地满足企业直接融资需求，缓解企业融资难、融资贵问题。

票据ABS，是指银行运用自营资金投资，由具备办理专项资产支持计划业务的合格金融机构设立的、以企业持有的商业汇票收益权为基础资产标的、在交易所挂牌交易的专项资产支持计划的行为。票据资产作为一种期限确定性较强的资产，相较于应收账款，其收益权更适合作为ABS产品的基础资产。

2016年3月下旬，江苏银行"华泰资管——江苏银行融元1号资产支持专项计划"的发行标志着国内票据资产证券化的大幕拉起，是我国商业票据领域资产证券化的有益探索。

民生银行、徽商银行、中信银行和上海浦东发展银行等全国大型股份制商业银行也先后推出了"中信证券——民生银行票据收益权1号资产支持专项计划"、"徽德同赢一号票据资产支持专项计划"、"华泰资管——中信银行睿信1号资产支持专项计划"和"上海浦东发展银行宁波分行票据中心通过票据资管投资浦银安盛管理的票据支持证券专项计划"等票据ABS产品。

从票据资产证券化的情况看，由于票据资产具有现金流稳定、市场容量大等优势，通过票据资产ABS可对规范票据市场、降低市场风险起到积极作用，监管部门及交易所皆大力支持票据资产证券化。预计未来将有多家银行不断推出票据资产证券化产品，这也将成为票据业务发展的新趋势。

第三节 行业风险及问题

2016年，受我国经济增长模式变化带来的经济增速下滑和长期刺激政策带来的高杠杆率及金融机构稳健性下降等因素的影响，票据业务风险事件频发，监管新政频出，内、外部检查接连不断，票据市场信用环境形势严峻，但仍保持总体平稳。

一、票据签发量首次负增长、利差持续收窄，风险形势依然严峻

2016年，受经济"新常态"和"去产能、去库存、去杠杆"的影响，

我国经济增速持续放缓，实体经济对资金需求不旺，再加上票据市场恶性风险事件频发，内、外部检查持续不断，监管政策频出，监管力度加大等因素影响，票据交易利差水平持续收窄，导致票据市场交易活跃度回落，票据签发量首次出现负增长。

票据市场中依然存在通过转贴现业务转移规模、削减资本占用，以假买断真代持、假卖断真出表的方式人为调节信贷规模，利用票据承兑、贴现虚增存贷款规模，与中介联手违规交易扰乱市场秩序等现象。个别金融机构甚至通过出租、出借账户，签订抽屉协议、阴阳合同，账外经营等行为，为交易对手隐匿、削减信贷规模提供通道，使票据业务面临严峻的风险。

二、企业资金链脆弱、信用风险呈上升势头

2016年，受供给侧改革和结构深化调整的影响，企业融资难问题依然存在，特别是一些高耗能、高污染和产能过剩行业，资金缺口较大且有效融资渠道不足，再加上多年的三角债、连环债，使企业间资金链脆弱，虚开融资票据循环空转套取银行资金现象依然存在，票据金融功能被扭曲，由支付结算工具变成了一些企业和票据中介融资套利的工具。企业资金链断裂而引发的债务违约、逃债等事件时有发生，商业承兑汇票到期不付、连环追索的新闻不绝于耳，票据逾期率、承兑垫款率明显提高，假票、克隆票、假章等票据诈骗案件居高不下，票据业务纠纷频发，信用风险呈上升势头，甚至形成连锁反应，使票据市场整体信用环境形势严峻。由于企业违约风险不断向银行渗透，导致银行风险防控难度加大，部分银行曾一度停止了对风险较大、违约率较高的商业承兑汇票买入业务。

三、操作风险、道德风险与跨市场风险相互交织，票据欺诈大案要案频发

2016年的票据市场可谓是一波未平一波又起，就已公开的票据风险事件来看，涉案金额已然超过100亿元。票据窝案、跑单、阴阳合同等集中爆发令潜藏的票据风险浮出水面。究其原因，票据业务专营落实不到位、账户管理、资金划付、票据实物管理等操作不合规；部分中介通过控制中小

金融机构同业户、拉长票据链条、设计复杂的交易结构、使用抽屉协议、一票多卖、克隆背书章等形式深度参与到票据交易链中，诈骗银行资金，并挪作其他投资用途；在经济增速放缓、资产荒盛行的情况下，其他市场的风险向票据市场渗透传染，如受股市波动的冲击被挪用投入股市的资金大量亏损无法归还、债市违约的蝴蝶效应影响，票据市场风险在2016年上半年集中爆发。各类原因相互交织助长了票据风险和票据欺诈行为的滋生和蔓延。

四、监管政策频出、合规风险凸显，银行风险管控力度加强

2016年，监管部门以"两个加强、两个遏制"回头看为切入点，在全国范围内有针对性地开展了多次票据业务现场检查，强调票据业务监管方向为规范化运作和风险防控，并出台多项政策引导票据业务发展回归本源。

2015年12月31日《中国银监会办公厅关于票据业务风险提示的通知》（银监办发〔2015〕203号）出台，列举了票据业务七大违规问题，并提出了"不得办理无真实贸易背景的票据业务"、"机构和员工不得参与各类票据中介和资金掮客活动"、"严禁携带凭证、印章等到异地办理票据业务"等禁止性规定。2016年4月27日中国人民银行和中国银监会共同发布了《关于加强票据业务监管 促进票据市场健康发展的通知》（银发〔2016〕126号），要求严格贸易背景真实性审查，严格规范同业账户管理，有效防范和控制票据业务风险，促进票据市场健康有序发展。2016年9月7日中国人民银行《关于规范和促进电子商业汇票业务发展的通知》（银发〔2016〕224号）出台，明确自2017年1月1日起，单张出票金额在300万元以上的商业汇票必须全部通过电票系统办理，自2018年1月1日起，原则上单张出票金额在100万元以上的商业汇票必须全部通过电票系统办理，电票交易主体扩大到全银行间市场。2016年11月2日中国人民银行《关于做好票据交易平台接入准备工作的通知》（银办发〔2016〕224号）明确了票交所建设事宜等。

针对票据市场凸显的合规风险，各银行机构积极应对，从授权制度、岗位设置、业务审批、检查制度等多维度规范票据业务内部管理，修订和

完善票据业务的相关操作规程，有效提升了风险控制能力。如成立金融同业部集中办理或审批票据业务、实行全行统一授权和授信、采取同业客户名单制管理、重要风控指标由系统刚性控制等。同时出台严禁机构和员工作为中间人参与中介活动等禁止性规定，保证票据业务合规经营，切实提高风险管控效率。

五、票交所正式成立，有效遏制市场风险

2016年12月8日，票交所正式成立，这标志着我国票据业务迈入了全面电子化、参与主体多元化、交易集中化的规范统一、高效透明的新时代。票交所首先解决了纸质票据电子化问题，通过对纸质票据信息全方位登记实现了纸质票据的电子化交易，与纸质票据相伴随的票据伪造、变造和克隆风险将被彻底遏制，纸质票据交易过程中产生的票据保管、在途、审验等操作风险也将彻底消失；票交所时代不论是票据贴现还是转贴现都不再需要提供相关贸易背景资料，票据中介包装票据逃避监管的通道不复存在，票据信息的透明化可降低票据交易过程中的欺诈风险，有效提升交易双方的诚信度；票据市场参与主体大幅扩充，一方面引进了证券、基金、保险、信托、期货等非银行金融机构参与进来，为其提供了资金使用渠道；另一方面通过引进资管计划、理财计划等非法人产品，拓展了票据市场的广度，为票据市场的后续创新提供了空间；票交所打通了票据市场与其他货币子市场之间的通道，完善了票据资产与资金市场的通道；票交所明确的票据交易准入标准杜绝了非正规参与主体对票据市场的干扰，降低了票据业务的操作风险和道德风险；公开透明的信用主体规则为形成准确有效的票据价格体系奠定了基础，也为形成健康有序的票据市场环境和降低票据市场风险创造了条件；票据中介和掮客的生存空间被压缩，票据市场环境逐步净化，整体风险管控水平将显著提升，新的票据监管体系正待形成。

第四节　趋势展望

未来一段时期，我国经济形势总的特点是缓中趋稳、稳中向好，经济运行保持在合理区间。供给侧结构性改革的不断深化、经济结构的优化升级和金融体系结构功能的完善，为我国票据市场的深化发展提供了强有力的支撑。

一、企业有效融资需求增加，票据助推实体经济发展作用增强

未来一段时期，随着供给侧结构性改革各项举措的贯彻落实，国内经济增长企稳向好，新旧动能转化过程中新的增长点开始显现，战略性新兴产业正在兴起，这些将有力地推动经济结构加快调整和产业升级，"一带一路"、长江经济带、京津冀协同发展等战略的实施以及新型城镇化建设，将促进区域经济协调发展。新常态下，经济增速放缓和金融市场利率整体水平降低，票据成为中小企业获得信用支持、降低融资成本和提升企业竞争力的重要方式，也是银行适应经济转型发展和企业融资市场变化、强化金融服务实体经济的重要路径。经济发展中最具活力的中小企业将涌现出大量的票据融资需求，为票据市场的可持续发展提供了坚实的经济基础。同时，票据风险事件和票据业务合规监管的持续升级，也引发了银行机构对自身业务经营的反思，使其更加注重企业直贴业务的发展，推动票据业务创新，更好地防范票据业务风险，增强金融服务实体经济的能力，从而有力地助推实体经济的健康发展。

二、票据市场加速转型，电子票据进一步替代纸质票据

电子票据作为革命性的票据业务产品，其使用及普及率逐年提高，电子票据在企业之间流转更为普遍，其作为支付结算工具的作用愈加显著，同时在票据一级市场和二级市场，随着贴现通道的阻碍被打通，转贴现业务操作流程的简化等，企业的融资成本和银行的交易成本将降低、融资效率和资金使用效率将有效提升。

2016年，电票系统贴现金额5.77万亿元，同比增长54.54%，占票据贴现（含纸质票据和电子票据）总量的50.99%；转贴现金额49.2万亿元，同比增长122.26%，占票据转贴现（含纸质票据和电子票据）总量的58.22%；电子票据在票据整体贴现和转贴现业务中所占的比重已超过了一半。在中国人民银行大力推动电票业务发展的利好政策及市场参与主体多元化的背景下，票据交易的电子化以及票据清算的便捷化，使电子票据的优势更为

凸显，纸质票据的数量将会逐步萎缩，电子票据将填补纸质票据留下的空白，未来的票据市场将是以电子票据为主的交易市场。

三、全国性票据市场发展新阶段开启，市场运行格局将发生重大变化

票交所的建立将打破目前票据市场格局，突破地域和时间对交易的限制，使市场参与者获取更加全面真实的市场信息，全国范围内高度集中化和统一化的市场形态，也将对现行票据业务的经营管理带来较大的影响。票交所的成立一方面形成了一个参与者众多、交易价格透明的有效市场。其参与者既包括银行及非银行金融机构，也包括企业等，交易产品可涵盖票据直贴、转贴现、再贴现、票据基金、特殊目的载体（SPV）、票据资产证券化（ABS）等，交易总量将逾百万亿元。另一方面全面实施票据电子化交易，纸质票据缴存托管转化为电子介质后，转贴现交易全面电子化，省去原转贴现交易项下大量的验票、传递、保管等人工操作，可实现银行总、分行层面的互联网式集约化经营模式，监管部门对票据业务的监管可覆盖至票据业务的全过程。同时票交所设立后，票据市场将形成统一的风险认知和防控机制，游走在企业与银行间的资金掮客类票据中介将难以为继，不法中介依托中小银行扰乱市场秩序、风险案件频发等诸多乱象将得到有效解决。各经营机构的经营模式和管理架构将随之转型升级，票据业务流程、岗位设置和职责分工都需重新梳理确定。

四、交易体量继续下降，融资规模、利率波动幅度加大

从宏观层面看，2017年国家继续推行"三去一降一补"政策，同时实施稳健中性的货币政策，从加强货币信贷总量管控等方面出台了多项措施，显示出中央加强宏观调控、加快转变经济发展方式的坚定决心。同时金融监管日趋严厉、监管新规层出不穷。在此背景下，票据市场也将与宏观经济发展相适应，市场规模、利率走势等将受政策面影响波动起伏。

从票据市场情况看，受2016年底财政资金集中投放的季节性因素影响，银行逐步压缩信贷规模，票据资产作为信贷科目中流动性最好的资产类别，被当成压降规模的最佳通道，使表内票据融资规模回落，表外未贴

现银行承兑汇票增加。同时，随着票据理财等业务纳入MPA广义信贷考核范围，将直接影响市场对票据的刚性需求，较往年出现缩减。在稳健中性的货币政策下，票据业务面临持票成本提升和与其他资产业务相互竞争的问题，不同期限资金之间的价格差异空间愈显狭窄，且短期资金会出现较大幅度、较高频率的波动，进而使票据利率在不同阶段不同时点显现起伏加大的情况。

五、创新加速，票据资产证券化、区块链技术运用发展前景广阔

票据业务是银行业优化资产负债结构、加强流动性管理、提高收益的一个重要手段，不仅能为银行主动增加存款提供抓手，也可以提高银行盈利水平。票据创新发展不仅可以丰富银行调节手段，增加收入特别是中间业务收入，还可以降低资本占用，提高存量资产使用效率，提升风险管控能力，增加综合竞争力，在助推商业银行金融改革和转型发展中发挥重要作用。

随着票交所的建成和交易主体的扩大，票据业务适时引进信托、证券、基金、保险、资产管理公司以及企业、个人进入票据市场，丰富了市场经营主体，也为加快跨市场、跨专业、跨产品业务创新提供了更多的可能和机会，资产业务与中间业务相融合的综合金融产品也将更加丰富。票据资产证券化的试水成功为票据资管业务创新开辟了新方向。

未来几年，区块链技术在结合现有的票据属性、法规和市场的前提下，将以一种与现有的电子票据相比在技术架构上完全不同的全新的票据展现形式出现，融合二者的优势，成为一种更安全、更智能、更便捷、更具前景的票据创新形态。

专栏3-3
区块链技术在票据市场的应用[①]

自比特币诞生以来，区块链技术被证明可支持数字货币发行流通，引起了国际货币基金组织（IMF）和各国中央银行的广泛关注。中国人民银行举行了数字货币研讨会，并筹备建立数字货币研究所。本着循序渐进的原则，票据作为一个集交易、支付、清算、信用等诸多金融属性于一身的非标金融资产，因其庞大的市场规模、众多的参与主体、丰富的业务种类，成为区块链应用的备选场景。2016年9月，时任中国人民银行金融市场司巡视员兼票据交易平台筹备组组长徐忠和中国人民银行科技司副司长兼中国人民银行数字货币研究所筹备组组长姚前在《中国金融》发表联合署名文章，提出了基于区块链技术的数字票据交易平台初步方案。2017年1月3日，浙商银行首个基于区块链技术的移动数字汇票产品正式上线并完成首笔交易，标志着时下热门的"区块链"概念在银行核心业务中实现落地应用，数字票据平台进入搭建进行时。

一、数字票据的特点及其优劣势

数字票据，其承载介质既非纸质实物，也不是虚拟电子信息流，而是基于区块链技术、具备现有的票据属性、符合法规和市场特性，所衍生出的一种全新票据表现形式。相较于传统的纸质和电子商业汇票，数字票据因技术架构上的不同，既具备电子票据的功能和优点，又融合了区块链技术的优势，有望成为一种更安全、更智能、更便捷的票据形态。

区块链技术采用分布共享、通识可信、参与可查的公开账本，在确保数字票据真实性的前提下，实现票据信息及交易的去中心化和去信任化。数字票据通过时间戳、非对称加密和智能合约等技术手段，运用严格的规则和公开的协议对信息交互和修改行为进行规范，具备以下优势：

1. 成本较低，风险较小。数字票据采用分布共享式的数据记载方式，

[①] 该专栏由上海浦东发展银行股份有限公司供稿。

降低传统模式下系统建设及运维的综合成本，避免集中模式下服务器崩溃或被黑客控制的问题。同时，分布式票据数据库具有强大的容错功能，不会因个别节点出错影响所有参与主体的运转，更不会影响数据的存储和交易更新。各个参与者记录的数据账本，既是分账本也是总账本，从而降低中心化模式下数据反复记录和保存的成本。

2. 数据完整，信息透明。通过时间戳的可验证性，数字票据实现对全生命周期的追溯和查询，能够清晰展示票据流转过程，保障承兑、保证、质押、解质押等票据行为的真实有效，便于行使相关票据权利。同时，通过参与主体行为数据的记录和累积，结合大数据技术，数字票据易于建立信用分析和评级机制，有效控制票据交易风险。

3. 智能管理，操作简便。数字票据具备电子票据的优势，客户省去了柜面办理票据承兑、保证或登记质押的手续，银行也节省了送取和审验票据的工作。同时，数字票据通过签署智能合约，借助编程代码约束票据行为，最大限度地避免了执行过程中的违约行为。

不可避免地，数字票据存在一些劣势，如信息质量受制于节点主体操作规范性、数字票据的法理依据不够稳固、庞大的信息数量造成高能耗与设备压力等，但是瑕不掩瑜，数字票据有望快速发展，形成与纸质票据和电子票据共存的格局。

二、数字票据交易平台的模式和特点

根据数字票据交易平台建设的初步方案，其模式呈现出参与主体平权、票据生命周期全覆盖以及清结算方式灵活等特点。

1. 参与主体平权。数字票据交易平台参与主体包括票据交易所、银行、保险和基金等金融机构。基于区块链技术构建联盟链，票据标的和交易等平台数据由记账节点机构共同记载维护，其他机构节点经认证后可同步并使用，在确保数据信息准确可靠的前提下，实现分布式数据储存和共享。同时，节点身份管理制度明确了交易平台参与者的准入门槛，从源头对交易主体加以限定，有效规范市场行为。

2. 票据生命周期全覆盖。数字票据业务包括开票、承兑、流转、贴现、转贴现、再贴现、回购、托收等类型，覆盖了票据全生命周期。智能合约和代码编程综合运用，既可以优化数字票据交易结算流程，提高交易效率，并创新业务场景，又可以随时对分布式账本进行审计，便于对票据交易的事前、事中和事后监管。

3. 清结算方式灵活。相较于传统纸质票据和电子票据，数字票据可选择采用实物货币资金或者数字货币进行清算、结算。根据数字票据交易平台初步方案设计，数字票据平台链外清算方案基于现有保证金账户体系，通过账户的支付平台完成线下清算，未实现DVP票款对付；数字票据平台链上直接清算方案引入央行数字货币，限定在区块链中流通，实现DVP票款对付。

三、数字票据的行业影响及发展前景

数字票据作为数字货币的封闭应用场景先试先行，其研发、发行、推广工作由中国人民银行主持推动。一旦数字票据成功使用，区块链技术可行性将得到进一步确认，基于区块链技术的数字票据基础设施也可以拓展至其他封闭的应用场景，包括债券、股权、外汇、纸黄金等，拓宽了数字货币的应用领域。当区块链技术得到充分检验，数字货币有望运用于开放式的支付结算环境，从而降低传统纸币发行、流通的成本，提升经济交易活动的便利性和透明度。

数字票据也将是与纸质票据和电子票据共存的一种票据形式。上海票据交易所（以下简称票交所）作为全国统一的票据交易管理平台，可以作为特殊管理节点接入数字票据区块链，在票据全生命周期中监控业务流程，通过参与智能合约和编程代码的规则制定，实现对数字票据的间接管理，维护市场秩序。同时，票交所可对复杂交易提供辅助分析以及合约定制等增值服务。

第四章 银行卡

2016年，随着国家供给侧结构性改革的深入推进，我国银行卡产业转型升级不断加快，行业整体保持平稳发展态势，产业各方合规经营意识得到强化。银行卡发卡规模和交易规模保持平稳增长，发卡市场机构集中度稳中有降，受理环境不断完善。信用卡利率市场化的稳步实施以及刷卡手续费定价机制政策的落地，进一步释放了银行卡产业的创新活力，为产业发展带来了新的机遇，引致市场格局新变化。移动支付的快速发展为银行卡产业插上了"隐形的翅膀"，助力银行卡产业创新变革，银行卡发卡业务服务和产品创新不断。银行卡产业各方更加注重合作共赢，不断挖潜国内、国际市场。随着国内银行卡产业各项政策的落地实施，业务监管以及行业自律机制的持续完善及市场的逐步开放，银行卡产业仍将保持中高速增长势头。

第一节 发展概况

一、发卡量平稳增长，信用卡占比继续降低

截至2016年底，全国银行卡在用发卡量61.25亿张[1]，同比增长12.54%，增速比上年同期高2.28个百分点。其中，借记卡在用发卡量56.60亿张，同比增长12.96%，增速比上年同期高1.15个百分点；信用卡和借贷合一卡在用发卡量共计4.65亿张，同比增长7.60%，增速比上年同期高12.65个百分点。信用卡在用发卡量占银行卡在用发卡总量的6.87%，较上年减少1.07个百分点。

---

[1] 银行卡在用发卡量，是指统计期末，发卡机构累计发行的、未注销且未过有效期的、持卡人可正常办理全部或部分支付结算业务的银行卡数量。信用卡特指已处于激活状态的卡片。

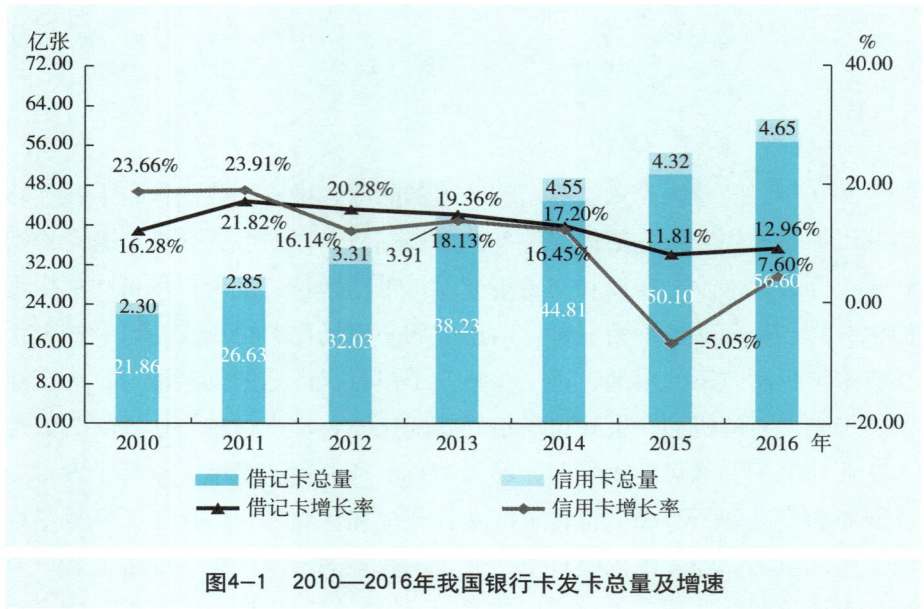

图4-1　2010—2016年我国银行卡发卡总量及增速

截至2016年底,全国人均持有银行卡4.47张,同比增长11.83%。其中,借记卡人均持有4.16张,同比增长12.43%;信用卡人均持有0.31张,同比增长6.27%。

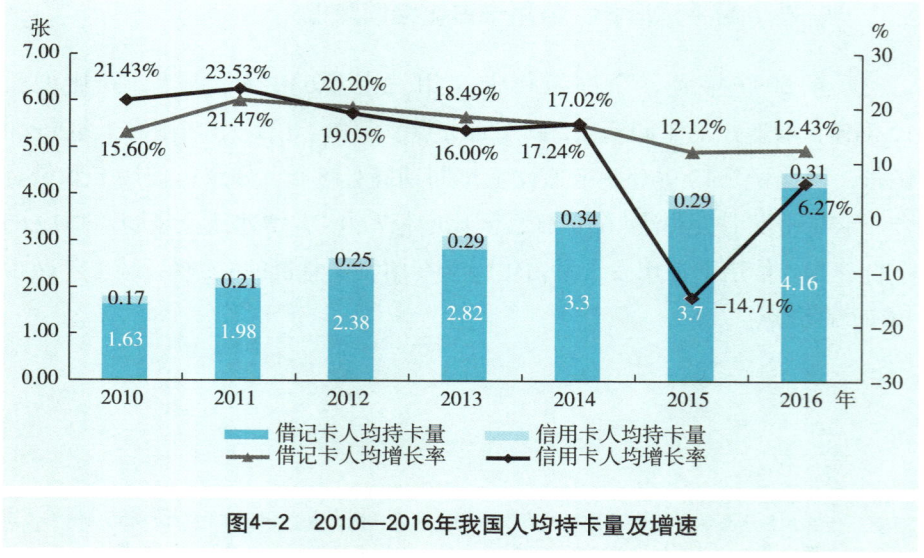

图4-2　2010—2016年我国人均持卡量及增速

二、交易量增速放缓，取现业务和消费业务增速下滑

2016年，银行卡交易量持续保持增长，增速放缓。全国银行卡共发生交易1 154.74亿笔，同比增长35.49%，增速放缓7.58个百分点；银行卡交易金额741.81万亿元，同比增长10.75%，增速放缓38.13个百分点。其中，银行卡存现业务104.74亿笔，金额77.17万亿元，同比分别增长13.94%和8.74%；取现业务179.98亿笔，金额65.50万亿元，同比分别下降2.30%和10.46%；转账业务486.73亿笔，金额542.64万亿元，同比分别增长70.27%和15.29%；消费业务383.29亿笔，金额56.50万亿元，同比分别增长32.03%和2.72%。银行卡跨行消费业务202.43亿笔，金额49.07万亿元，同比分别增长17.43%和14.35%，分别占银行卡消费业务量的52.81%和86.85%。全年银行卡渗透率[①]达到48.47%，比上年上升0.51个百分点。伴随着银行卡渗透率的持续上升，银行卡消费金额增速连续三年快速下滑，取现业务甚至出现负增长，一是因为银行卡大额消费交易增长乏力，银行卡笔均消费金额从2015年的1 895元降至1 474元；二是虽然银行卡在小额消费领域仍然保持一定增长势头，但是以条码支付[②]为代表的非现金支付工具快速普及，对银行卡直接消费尤其是现金支付构成冲击。

表4-1　　　　　　　　　2016年我国银行卡各类业务情况

业务类型	交易笔数（亿笔）	同比增速	交易金额（万亿元）	同比增速	笔均金额（元）
存现业务	104.74	13.94%	77.17	8.74%	7 367.768
取现业务	179.98	-2.30%	65.50	-10.46%	3 639.293
转账业务	486.73	70.27%	542.64	15.29%	11 148.69
消费业务	383.29	32.03%	56.50	2.72%	1 474.08

---

① 银行卡渗透率，是指别除房地产、大宗批发等交易类型，银行卡消费金额占社会消费品零售总额的比例。

② 部分通过条码支付实现的快捷支付消费交易未纳入银行卡消费交易的统计口径。

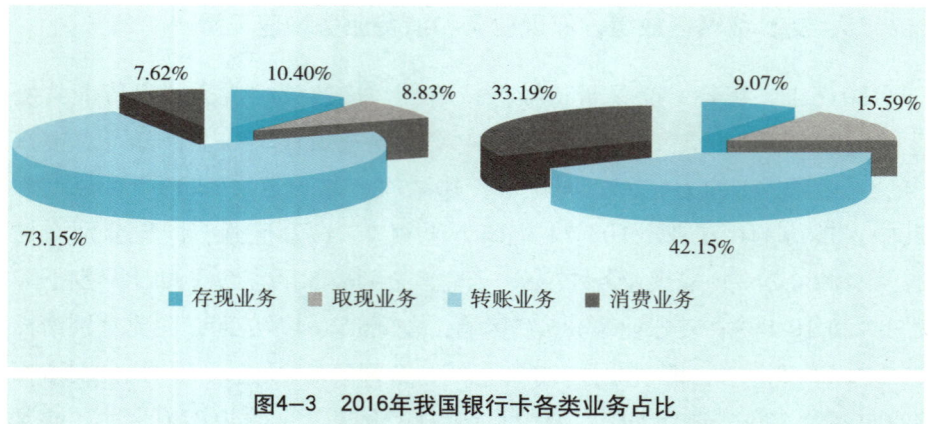

图4-3　2016年我国银行卡各类业务占比

图4-4　2010—2016年全国银行卡消费交易笔数及增速

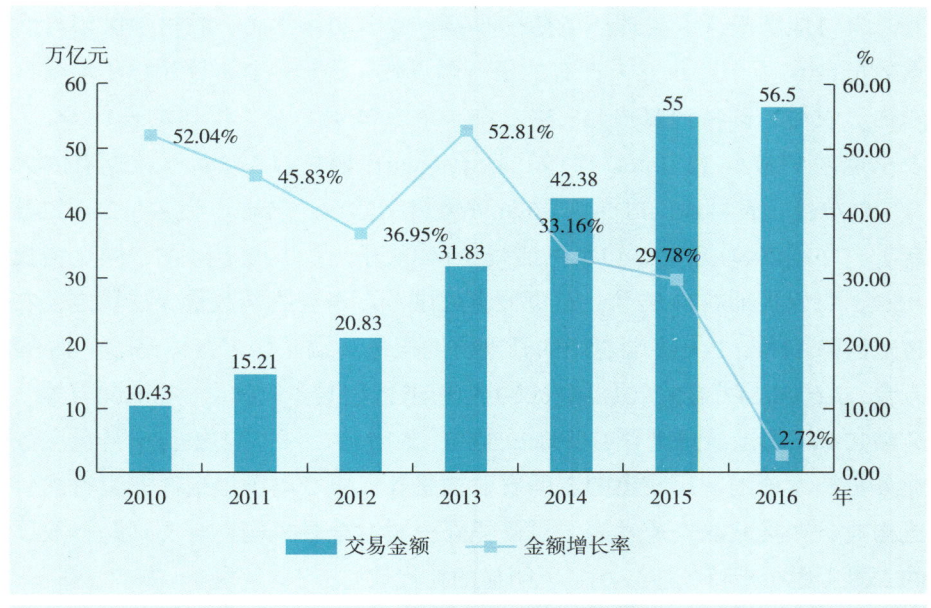

图4-5 2010—2016年全国银行卡消费交易金额及增速

三、受理环境不断完善，农村受理环境持续改善

截至2016年底，全国银行卡收单机构1 195家，较上年底增加148家，增长14.14%，其中商业银行1 060家[1]，非银行支付机构135家。

银行卡受理环境不断完善，特约商户、受理终端规模稳步增长。截至2016年底，银行卡跨行支付系统联网特约商户2 067.20万户，较上年底增加397.20万户，增长23.78%；POS终端2 453.50万台（其中，支持非接触式受理的POS终端数量为1 063.22万台），较上年底增加171.40万台，增长7.51%；ATM终端92.42万台（其中，支持非接触式受理的ATM终端数量为44.40万台），较上年底增加5.75万台，增长6.63%。每台ATM对应的银行卡数量为6 627张，增长5.54%，每台POS终端对应的银行卡数量为250张，增长4.68%。

---

[1] 数据来源：中国银联。

农村地区银行卡受理环境持续改善。截至2016年底，农村地区银行网点数量12.67万个。每万人拥有的银行网点数量为1.39个，较2015年均略有增加。农村地区特约商户468.32万户，净增44.91万户，同比增长10.6%。农村地区ATM34.32万台，净增3.4万台，同比增长11%，每万人拥有的数量为3.77台。农村地区POS终端676.96万台（其中，转账电话数量286.77万台），净增29.91万台（转账电话减少14.82万台，出现下降），同比增长4.6%，每万人拥有74.32台。自助服务终端等创新型终端数量保持稳定，农村地区除ATM、POS终端之外的其他自助服务终端（如多媒体终端）18.92万台，减少0.24万台。2016年农民工银行卡特色服务取款交易666.60万笔，金额124.86亿元，同比分别下降29.11%、29.71%，农民工银行卡特色服务业务量持续萎缩，反映出随着助农取款服务、银行电子渠道、非银行支付机构业务在县域的快速发展，对依托部分农村金融机构柜台办理跨行取款的农民工银行卡特色服务产生了明显的替代效应。

四、产业快速发展，在全球地位进一步提高

（一）银行卡市场在全球地位进一步提高

发卡市场方面，根据支付与市场基础设施委员会（CPMI）[①]统计的23个国家和地区数据，截至2015年底[②]，我国银行卡发卡总量继续保持全球领先优势，排在首位。其中，借记卡和信用卡发卡量分别占所有统计国家借记卡和信用卡发卡总量的64.2%和20.7%，排名分别为第一名和第二名。银行卡人均持有量仅次于美国和韩国，位居第三名，其中借记卡人均持有量全球第一，信用卡人均持有量与部分发达地区差距较大，排名第12位，较2014年上升2个名次。

受理环境方面，截至2015年底，我国ATM数量占所统计21个国家和地区的26.16%，较上年降低3.92个百分点，但仍位居首位（排名不包含美国及中国香港）[③]；每百万人平均ATM数量为631台，与2014年相比上升5个名

[①] CPMI的前身是支付结算体系委员会（CPSS），2014年9月1日，CPSS正式更名为CPMI。
[②] CPMI报告数据一般滞后一年。
[③] CPMI未统计美国和中国香港ATM数量；未统计美国、中国香港和韩国POS终端数量。

次，排名第12位。我国POS终端数量占所统计20个国家和地区的51.38%，较上年提高6.67个百分点，居第一位（排名不包含美国、中国香港及韩国）；每百万人平均POS终端16 602台，超过比利时居第12位。我国银行卡受理终端总量大，增速全球领先，但人均数量排名相对落后。一定程度上说明，我国银行卡受理环境的发展程度尚不能与快速发展的银行卡需求市场相匹配，仍有较大发展空间。

（二）银行卡自主品牌国际化取得新突破

截至2016年底，银联卡的全球受理网络已延伸到160个国家和地区，新增基里巴斯、东帝汶、厄瓜多尔等国家。境外累计开通商户2 021.76万户、POS终端1 153.4万台、ATM终端132.5万台，境外累计发卡超过6 800万张，市场规模日益扩大，银联品牌已逐渐成长为国际主要的支付品牌之一。

2016年，中国银联继续积极支持国家"一带一路"战略，紧紧抓住战略机遇，不断拓展沿线国家支付网络。目前，中国银联已在"一带一路"沿线的65个国家和地区中的近50个市场开展业务，部分国家的银联网络覆盖率达九成以上。在受理业务方面，哈萨克斯坦、土耳其等大部分沿线国家均已开通银联卡受理业务，蒙古、阿联酋等国家更是实现受理全覆盖；在发卡业务方面，东南亚东盟十国均已实现本地发卡，蒙古、尼泊尔、巴基斯坦、也门、黎巴嫩等国家也实现银联卡发卡突破；在清算业务方面，中国银联在俄罗斯提供人民币清算业务，更好地满足了发卡机构的清算服务需求。

2016年，银联支付技术标准"走出去"取得新的重大突破。继在老挝、泰国协助建立本地银行卡支付系统之后，中国银联又与亚洲支付联盟（APN）的会员机构达成芯片卡标准授权合作，新加坡、泰国、韩国、马来西亚、印度尼西亚、菲律宾等国家的主流转接网络将银联芯片卡标准作为受理、发卡业务的技术标准，标志着中国金融技术标准"走出去"取得新突破。

第二节 运行特点

一、发卡市场机构集中度稳中有降

银行卡发卡市场机构集中度继续回落。截至2016年底，全国所有发行

中国支付清算行业运行报告(2017)

银行卡的商业银行中,五大行和中国邮政储蓄银行6家银行在用发卡量[①]合计为40.83亿张,占全国银行卡在用发卡量的66.66%,同比降低0.97个百分点;国内前十大银行卡发卡机构在用发卡量合计为44.61亿张,占全国银行卡累计发卡量的72.84%,同比降低0.09个百分点,机构集中度略有下降(见表4-2)。

表4-2　　　　2016年国内前十大银行卡发卡机构排名[②]

排名	发卡机构	在用发卡(万张)	新增发卡(万张)
1	中国农业银行股份有限公司	91 054	15 399
2	中国建设银行股份有限公司	89 012	12 475
3	中国邮政储蓄银行股份有限公司	85 539	11 219
4	中国工商银行股份有限公司	76 380	12 453
5	中国银行股份有限公司	50 077	5 510
6	交通银行股份有限公司	16 254	2 408
7	招商银行股份有限公司	14 365	2 508
8	山东省农村信用社联合社	8 197	2 304
9	平安银行股份有限公司	8 058	2 910
10	中国光大银行股份有限公司	7 179	1 135

借记卡机构集中度有所下降(见表4-3)。借记卡在用发卡量超过1亿张的发卡机构有7家。截至2016年底,五大行以及邮储银行6家银行的借记卡在用发卡量合计38.04亿张,约占全国借记卡在用发卡量的67.21%,同比下降1.38个百分点;排名前10位的商业银行合计发行借记卡41.05亿张,占全国借记卡在用发卡量的72.52%,同比下降0.64个百分点。

[①] 自2015年起,银行卡累计发卡量数据调整为"银行卡在用发卡量"数据,统计口径有所调整,因此部分银行的期末数据、排名等也有所变化。
[②] 数据来源:中国支付清算协会和各商业银行2016年年报。

表4–3　　　　　2016年国内主要发卡机构借记卡发卡排名[①]

排名	发卡机构	在用发卡（万张）	新增发卡（万张）
1	中国农业银行股份有限公司	88 050	14 428
2	中国邮政储蓄银行股份有限公司	84 391	10 882
3	中国建设银行股份有限公司	82 318	10 644
4	中国工商银行股份有限公司	69 466	10 394
5	中国银行股份有限公司	44 143	5 510
6	交通银行股份有限公司	12 017	1 202
7	招商银行股份有限公司	10 493	1 377
8	山东省农村信用社联合社	8 195	2 302
9	中国光大银行股份有限公司	5 848	382
10	平安银行股份有限公司	5 549	2 072

信用卡发卡机构市场集中度略有回升（见表4-4）。在国家消费金融战略引导下，商业银行加大信用卡业务推广力度，光大银行、兴业银行、浦发银行、邮储银行、平安银行5家银行的信用卡在用发卡量突破1 000万张，信用卡在用发卡量超过1 000万张的发卡机构由2015年的9家增加到14家。截至2016年底，工商银行等5家大型商业银行信用卡在用发卡量合计2.68亿张，约占全国信用卡在用发卡量[②]的57.60%，同比上升3.15个百分点；招商银行等12家全国性股份制商业银行[③]信用卡在用发卡量合计1.65亿张，占全国信用卡在用发卡量的35.53%，同比上升6.04个百分点。

---

① 数据来源：中国支付清算协会。
② 数据来源：中国人民银行。数据口径包含借贷合一卡，合计4.65亿张。
③ 数据来源：中国人民银行。此处12家全国性股份制商业银行是指招商银行、中信银行、华夏银行、中国光大银行、上海浦东发展银行、中国民生银行、兴业银行、广发银行、平安银行、浙商银行、渤海银行、恒丰银行。

表4—4　　　　2016年国内主要发卡机构信用卡发卡排名[1]

排名	发卡机构	在用发卡（万张）	新增发卡（万张）
1	中国工商银行股份有限公司	6 915	2 059
2	中国建设银行股份有限公司	6 694	1 832
3	中国银行股份有限公司	5 934	877
4	交通银行股份有限公司	4 237	1 207
5	招商银行股份有限公司	3 872	1 131
6	中国农业银行股份有限公司	3 005	972
7	平安银行股份有限公司	2 373	838
8	广发银行股份有限公司	2 213	605
9	中信银行股份有限公司	2 115	697
10	中国民生银行股份有限公司	1 396	135
11	中国光大银行股份有限公司	1 331	752
12	兴业银行股份有限公司	1 307	531
13	上海浦东发展银行股份有限公司	1 265	991
14	中国邮政储蓄银行股份有限公司	1 148	337

二、产品和服务趋向精准化、智能化

随着数据挖掘分析技术和云计算技术的不断演进，发卡业务的智能化、精准化水平不断提高。银行卡清算机构积极与各行业合作，为推广本机构品牌银行卡奠定了市场基础；发卡机构推进与清算机构、电商平台以及知名品牌企业的合作程度，银行卡服务内容及产品体系更趋多样化、差异化；银行卡服务主体深化智能科技在银行卡领域的应用，提升服务的智能化水平和精准化程度。

一是信用卡营销从粗放式营销向精准化营销转变。发卡机构通过历史交易数据深挖本行客户资源，智能区分客户类别，综合考虑资信程度、

---

[1] 数据来源：中国支付清算协会。

用卡需求等因素，营销对象从高存款客户转向有稳定收入来源、资信程度较高但收入水平中等的中青年客户群体，这部分客户收入不高但有着潜在的消费需求，将为发卡机构带来稳定的利润贡献。通过网上银行、手机银行、短信提示和柜台促销相结合的方式开展针对性营销，收窄了粗放式发卡方式带来的风险敞口。

二是客户识别和分类维度更多，产品针对性更强。发卡机构不断优化和提升对客户需求的认识和分析水平，通过客户的年龄、学历、爱好、工作性质、不动产情况等多个维度挖掘客户的潜在需求，提供有针对性的银行卡产品和服务。如为有车一族打造和汽车相关的信用卡，提供与汽车相关的资讯、服务和优惠；为爱好旅游的客户推送旅游主题信用卡，提供具有文化象征或内含增值旅行保障的信用卡。

三是在产品和服务创新方面趋于定制化。部分发卡银行与汽车、航空、商超、娱乐等行业合作，结合不同银行卡清算组织的产品类别设定，发行特色产品或联名卡产品，并加载相应服务内容。如工商银行与香格里拉酒店集团联袂推出的工银香格里拉信用卡，与中国银联合作发行首张黑金卡；中国银行与万事达合作，面向中高端、商旅客户发行的符合EMV标准的世界卡。随着信用卡透支利率的放开，部分发卡机构探索根据持卡人的收入水平、消费特征进行差异化定价，在合规合法的前提下，针对不同持卡人提供差异化的透支利率或分期付款手续费费率优惠，吸引持卡人办卡用卡。

表4-5　　　　　　　　　　商业银行银行卡创新产品和服务

序号	银行	类别	内容
1	工商银行	借记卡	手机借记卡
		信用卡	工银二维码支付、工银香格里拉信用卡、南航牡丹公务卡、工银JCB旅行信用卡、手机信用卡、黑金卡
2	中国银行	信用卡	长城环球通自由行卡、世界卡、新东方联名卡、中银东航联名信用卡
3	建设银行	信用卡	龙卡e付卡、腾讯e龙卡、龙卡家庭挚爱信用卡、全球热购信用卡

续表

序号	银行	类别	内容
4	交通银行	信用卡	国航凤凰知音信用卡、交通银行优酷联名信用卡
5	光大银行	信用卡	光大华商联名信用卡、光大白条联名信用卡、新型阳光信用卡、光大爱税融联名信用卡、光大途家联名信用卡
6	华夏银行	借记卡	龙行五洲卡；推出网银和手机银行ETC预签约功能、微信预约办理ETC业务
7	中信银行	信用卡	中信易卡、中信Uber联名信用卡、中信途牛Visa联名信用卡、中信百度金融联名卡、中信国泰航空联名信用卡
8	平安银行	信用卡	平安由你信用卡、平安云闪付、平安银行金管家联名信用卡、平安汽车之家联名卡
9	广发银行	借记卡	中老年客户"自在卡"
10	招商银行	借记卡	一闪通系列产品
		信用卡	滴滴联名信用卡、全终端手机移动支付、掌上生活支付、Booking.con缤客全币种联名信用卡、美国运通Blue全币种国际信用卡
11	兴业银行	信用卡	兴业银行中石化联名卡、兴业银行乐视体育联名卡

专栏4-1
商业银行借助账户分类管理机制完善银行卡产品体系

　　2016年，为有效防范电信网络新型违法犯罪，切实保护人民群众财产安全和合法权益，中国人民银行在2015年底确立的I类、II类和III类银行账户体系架构的基础上，发布了《中国人民银行关于加强支付结算管理　防范电信网络新型违法犯罪有关事项的通知》（银发〔2016〕261号）和《中国人民银行关于落实个人银行账户分类管理制度的通知》（银发〔2016〕302号），进一步明确和细化了对三类银行账户的功能管理要求。

　　按照最新的政策要求，三类银行账户功能详见表1。

表1　　　　　　　　　　三类银行账户功能概述

序号	功能	I类账户	II类账户		III类账户	
1	开立方式	柜面或自助机具开户	柜面、自助机具开户或电子渠道开户		柜面、自助机具开户或电子渠道开户	
2	存入现钞	可以	经银行柜面、自助设备加以银行工作人员现场面对面确认身份，可以存入现金或从非绑定账户转入资金	存现、从非绑定账户转入资金两项日累计限额1万元，年累计限额20万元	不可以	
3	转入资金	可以			经银行柜面、自助设备加以银行工作人员现场面对面确认身份，可以从非绑定账户转入资金	从非绑定账户转入资金日累计限额5 000元，年累计限额10万元
4	购买投资理财产品	可以	可以		不可以	
5	取出现钞	可以	经银行柜面、自助设备加以银行工作人员现场面对面确认身份	取现、向非绑定账户转出资金、消费、缴费四项合计日累计限额1万元，年累计限额20万元	不可以	
6	对外转账	可以	可以		可以	向非绑定账户转出资金、消费、缴费三项合计日累计限额5 000元，年累计限额10万元
7	消费	可以	可以		可以	
8	缴费	可以	可以		可以	
9	是否配发实体介质	可以	可以		不可以	
10	限额情况	不限额	有		有	

目前，社会公众支付服务需求日益呈现个性化、多元化的发展态势，对银行账户也提出了差异化的管理要求。例如，通过线上办理消费、公用事业费缴费等支付业务时，由于交易类型较单一、交易金额相对较低，存款人出于防范风险的需要希望对该类银行账户进行限制；在实际操作中，大部分存款人也设定了线上交易的银行账户功能范围和交易限额。通过线下办理日常支付时，由于涉及范围比较广，交易类型相对复杂，存款人对

此类银行账户的功能和交易金额要求较高。如不对银行账户进行有效区分,不仅无法满足存款人差异化的支付服务需求,还将增加存款人的银行账户管理成本。

对银行账户实施分类管理,有助于强化银行账户实名制管理,保障客户资金安全,同时便于商业银行丰富产品体系,满足客户差异化支付服务需求。部分发卡银行根据自身账户体系特征和客户需求,丰富和完善银行卡产品体系,支持客户通过网上银行申请Ⅱ类账户或Ⅲ类账户。工商银行、交通银行等支持客户在线申请,自动审核,对于审核通过的客户,自动为客户分配一个银行卡卡号作为Ⅱ类账户或Ⅲ类账户的识别标志,既便于基于现有银行卡体系进行管理,又为客户后续申请实体介质预留了卡号。

专栏4-2
银联高端卡[①]

中国银联作为银行卡组织,通过加强研发和创新力度,构建了相对完善的卡产品体系。按卡产品性质划分,可分为借记卡、信用卡、预付卡[②]、借贷合一卡等产品;按资信等级划分,可分为普卡、金卡、白金卡和钻石卡等产品;按存储介质划分,可分为磁条卡、芯片卡和磁条芯片复合卡等产品;按客群特征划分,可分为主题卡、联名卡和认同卡等产品;按发放对象划分,可分为个人卡、单位卡,其中单位卡包括:单位结算卡、商务卡、公务卡[③]等。

银联高端卡是面向具有一定消费能力、追求生活品质的人群发行,同时配套高端服务与权益的银行卡产品。依据卡面标识、信用额度、年费等

[①] 该专栏根据中国银联及中国工商银行提供的素材改编。
[②] 由于境内监管政策约束,目前银联预付卡仅限境外发行。
[③] 公务卡面向单位或个人发行。

维度，可细分为"银联白金卡"和"银联钻石卡"。高端卡持卡人享有贵宾专属热线及专属网站等基础服务，包括提供产品介绍、服务精选、产品动态等优选信息的互联网及微信端专属服务平台，境内外高端卡持卡人专属7×24小时服务热线等。此外，中国银联还为高端卡持卡人提供6大类权益，包括旅行类权益、住宿类权益、美食类权益、购物类权益、生活类权益及用卡保障类权益，具有较高的市场认知度与满意度。截至2016年底，银联高端卡累计发行超过7 800万张，其中，银联高端信用卡累计发行超过3 600万张。2016年，银联高端卡跨行交易金额达6.9万亿元，其中，银联高端信用卡跨行交易金额超过2.3万亿元。

"无限信用卡"是世界公认的最高等级高端卡，持卡人可以享受尊贵的专属礼遇、权益和服务。因为国际卡组织品牌的无限卡几乎全部都是黑色，故俗称为"黑金卡"。2017年3月27日，中国工商银行针对高端的私人银行签约客户，推出具有私人银行客户"身份识别介质、消费主账户、标准化增值服务入口"三合一功能定位的国内首张钛合金材质的银联品牌黑金信用卡，标志着中国银联首张"无限卡"的诞生，属于银联高端卡中"钻石卡"细分类别，其权益远多于普通钻石卡。此次工商银行与中国银联合作推出的"工银私人银行黑金卡"将为高端客户提供包括日常商旅、健康、生活、教育、酒店等在内的八大类22项权益，并重点打造十项免费明星权益和服务。

三、收单业务的机构集中度高位攀升

依托自身客户规模优势，收单机构在大力拓展特约商户的同时，深入挖掘客户潜在的消费需求，收单业务金融机构集中度重回高位。2016年，182家收单机构①共处理收单业务713.90亿笔，金额76.50万亿元。排名前10位的收单机构收单交易额占收单总额的72.81%，比上年提高4.81个百分点；实体特约商户数量②排名前10位的收单机构实体特约商户数量之和占全部实体特约商户数量的70.73%，比上年下降5.14个百分点；POS终端数

---

① 以向协会报送银行卡收单业务数据的110家支付机构和72家银行数据为基础进行统计。
② 以向协会报送实体特约商户数据的65家商业银行和112家支付机构数据为基础进行统计。

量排名前10位的收单机构①POS终端数量之和占全部联网POS终端数量的68.04%，比上年下降1.21个百分点。

非银行支付机构在收单市场中的比重持续上升②。2016年，非银行支付机构处理的银行卡收单业务量为451.85亿笔，金额48.06万亿元，占比分别为63.29%和62.83%；商业银行处理的银行卡收单业务量为262.06亿笔，金额28.43万亿元，占比分别为36.71%和37.17%，金额占比较上年下降6.08个百分点。非银行支付机构收单业务占比进一步扩大，一是部分支付机构经过多年积累和实践，已建立了较为专业的收单经营模式，相关人员、系统、服务等配备条件较为成熟；二是支付机构不同于商业银行，因其拥有较为广泛的业务而更注重业务的全面合作与发展，业务相对单一而更专注于收单市场拓展；三是市场中小微商户对收单的需求量不断上升，相较于商户准入门槛要求较高的商业银行，众多小微商户更倾向于选择业务更为灵活的支付机构合作。

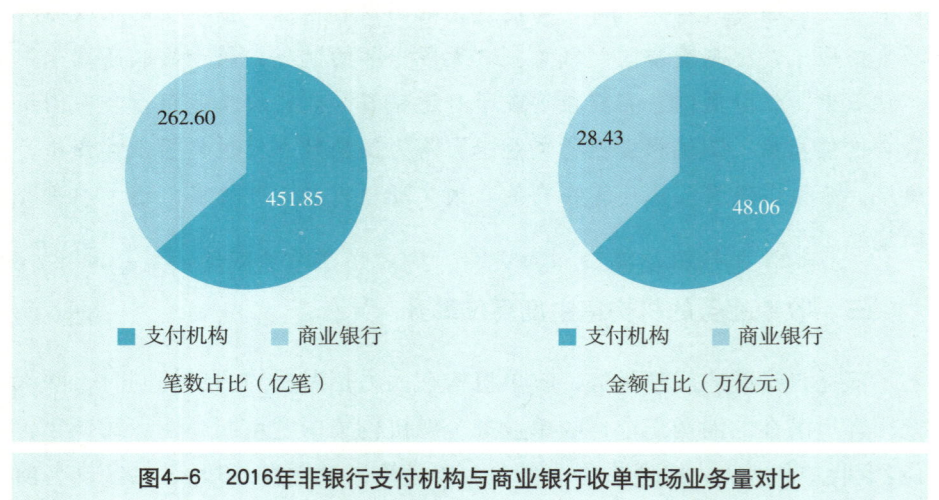

图4-6　2016年非银行支付机构与商业银行收单市场业务量对比

---

① 以向协会报送POS终端数据的65家商业银行和112家支付机构数据为基础进行统计。
② 以向协会报送银行卡收单业务数据的110家支付机构和72家银行为基础进行统计。

四、移动支付助力银行卡产业深刻变革

2016年，移动支付继续保持快速发展态势。移动支付以其便捷、低成本的优势吸引着银行卡产业各方，商业银行、非银行支付机构、互联网支付公司、手机厂商等方面的参与推动了移动支付的多元化发展，也带动了银行卡产业不断创新变革。

在客户服务层面，大部分发卡机构开发上线了自己的手机APP，为客户提供随时随地完成账户申请、账户查询、转账汇款、金融理财、在线客服等各种服务，便利客户的同时，显著降低了运营成本，优化提升了持卡人的用卡体验；部分机构推动大数据技术和人工智能在银行卡产业的应用，在传统业务的基础上，提供基于线下及线上支付的一站式金融服务，显著提高了客户使用体验。例如，银联商务在前期建成运营的B2B互联网金融服务平台——"天天富"的基础上，上线了小贷云管家，实现了包括申请、审核、放款、回款在内的贷款全流程管理，在服务"三农"方面开发了"全民惠农"APP，通联、快钱等诸多机构也竞相推出自己的钱包类综合服务平台并不断优化升级。

在支付方式和支付渠道方面，银行卡产业已呈现线下刷卡、线上用卡、移动支付三足鼎立的形势，三条路径各有侧重又互相融合，拓展了银行卡的"应用方式"。其中，移动支付体系形成了以NFC支付、HCE支付、条码支付为代表的格局，进一步扩展了银行卡的辐射范围；2015年末以来，中国银联以NFC全手机和HCE技术为基础，联合商业银行、境内外手机厂商、电信运营商等产业各方推出"云闪付"移动支付新体系，利用支付标记技术，为用户带来安全与便捷相结合的移动支付新体验。目前，境内主要商业银行均已支持包括HCE、Apple Pay、Samsung Pay、Huawei Pay、Mi Pay在内的银联"云闪付"产品。"云闪付卡"累计发行超过2 200万张，全国支持"云闪付"终端数超过800万台，覆盖餐饮、购物、游乐等各个生活领域，2016年全年累计实现交易1.9亿笔，金额217亿元。

与此同时，条码支付作为一种连接线上线下的支付方式，以其推广成本低、受众面广的特点，在消费者、商户、商业银行中的接受程度不断提高，已经成为当前移动支付小额高频领域的重要工具。2016年12月12日，

中国支付清算行业运行报告 (2017)

在"云闪付"推出一周年之际,中国银联联合产业各方按照"标准共制、市场共建、资源共享"的理念,发布了"银联二维码支付标准"。该标准基于银行卡支付的四方模式,通过统一技术实现了不同机构间二维码支付的互联互通,支持扫码转账、主扫及被扫收单、ATM取现等不同场景,满足客户便利化的支付需求,实现了银联"云闪付"的全面布局。

移动支付的飞速发展,带给产业参与各方丰富的想象空间,将银行卡从单一的卡片拓展到电脑、手机、手表、可穿戴设备等更加方便的介质中,将银行卡的触角延伸到不同消费场景,带动银行卡产业的升级变革。通过网络支付接口办理的银行卡收单业务量[1]占比进一步提升。2016年,通过网络支付接口办理的银行卡收单业务量为467.33亿笔,金额36.52万亿元,占银行卡收单业务的比重分别为65.46%和47.74%,较上年分别上升0.5个和10.93个百分点。

专栏4-3
基于商户的移动支付新应用——装在口袋里的收银台[2]

随着移动支付工具的普及,安全且便利的移动受理端创新层出不穷。银联商务推出的移动收款产品"全民付"堪称装在口袋里的收银台。该产品是一款专为小微商户提供收款、提供便民缴费及其他特色增值服务的移动收款和支付产品,IOS、Android系统的手机和PAD都可下载使用。与"全民付"收银台客户端搭配使用的"易POS"终端,不过名片盒大小,自带密码键盘和显示屏,两者搭配使用能实现的最具特色的功能就是移动收款,

---

[1] 以向协会报送银行卡收单业务数据的90家支付机构和63家银行为基础进行统计。通过网络支付接口办理的银行卡收单业务包括通过互联网、移动电话、固定电话以及数字电视等渠道办理的银行卡收单业务。

[2] 该专栏由银联商务有限公司供稿。

磁条卡与IC卡均能受理。

交易查询更方便。收款支付全程摆脱了各种"线"的束缚，店里断网、断电也可以刷卡还款。作为交易凭证，刷卡人可以选择将电子签购单查看地址发送到手机上，自行下载或打印。点击"当日收款交易查询"，商户能清楚地了解当日发生的总交易笔数、金额以及每笔交易状态（成功/失败/支付中），"历史收款交易查询"更可让商户对过去的所有交易明细一览无遗。不仅如此，"全民付"收银台还为交易双方准备了一剂"后悔药"，对于操作失误或需要撤销的当日刷卡交易，商家只需选中交易条目向左轻滑屏幕即可撤销交易，交易资金实时返还到付款账户。

安全性能不打折。刷卡最在意的就是安全问题，传统POS机刷卡普遍被认为是最安全的刷卡支付方式。"全民付"收银台客户端配上"易POS"终端，成就了"会走路"、"易携带"的浓缩加强版POS机。

"易POS"终端采用与线下传统POS一样的有磁有密刷卡方式，完全没有线上支付频发的手机丢失、账号被盗等风险。在终端设计和通信安全上，"全民付"易POS按照传统POS标准生产设计，一机一密，能有效保护芯片内密钥和敏感信息的安全，并保障通信安全。当受到外力损坏或恶意改装、篡改设置时，"全民付"易POS还拥有拆机自毁功能，确保不被不法分子利用。

多种交易集一体。除最具特色的移动收款功能外，"全民付"收银台还提供了"全民付"的各种便民缴费业务，如信用卡还款、手机充值及其他多种增值服务，这意味着"全民付"易POS不仅适合有收款需要的商户，而且能满足日常的便民支付需求。

除"全民付"易POS外，还有即插即用的"全民付"手机刷卡器等多种产品，而主打商家优惠与银行特惠的"全民惠"平台也已登录"全民付"手机客户端。

五、规范力度加强推动机构合规意识提升

2016年，随着《支付结算违法违规行为举报奖励办法》（中国人民银行公告［2016］第7号）、《非银行支付机构风险专项整治工作实施方案》

中国支付清算行业运行报告(2017)

（银发〔2016〕112号）、《中国人民银行关于加强支付结算管理 防范电信网络新型违法犯罪有关事项的通知》（银发〔2016〕261号）、《非银行支付机构非现场监管系统管理办法》（银办发〔2016〕247号）等文件的陆续下发，支付行业的监管力度趋严，穿透式监管成为主流模式。

一是加大对银行卡收单市场的各类型违规行为的行政处罚和自律规范力度。监管部门加大了对各类型非法从事银行卡收单业务无牌机构的打击力度，联合工商部门共同对市场进行整治和清理。对于涉嫌违规的商业银行和非银行支付机构，监管部门在现场检查认定违规事实的基础上，采取了包括暂停收单业务、强制退出部分地区收单市场等系列处罚手段。中国支付清算协会通过自律评估、黑名单管理机制等措施提高不法企业和个人的失信成本，市场参与主体合规意识不断增强，规范经营水平显著提升。

二是监管广度和深度持续拓展，手段不断丰富。在原有现场检查的基础上，非现场监管系统、公众举报等方式不断扩充监管的广度和深度。2016年，中国人民银行建立了监管系统，系统化管理、监控支付机构的运行情况；中国支付清算协会组织会员单位建立了举报奖励机制[1]，接受社会公众对违法违规行为的举报，对打击各类型违法违规行为发挥了关键作用，也为监管部门清理整治各类型违法违规机构提供了线索。2016年协会受理的举报案件中，涉及银行卡收单业务的举报案件占所有违法违规行为举报案件的87.93%，举报类型主要包括套用MCC码、商户结算款未及时到账、资金二次清算等。

---

[1] 支付结算违法违规行为举报中心自2016年7月1日起正式受理相关举报。

专栏4-4
中国支付清算协会建立银行卡收单业务风险信息共享平台

随着政策环境的不断完善和监管整治力度的加码，银行卡收单机构合规经营水平不断提升，市场参与主体合规经营意识持续增强，收单市场整体保持健康有序发展。但是在利益的驱使下，市场中仍然存在发展虚假商户、伪变造交易、挪用商户结算资金等违法违规行为，部分不法机构通过侧录或黑客技术盗取银行卡信息进行盗刷获取非法收益，部分商户拒刷信用卡事件也频频出现，对收单市场的健康有序发展造成了不利影响。

为有效发挥行业自律的力量，规范收单市场秩序，强化行业业务风险联防联控机制，协会在深入调研和广泛征求会员单位意见的基础上，组织搭建了银行卡收单业务风险信息共享平台，对发生风险事件的不法个人、商户和外包服务机构实现信息共享，根据风险事件的等级要求收单机构采取相应的风控措施，包括但不限于扣收保证金、提高现场检查频率、取消下期合作或立即中止合作等，提高违法违规企业及个人的失信成本。

风险信息共享平台于2016年9月30日正式上线，包括行业风险信息共享系统、银行卡收单外包机构登记及风险信息共享系统、风险事件协查管理系统三个系统。行业风险信息共享系统主要支持会员单位对不法商户和不法个人进行共享；银行卡收单外包机构登记及风险信息共享系统通过对从事银行卡收单业务的会员单位的合作外包服务机构的信息进行登记，掌握外包服务机构信息全貌，当外包服务机构发生风险事件时，由相关会员单位录入对应的风险信息，系统将风险信息推送至与该外包机构有合作关系的系统用户，为会员单位防范银行卡收单外包业务风险提供及时有效参考并采取相应措施，切实发挥风险警示作用。

风险信息共享平台以信息共享为手段，以加强风险联防能力、降低行业风险水平为目的，通过构建行业统一的风险信息共享渠道，为会员单位事前预警、事中控制和事后处置支付业务风险搭建公共平台。

第三节 热点剖析

一、信用卡利率市场化分步实施，发卡市场创新空间有效提升

2016年4月15日，中国人民银行发布《关于信用卡业务有关事项的通知》（银发〔2016〕111号）（以下简称《通知》），取消了原统一规定的信用卡透支利率标准，实行透支利率上限、下限区间管理，透支利率上限为日利率万分之五、下限为日利率万分之五的0.7倍，迈出了利率市场化的重要一步。发卡机构可自主确定信用卡透支的计结息方式、溢缴款利息标准等。同时，取消了关于透支消费免息还款期最长期限、最低还款额标准以及附加条件的规定，由发卡机构基于商业原则和持卡人需求自主确定。发卡机构收取的违约金和年费、取现手续费、货币兑换费等服务费用不再计收利息。信用卡利率市场化的分步实施，赋予了银行卡市场更多的自由空间，将进一步释放信用卡业务的活力，促进信用卡市场的繁荣发展。

信用卡利率实行浮动区间管理，待时机成熟再全面实施市场定价，有助于信用卡业务的健康发展和平稳过渡，也有助于保障持卡人的合法权益。一是实施分步走、渐进式改革，有利于发卡机构在过渡期内进一步积累定价数据和经验，引导其完善信用卡利率定价机制；二是目前各发卡机构信用卡风控能力和定价能力参差不齐，进行利率上限和下限指导，有利于避免个别发卡机构盲目降价打价格战，导致不公平竞争和高风险客户过度举债，从而增加信用风险，引发市场局部混乱；三是在目前信息披露机制有待加强的情况下，设置透支利率上限有利于防止个别发卡机构不合理收取过高利息，保障持卡人合法权益。

信用卡利率市场化有助于提升发卡银行的经营自主权和科学经营水平，进一步提升客户服务水平。利率市场化将利率的决定权交给商业银行，增强了商业银行的主观能动性，赋予了发卡机构更多自主决策空间，使其可以根据自身经营策略和持卡人风险等级灵活组合免息还款期和最低还款额待遇，打造多样化的信用卡产品和服务，为持卡人提供个性化和多样化的选择，从而形成错位竞争优势。银行从真正意义上实现"自主经营、自担风险、自负盈亏、自我约束"之后，将更加关注市场变化，增强风险防控意识和成本控制意识，有利于提高内部绩效考核和合理配置内部资源，科学合理地进行经营管理。在信用卡产品和服务不断丰富的前提下，持卡人可以根据个人偏好、资信状况和还款习惯等，选择符合自身需要的利率、免息还款期和最低还款额待遇等相关信用卡产品。

信用卡经营机构应深入研究信用卡产业特征，明确战略定位，利用信息技术提升信用卡产品竞争力，整合银行账户资源，利用信用卡拓展小微贷款业务。一是商业银行应提升风险管理能力和定价能力。深入研究借鉴国外同业信用卡业务经营经验，按市场规则来优化利益分配机制，综合考虑客户的信用资质、收入情况、消费特征等因素确定客户的透支利率标准。二是充分利用信息技术提升信用卡业务经营水平。信息技术的发展使银行卡从传统支付手段向电子支付转移，推动线上和线下相结合。发卡机构应紧密围绕着信用卡的"银行信用卡账号"的核心属性及"支付和信用"核心功能，开发出更加便利、安全、优异的服务产品。三是充分利用信用卡经营小微贷款，针对企业法人发放特定额度的信用卡，充分发挥信用卡额度高、费用少、循环授信、随借随还、收费灵活等优势，满足小微企业法人的需求。

信用卡透支利率市场化将充分发挥市场和价值规律的作用，由供求关系决定利率运行机制。在信用卡利率市场化改革的逐步推进过程中，我国信用卡产业既有机遇也面临挑战。商业银行应当抓住机遇、直面挑战，积极寻找对策与措施，通过采取加强内部改革、完善相关制度、建立有效监控体系等措施，充分利用信用卡透支利率市场化带来的机遇，实现信用卡业务乃至全行业务持续快速健康发展的目标。

二、银行卡刷卡手续费定价机制改革，释放收单市场活力

2016年3月14日，国家发展改革委和中国人民银行联合发布了《关于完善银行卡刷卡手续费定价机制的通知》（以下简称《通知》）（发改价格〔2016〕557号），并于9月6日实施（见表4-6）。《通知》的发布和落地实施将充分发挥市场在资源配置、价格形成中的主导作用，促进收单市场的升级转型，释放银行卡产业的创新活力，并为未来进一步优化完善价格机制积累经验。

表4-6　　　　　　　　　银行卡刷卡手续费项目及费率上限

序号	收费项目	收费方式	费率及封顶标准
1	收单服务费	收单机构向商户收取	实行市场调节价
2	发卡行服务费	发卡机构向收单机构收取	借记卡：不高于0.35% （单笔收费金额不超过13元） 贷记卡：不高于0.45%
3	网络服务费	银行卡清算机构向发卡机构收取	不高于0.0325% （单笔收费金额不超过3.25元）
		银行卡清算机构向收单机构收取	不高于0.0325% （单笔收费金额不超过3.25元）

　　本轮银行卡刷卡手续费的优化调整，充分考虑了银行卡市场的双边市场特征，在竞争较为充分的收单端实行市场化定价策略，在校正银行卡市场"外部性"方面扮演重要角色的发卡行服务费端和竞争尚不充分的网络服务费端由政府定价改为实行政府指导价上限管理，在向市场化演进方向上迈出了坚实一步。政策实施将在显著降低商户经营成本、规范银行卡市场秩序、释放收单市场活力、促进银行卡产业拉动经济增长效用的发挥、打造公平市场竞争环境等方面持续发挥作用。

　　一是有助于规范银行卡市场秩序，促进产业健康有序发展。本次价格改革，取消了原商户分类定价规则，对于过渡期实行优惠费率的行业商户实行现场注册+白名单管理机制，有助于显著压缩套利空间。本次价格改革取消了行业差别定价，使收单机构面对不同行业受理业务所需付出的交换费和转接清算费成本趋同，套利空间基本被消除，对于约束规范收单市场套码违规乱象，消除"劣币驱逐良币"现象大有裨益。

　　二是有助于释放收单市场活力。收单服务费市场化允许收单机构与商户协商确定合理的收单服务费价格，将激励收单机构为商户提供高质量的综合支付服务。收单机构将从单纯的收单服务商向综合支付服务商转型，深入挖掘客户需求，寻求差异化的竞争优势，寻找新的利润增长点。立足商户个性化需求，将支付嵌入到具体的消费场景中，就是基于支付，提供日常经营、精准营销、金融、大数据、便民等各类增值业务，提升商户黏性。

三是有助于进一步发挥银行卡产业对经济增长的促进作用。银行卡产业，在减少现金流通、降低交易成本、促进消费、扩大税收、促进相关产业发展、助力反腐败反洗钱等方面发挥了积极作用。近10年来，在产业参与各方的努力下，银行卡产业实现了跨越式发展，为国家经济社会发展、便利公众支付作出了巨大贡献。本次价格改革，通过大幅降低商户手续费支出，改善商户经营环境，提高商户受卡意愿，通过压缩套利空间进一步规范市场环境，将有利于扩大银行卡刷卡交易覆盖范围和交易规模，进一步发挥银行卡刺激消费、拉动内需、推进经济增长的积极作用。

四是有利于打造公平的银行卡产业竞争环境。此次价格优化方案适用于所有提供人民币银行卡转接清算服务的银行卡清算机构的品牌银行卡在境内银行卡受理终端发起的消费交易。伴随着银行卡清算市场的开放，国际银行卡清算机构以及内资机构均可在国内设立经营主体，从事人民币银行卡交易转接和清算服务，均需接受此方案价格水平的监管。实行上限管理和市场化相结合的定价策略在为市场竞争预留空间的同时，有利于培育公平公开的行业竞争环境。

新的定价方案的落地实施，是银行卡产业健康发展的核心要素——定价机制的优化和完善，采取政府指导价和市场化定价相结合的价格形成机制，深入贯彻落实了党的十八届三中全会"让市场在资源配置中起决定性作用"的要求，为银行卡产业发展注入了新的活力因素，推动银行卡产业踏上新的征程。与此同时，我们也应当持续审慎关注价格新政实施可能带来的信用卡拒刷以及违规行为新问题，持续关注舆情，开展数据分析，合理评估新政的实施成效，为下一步价格改革积累经验。

三、创新支付业务发展迅猛，满足各类商户收款需求

目前，随着互联网技术和现代通信技术的蓬勃发展，支付领域创新不断，支付产业变革持续推进。创新支付业务（条码、NFC等）发展迅猛，将交易场景和支付方式有机整合，丰富了收单机构面向实体特约商户的服务渠道，并直接对经济社会和大众生活的方方面面产生了重要影响。

一是支付介质智能化。从受理端来看，商户的受理终端不仅有传统受理磁条卡的POS终端，磁条、IC芯片、NFC介质、条码等各类账户载体的多功能智能终端也渐渐成为商户的主流选择。从账户端来看，随着智能手机的普及，用户的交易账户载体也不再只有传统银行卡的磁条或IC芯片，手机、PAD、手表等各类多元化移动设备逐渐被更多人使用。在当下互联网技术飞速发展的背景下，数字货币、人脸识别、虹膜支付等使支付流程不再仅仅局限于传统的实体卡和POS终端，支付方式的智能化与多元化将使人们真正实现支付的随时、随地、随心。

二是支付交互方式多元化。目前，从整体支付产业来看，基于POS终端的刷卡支付依然是面对面消费场景中主流的非现金支付方式。但随着社会生活节奏的加快，客户便利支付需求的攀升，以及客户对支付安全性的日趋关注，传统、单一的刷卡模式已无法满足客户需求。因此，为了适应线上线下、有卡无卡支付需要，NFC支付、扫码支付等新型支付方式开始崭露头角，走入大众的视野。但同时，由于此类新型支付交互方式通过互联网、移动互联网等公共网络开展支付交易的特性，其安全性也面临着考验。

三是支付服务的一体化。在市场竞争日趋激烈的形势下，商户为了满足客户丰富的支付方式需求，更加倾向于选择集各种功能和服务于一身的收单机构和受理终端，促使收单机构推出个性化、定制化的支付产品和服务。收单机构针对商户的不同需求，与受理终端厂商合作，推出更加符合市场需求、成本更低的支付工具，推进支付服务的一体化，打造集收单、对账、客户引流等功能于一身的一站式支付服务模式。

专栏4-5
智能终端——从收单机构向综合支付服务提供商转变[1]

近年来，在新型技术快速发展和市场竞争日趋激烈的情况下，支付的受理方式、场景和消费者行为产生了巨大的变革。一是受理形式和渠道多样化。受理方式从刷卡、插卡、挥卡等有卡模式发展到扫码、指纹等无卡模式，对受理终端的功能要求越来越高，支持全渠道、全介质的终端成为受理市场的主流需求。二是支付场景化。支付逐步从独立的交易行为转变为行业应用场景下的一个步骤，在诸如网购、商超MIS收银、物流货到付款、餐厅核销团购券等场景下，支付可以嵌入到商户的业务闭环中，衔接上下游信息。三是移动化和无卡化。虽然银行卡和资金账户的多种受理方式并存，但通过移动互联网交互的无卡受理模式正日益成为消费者和商户更加青睐的支付方式。四是支付主动化。主扫模式的二维码支付，指纹识别、人脸识别等生物识别技术通过个人手机参与到支付过程中，体现出支付从被动付款向主动付款的趋势转变。

与此同时，商户对支付服务的需求也从单一的收款需求向融合更多功能的综合支付服务需求发展。一是线上线下一体化发展需求。在互联网经营思维的渗透下，传统行业的商户经营内容和管理方式已然发生了巨大改变。线下零售店希望线上网店同步销售，网上专卖品牌则希望建立线下实体店；餐饮商户要满足网上预订、外卖和团购需求；网上销售则要解决线下物流货到付款的需求。商户的经营范围和业务节点不断拓展，从局部而简单变得全面而复杂。二是服务整合的需求，消费场景的演变使商户的销售场所、资源、信息、数据分散在线下各个商圈和线上各种电商平台，商户获取服务的渠道更加丰富。因此，线上线下数据共享、统一入口、统一管理的服务整合需求较为突出。三是外延服务的需求。通过各类云应用的连接，商户可以更加方便地扩大业务范围，提升经营利润，创新商业模

---

[1] 该专栏根据北京数字王府井科技有限公司和中国农业银行提供的素材改编。

式。云服务使商户的跨界经营、交叉销售、客户营销等需求具有了实现基础：类似于顺丰建立的"嘿客"连锁、彩票销售店提供便民支付服务、餐饮管理应用中导入农副产品供应信息、账户扫码支付过程中收集C端客户资料进行客户关系管理等。

在市场需求变革的驱动下，受理终端功能、形态发生了较大变化，智能终端崭露头角。传统终端从单应用向多应用发展；操作系统从厂商自有操作系统向开放式操作系统转变；通信方式从专线、专网（固话和无线）发展到公网、移动互联网；终端应用目的从支付的单一用途向"支付+信息+交互"等多用途转变；终端体系架构则从本地应用模式向"瘦客户端+强平台"模式转变，终端受理支付、应用处理的能力越来越强大。随着未来终端采购价格的不断下降和功能的日益强大，智能终端对传统终端的替代性将越来越强。智能终端通常不会以单一应用模式布放，目前市场上比较常见的智能终端解决方案由以下几类主要应用组合而成。

（一）全渠道支付（综合收银台）：由于智能终端一般都有读卡、NFC、摄像头等硬件模块，市面上可见的银行卡、二维码、条码、NFC的支付介质都可以受理。因此，通过银行或第三方支付投放的智能终端，依然会围绕以"支付"为终端的核心应用，但相比传统终端来说，不需要增加外设就可以受理支付宝、微信等钱包类应用。所以，"全渠道支付"几乎在所有智能终端产品的宣传上作为吸引商户的主要卖点。

（二）进销存/点餐（云服务ERP）：借助智能终端的触屏和扫码功能，可以实现商品销售过程中扫码或通过触屏点餐的需求，再结合智能终端与云端主机交互的能力，智能终端可以作为一台已经集成了支付接口的收银机使用。

（三）会员/积分/卡券（营销）：服务行业商户通过独立的会员管理或验券应用维护客户忠诚度或实现新客户引流。第三方应用开发者开发的安卓版会员/营销类应用，可以直接下载到智能终端里用于日常营销管理。

（四）外卖/团购/订单（O2O业务）：餐饮、娱乐类商户与各种团购、预订类互联网运营服务商的订单交互。

（五）社保/助农/金融/医疗（行业应用）：专门服务于某一类行业客户的智能终端应用，比较常见于自助式应用场景，终端可以查询、展现、录入，也可以发起申请、指令。根据行业前端业务的标准流程开发。

（六）商户定制服务：按照商户的个性化需求定制的专有应用，如银联商务为谢裕大茶叶收购所开发的集身份、银行卡信息采集，茶叶收购于一体的定制化终端项目。

（七）本地化工具/服务：账本、计算器等和日常经营相关的本地工具，或与平台服务商交互的便民服务类应用。

（八）大数据分析：大数据服务类应用，主要接受分析指令，展现数据服务平台的分析结果。

虽然智能终端有着传统终端无法比拟的优势，但是在智能终端的发展过程中，仍然有诸多制约因素，同时由于成熟技术标准的缺失，传统受理终端的风险或将向智能终端迁移。一是智能终端成本较高，在推广初期难度较大。智能终端在硬件层面较高的配置导致其生产成本远远高于普通POS从而使支付机构及银行无法像普通POS一样将智能终端单纯地作为一个金融硬件向商户进行推广；不同智能终端必须在商户端证明其整合软硬件及支付渠道的能力，并体现自身的差异点方为获取商户的关键。二是商户经营风险会逐步释放，传统商户风险会逐步向新兴渠道转移。虽然从现有情况来看，推广智能终端的商户风险未完全显现。但从智能终端的部署形态分析，由于大型优势商户会选择在收银机（或其平板替代设备）上加载软件的方式实现智能POS的功能；而个体工商户则会选择利用手机POS等廉价设备进一步降低成本。因此，现有软硬件一体化的智能终端的商户应用群体较有限，主要集中在中小型餐饮、零售、便利店。随着越来越多的收单机构进入智能终端领域，必将进一步扩大现有智能终端的目标客群。智能终端上的信用卡业务风险值得关注。同时，由于智能终端集成了不同的支付渠道，也可能导致风险敞口进一步扩大。

智能终端发展相关建议。一是智能终端应符合国家、金融行业标准，防止有缺陷和漏洞的智能终端流向市场，给不法分子以可乘之机；二是收单机构加强客户敏感信息保护，防止不法商户和外包商利用智能终端违规获取和存储客户敏感信息；三是加强对布放智能终端的商户和外包服务机构的风险管控，采取白名单、交易限额、交易功能限制等多种措施降低风险；四是加强行业风险信息共享，包括存在不法行为的商户、外包服务机构及个人的相关，倡导市场主体不向其提供支付服务，提高不法机构和个人的违法违规成本。

四、市场逐步开放，参与主体多元化

2016年6月7日，中国人民银行会同中国银监会发布《银行卡清算机构管理办法》（中国人民银行　中国银行业监督管理委员会令［2016］第2号）（以下简称《办法》），《办法》作为国务院《关于实施银行卡清算机构准入管理的决定》的配套实施细则，进一步明确了银行卡清算机构准入的具体条件、程序及主要业务监管要求。《办法》的发布和实施有助于培育银行卡产业公平竞争的市场环境，提升我国银行卡清算服务水平，构建良好的产业生态体系，促进产业整体和各参与方持续稳健发展。2016年12月22日，中国人民银行等十四部委联合发布《关于促进银行卡清算市场健康发展的意见》（银发［2016］324号），有助于构建有效竞争、规范有序和安全稳定的银行卡清算市场，提升我国银行卡清算机构的整体实力，为完善支付服务市场和支付服务创新升级打下坚实基础。

（一）银行卡清算市场参与主体多元化

《办法》的发布和实施，对银行卡清算机构的准入标准提出了明确的要求，使银行卡清算机构的设立具备了可操作性，将促进银行卡清算市场多元化发展。例如，国际卡组织在品牌建设、业务处理制度、技术标准架构等方面优势突出，并且多年来在国内市场与商业银行在发卡和外卡收单业务上开展了广泛深入的合作，具有一定的适应性以及业务开展的基础，进入意愿十分明显，目前已对清算牌照筹备申请工作进行了积极部署；中国支付清算协会在中国人民银行的指导下，组织支付机构共同发起筹建非银行支付机构网络支付清算平台，旨在为非银行支付机构提供统一、公共的资金清算服务，纠正部分支付机构违规从事跨行清算业务行为，改变目前支付机构与银行多头连接开展业务的情况。

可以预见，由于银行卡清算市场准入门槛较高，未来真正有能力和资质进入市场提供服务的机构数量不会太多，并会通过市场机制的优胜劣汰形成相对稳定的市场格局。

（二）不同清算机构的业务重点将各有侧重

未来各个清算机构可能会有不同的业务侧重点，例如，中国银联预计将继续保持现有选择，借记卡和信用卡业务并重，境内与海外业务并重；网联平台将主攻线上清算业务；VISA、万事达等外资机构可能会将注意力放在信用卡业务上，同时，充分发挥其境外网络优势，着重发展跨境业务。在此情形下，如有其他清算机构成立，可能会侧重于借记卡和境内业务拓展。

（三）银行卡产品和服务创新加速

转接清算市场的开放将打破目前市场上只有一家从事人民币银行卡清算机构的局面，形成新的市场格局。各家银行卡清算机构既有竞争也有合作，业务发展既有自己的重点领域，也有相互交叉的领域。清算市场的适度竞争将给银行卡清算机构带来更加积极的创新动力。面对竞争，银行卡清算机构将通过产品创新、拓宽增值服务等方式不断提升清算服务的质量和水平，促进银行卡产品和服务创新发展。

第四节 趋势展望

随着国家供给侧结构性改革的深入推进，银行卡产业转型升级不断加快，在国家产业政策的引导下，金融IC卡时代即将到来，银行卡产业欺诈风险将从根本上得到遏制；产业总体上继续保持稳步增长势头，商业银行信用卡业务经营模式发生变革，发卡市场和收单市场借力金融科技趋向精细化；在政府监管和行业自律管理力度持续加强的背景下，产业的规范经营水平继续提升。

一、银行卡走进"芯"时代

从全球范围看，芯片化迁移是银行卡产业的发展趋势。20世纪90年代，国际卡组织在技术验证的基础上，启动了EMV芯片迁移计划，并积累了有益的经验。实践证明，从磁条卡向金融IC卡迁移既能有效遏制银行卡欺诈风险、保障交易安全，又能满足银行卡多行业、多功能的应用需求。

自2011年《关于推进金融IC卡应用工作的意见》（银发［2011］64

号）出台以来，银行卡产业各方共同努力，基本完成了我国金融IC卡迁移工作。截至2016年底，金融IC卡累计发行30.16亿张，已形成以金融IC卡为主的增量发卡局面；支持接触式受理的POS终端数量为1 370.07万台、ATM终端数量为75.90万台。未来在国家政策的引导和推动下，随着金融IC卡相关标准的完善，安全性和便捷性的不断提升，银行卡将全面芯片化。在政策引导层面，中国人民银行确立了以提升金融IC卡使用率和易用性为导向的推广应用原则，采用"先易后难，先局部后整体，先树立典型再全面推广"的总体策略，积极稳妥开展金融IC卡应用推广工作。国内金融IC卡相关标准逐步完善，形成了芯片卡、受理终端、创新应用三位一体的技术标准体系，为金融IC卡推广应用奠定了坚实的基础。在金融IC卡的推广应用过程中，银行卡产业各方持续创新思维模式，运用互联网思维与大数据、云计算、物联网、支付标记化、可穿戴设备、地理位置服务等技术，不断完善金融IC卡核心服务、业务模式与风险管控体系，有效提升了客户办卡用卡体验。随着金融IC卡发卡量的不断提升、受理环境的不断完善、社会公众对芯片卡的接受度的提高，我国将全面步入芯片卡时代。

二、银行卡业务经营日趋精细化

自2002年以来，中国银行卡产业经历了十余年的高速增长，经过各商业银行近年来"跑马圈地"，银行卡发卡量保持了两位数以上的高速增长，但银行卡的活跃率一直不高。2016年，我国借记卡活跃率仅为12%左右，信用卡的活跃率仅为40%左右。睡眠不动户过高成为发卡市场的主要问题。随着银行账户分类管理办法的逐步落地，对银行卡业务的多元化、个性化、精细化提出了更高的要求。未来，随着互联网科技的强势发展、同业竞争的加剧，银行卡行业目前同质化严重的产品、营销、服务将会出现分化。以客户需求为中心的体验提升，针对目标市场和客群细分提供的差异化定价和服务，将成为发卡行着力打造的竞争优势。同时，借助大数据技术手段，发展更为先进的风控手段与能力，将帮助发卡行建立更为稳固的竞争优势。而在盈利模式上，发卡行也会寻求更为多样化的收入来源，发展轻资本的业务模式。

发卡银行将立足于服务大众，致力于发展普惠金融与践行绿色金融相结合，在精准定位目标客户、明确客群需求、提高活卡率、提升交易强度上集中更大的力量，调整银行卡产品结构、加大创新力度，有效对接居民消费、小微企业和"三农"服务需求，继续深入推动银行卡服务的网络化、移动化、便捷化、生活化，推动银行卡发卡业务的精细化发展。例如，在获客环节，根据客户需求提供细分产品和服务；在审批环节，运用实时审批，对优质客户实现秒贷；在用卡环节，实现"千人千面"，精准营销，差异化定价；在风险管控环节，精准识别伪冒和欺诈行为，保障客户用卡安全。未来，根据不同客户及其所处的场景，提供定制化的产品和服务，极致化客户体验，将成为银行卡可持续发展的核心竞争力。

在收单业务领域，移动支付与线下收单向场景化发展并逐渐融合，商业银行将转变经营管理思路，借助移动互联网技术，加快从线下向线上迁移、从传统支付向移动支付迁移、从固化服务向移动服务迁移的创新步伐，逐步强化在大额在线支付领域安全性要求较高的比较优势。对于交互频次高、与日常生活结合紧密、用户黏性较大的小额高频支付领域，收单机构积极研发和优化线上快捷支付产品，并充分运用移动互联平台提供更为精细化的服务，应用各种移动支付技术或新兴的业务模式，在不同的商户、行业、场景为消费者带来更加多元化的支付选择。

三、行业监管和自律力度持续加大

为推动我国支付产业健康有序发展，促进市场良性竞争，激发市场创新活力，银行卡产业监管部门一方面将进一步加快制度建设步伐，不断完善监管制度，出台针对性法律法规，有效填补制度空白；另一方面，将持续加大监管力度，通过要求从业机构自查、整改、结合监管检查、专项整治、风险提示、情况通报、行政处罚、吊销支付业务牌照等手段，促进市场健康有序发展，切实维护支付体系稳定运行和国家金融安全。随着个人账户分类管理、互联网金融风险专项整治、打击治理电信网络新型违法犯罪专项行动的不断推进，支付市场的发展将日趋规范。产业各方开始将重点转移至小微商户、二级地市及县乡市场等普惠金融支付市场，对于线下理财、互联网科技的支付需求将更加审慎，在风险防范力度不断加大、市场规范不断提升的大背景下，银行卡产业将向着更加规范有序的方向发展，发展的步伐将更为稳健。

随着《中国人民银行关于实施支付机构客户备付金集中存管有关事项的通知》（银办发〔2017〕10号）的发布，支付机构靠备付金吃"利息差"的模式将不再适用，银行卡受理市场的发展将会进一步规范；同时，根据《中国人民银行关于强化银行卡受理终端安全管理的通知》（银办发〔2017〕21号）的要求，监管机构将通过终端注册记录的比对，有效甄别移机、切机、套码等违规行为。

中国支付清算协会将继续完善银行卡相关业务自律规范、实施细则和技术标准，出台示范性业务协议和章程文本，推动银行卡产业建立科学合理的风控体系；完善非银行支付机构自律管理评价指标体系，引导和督促非银行支付机构强化自律，规范经营；依托网络举报平台，不断完善举报工作程序，规范支付市场秩序。

第五章　互联网支付

2016年，国内互联网支付行业整体保持安全、平稳、高效运行，交易规模稳步提升，有力支撑了我国电子商务的发展和社会消费的增长。商业银行积极优化调整战略，以客户需求为导向，整合优势资源推动产品升级，不断提升金融综合服务水平和市场竞争力；非银行支付机构全面深入拓展行业应用领域，为客户提供多样化、个性化支付解决方案。网络支付业务管理办法和自律规范正式发布实施，对规范行业发展，引导市场主体合规经营，防范业务风险，保障消费者合法权益具有重要作用。随着行业监管和自律体系的逐步完善，市场主体将在支付产品与服务创新和风险防范能力提升方面持续发力，互联网支付行业将保持快速增长的势头，在服务民生、促进消费等方面继续发挥积极作用。

第一节　发展概况

一、业务规模延续增长态势，银行机构保持主导地位

2016年，我国商业银行共处理网上支付业务461.78亿笔，金额2 084.95万亿元，分别比上年增长26.96%和3.31%，笔均金额4.52万元，日均处理业务1.26万笔，日均业务金额5.70万亿元[①]。

[①] 数据来源：中国人民银行。网上支付业务是指统计期内，客户通过网上银行从结算账户上主动发起的账务变动类业务笔数和金额，包括网上银行金融交易业务。

图5-1 国内银行网上支付交易规模

非银行支付机构共处理互联网支付业务663.3亿笔,金额54.25万亿元,分别比上年增长98.60%和124.27%,笔均金额817.88元,日均处理业务1.81万笔,日均业务金额1 482.24亿元。其中,银行账户模式交易348.39亿笔,金额36.82万亿元,笔均业务金额1 056.86元;支付账户模式交易314.91亿笔,金额17.42万亿元,笔均业务金额553.17元[①]。

图5-2 国内非银行支付机构互联网支付交易规模

---

① 数据来源:中国支付清算协会。

二、参与主体数量稳定，新兴主体通过并购等方式加快布局

2016年，中国银监会新增批筹民营银行12家，民营银行筹建批复过程持续提速，为支付市场注入了新的活力。商业银行通过整合优质资源、搭建一站式金融服务平台等方式，积极探索新的产品和服务模式，构建共生共利的互联网支付生态环境，为客户提供全方位、高效率的金融服务。截至2016年底，共有110家非银行支付机构取得中国人民银行颁发的支付业务许可证，获准从事互联网支付业务（见表5-1），比上年减少两家[①]。

表5-1　　　　互联网支付业务许可证获批情况（截至2016年底）

获得支付业务许可证批次	获得互联网支付业务许可机构数量	发证日期
第一批	26	2011年5月
第二批	8	2011年8月
第三批	25	2011年12月
第四批	27	2012年6月
第五批	6	2013年1月
第六批	6	2013年7月
第七批	13	2014年7月
总　计	110	

此外，部分大型商业集团上市公司、电商平台，以及门户网站等市场主体通过并购、入股等方式，积极布局互联网支付领域，为市场竞争发展注入活力（见表5-2）。

---

① 2016年1月，中国人民银行依法注销中汇电子支付有限公司、上海畅购企业服务有限公司的支付业务许可证，含互联网支付业务许可。

表5-2　　2016年部分互联网支付机构投资并购情况

序号	非银行支付机构	投资方
1	捷付瑞通股份有限公司	北京小米支付技术有限公司
2	联动优势科技有限公司	海立美达
3	广西集付通投资管理有限公司	恒大集团
4	深圳神州通付科技有限公司	美的集团
5	北京钱袋宝支付技术有限公司	美团
6	浙江贝付科技有限公司	唯品会

三、网上支付客户数量平稳增加，支付账户数量快速增长

中国互联网络信息中心（CNNIC）第39次《中国互联网络发展状况统计报告》显示，截至2016年12月，我国网民规模达7.31亿人，全年共计新增网民4 299万人；互联网普及率为53.2%，较2015年底提升2.9个百分点。网民规模及其对互联网使用程度的提升，对互联网支付客户的增长起到了积极促进作用。截至2016年底，国内银行网上支付客户总数为13.25亿个，同比增长17.99%。非银行支付机构为客户开立的支付账户总量为34.48亿个，同比增长30.80%。其中，单位支付账户847.81万个；个人支付账户34.40亿个[①]。

四、特约商户数量增长迅速，网络购物类商户居多

截至2016年底，非银行支付机构网络特约商户[②]（以下简称特约商户）总量达到801.12万户，同比增长130.54%。其中，实物商品类商户277.50万户，虚拟商品类商户111.55万户，航空旅游类商户13.93万户，公共事业类商户5.45万户，社区服务类商户3.08万户，考试教育类商户2.65万户，基金

[①] 数据来源：中国支付清算协会。
[②] 网络特约商户是指基于互联网信息系统直接向消费者销售商品或提供服务，并接受支付机构互联网支付服务完成资金结算的法人、其他组织或自然人。

理财类商户1.43万户,保险类商户0.77万户[①]。实物商品和虚拟商品等网络购物类商户数量较多,占比约为48.56%。

第二节 运行特点

一、市场集中度略有上升,主要机构保持显著竞争优势

2016年,主要银行和支付机构继续保持优势地位,占据较大市场份额。网上支付交易金额排名全国前十位的银行业务量之和占银行交易总金额的92.59%,比2015年上升了0.7个百分点。其中,交易规模在100万亿元以上的机构有4家,其业务量占交易总额的67.63%;交易规模在10万亿元至100万亿元的机构有8家,其业务量占交易总额的27.11%;交易规模在1万亿元至10万亿元的机构有13家,其业务量占交易总额的3.98%;交易规模在1千亿元至1万亿元的机构有32家,其业务量占交易总额的1.26%。交易规模在1千亿元以下的机构有7家,其业务量占交易总额的0.02%(见图5-3)。

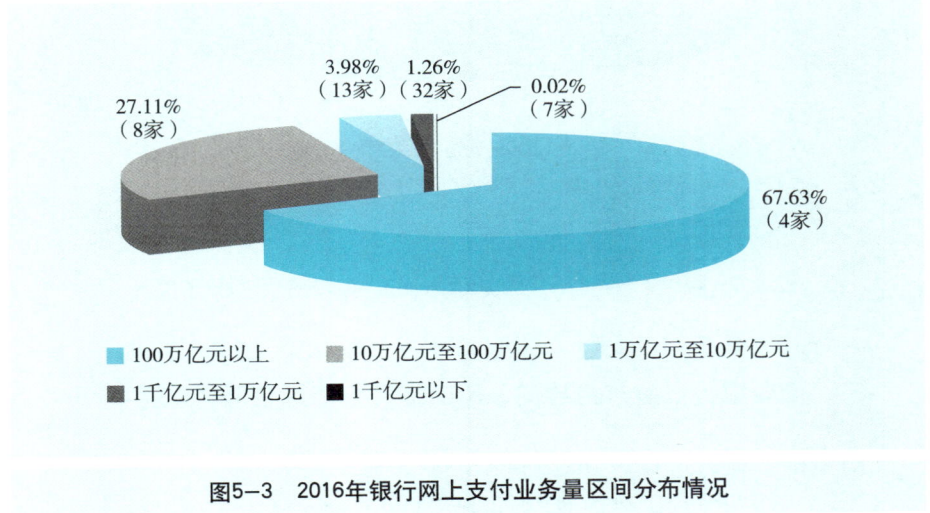

图5-3 2016年银行网上支付业务量区间分布情况

[①] 数据来源:中国支付清算协会。

交易金额排名全国前十位的非银行支付机构业务量之和占支付机构互联网支付业务总金额的87.23%，比上年上升了2.64个百分点。其中，交易规模在1万亿元以上的机构有8家，其业务量占交易总额的83.91%；交易规模在1 000亿元至1万亿元的机构有25家，其业务量占交易总额的14.03%；交易规模在100亿元至1 000亿元的机构有41家，其业务量占交易总额的1.92%；交易规模在10亿元至100亿元的机构有19家，其业务量占交易总额的0.13%；交易规模在1亿元至10亿元的机构有14家，其业务量占交易总额的0.01%；交易规模在1亿元以下的有10家[①]（见图5-4）。

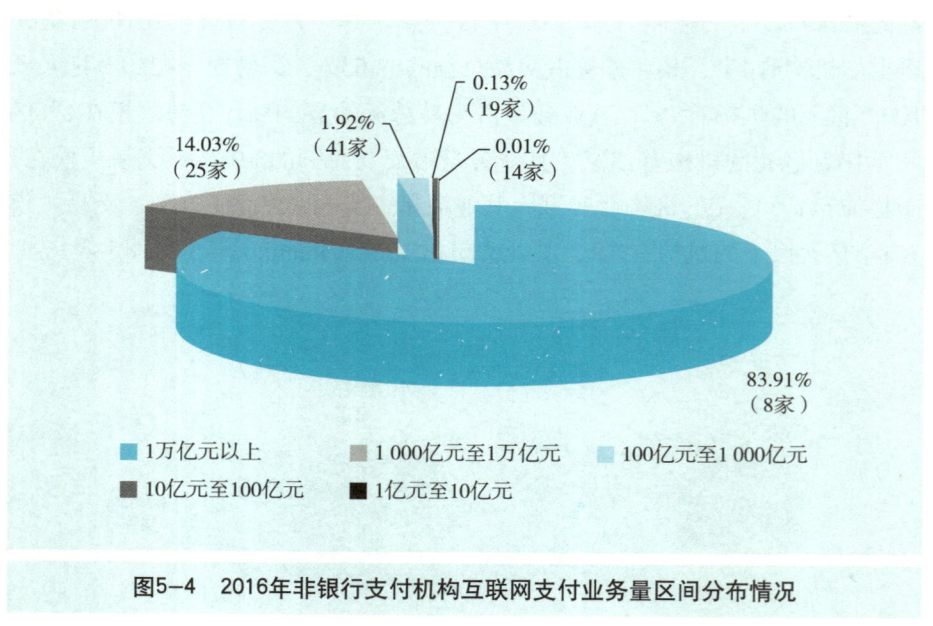

图5-4　2016年非银行支付机构互联网支付业务量区间分布情况

二、商业银行以需求为导向，不断提升金融综合服务水平

商业银行适时把握"互联网+"战略带来的重大机遇，紧密围绕客户实际需求，整合现有优势资源，通过推动产品创新升级、积极打造战略品牌、搭建综合金融服务平台等方式，有效应对日益激烈的市场竞争环境，

---

① 交易规模在1亿元以下的机构的业务总量相对较小，占比接近于0。

保持在互联网支付行业的优势地位。

一是结合业务发展和客户需求，推出独立支付服务品牌，进一步提升市场影响力和竞争力（见表5-3）。商业银行整合现有支付渠道、支付工具及产品，为客户提供全方位、综合性的支付结算服务，能够涵盖多样化的支付方式，支持更丰富的应用场景，有效提升了客户体验，增加了客户黏性。

表5-3　　　　　　　国内部分商业银行典型支付产品或品牌

序号	单位名称	产品服务名称
1	农业银行	农银快e付
2	建设银行	龙支付
3	中信银行	信e付
4	华夏银行	E商宝
5	民生银行	民生付
6	邮政储蓄银行	邮e付

资料来源：相关会员单位报送的2016年网络和移动支付案例。

二是积极打造开放式金融服务平台，不断提升业务运行效率、降低综合运营成本，为产品创新和市场拓展提供有力支撑。如光大银行的云支付线上收单平台，将大小额支付、超级网银支付、第三方支付等业务进行整合，通过服务功能包装升级，为外部电商平台提供包括跨行支付、资金托管在内的专业化综合支付解决方案；华夏银行的银商通产品，为客户提供资金支付、清结算、资金存管、信息查询等服务，支持招投标、销售、现货及产权交易所、企业代发工资等应用场景；北京银行的互联网线上收单平台集成本行支付、跨行支付、订单管理、查询对账、差错处理等功能模块，为特约商户提供了"一站式"资金结算方案。

三是深入拓展特约商户，持续丰富业务应用场景，满足客户多元化、个性化的支付服务需求。例如，华夏银行E商宝产品服务商户类型包括保险公司、团购网站、旅游网站、基金公司、票务销售平台等；民生银行结合

II类、III类账户的便捷性,大力发展在公交、停车、医疗缴费、会员支付方面的应用,积极打造基于银行账户的支付生态圈。

三、支付机构积极拓展应用领域,提供多样化的支付解决方案

非银行支付机构积极拓展行业应用领域,提供多样化的支付解决方案,满足单位客户资金结算需求,并为个人客户提供全面的便民、惠民支付服务。

在服务单位客户方面,支付机构针对特约商户所在行业领域特点,为其量身定做相应的产品,满足其资金结算和处理方面的需求。例如,易宝支付通过深挖O2O产业特点,推出"掌柜通"产品,为批发零售、生活服务、物流公司等行业商户提供分账体系和资金归集管理服务,解决商户一体化资金处理需求;连连银通与携程、同程、途牛、驴妈妈等特约商户合作,针对商旅行业提出游易付产品项目;易联支付为上海迪士尼乐园提供呼叫中心语音支付及线上支付服务。

在服务个人客户方面,支付机构持续打造支付服务生态圈,满足客户衣食住行、投资理财、生活缴费等高频需求。例如,在投资理财方面,多家支付机构获批为公开募集基金销售机构提供支付结算服务。截至2016年底,获得基金销售支付结算业务许可的支付机构增长至40家(见表5-4)。支付机构通过与证券公司、基金公司、保险公司等合作,提供包括货币基金、定期理财、保险理财、企业贷理财、券商理财等多类产品。

表5-4　　具有基金销售支付结算业务许可的支付机构情况[①]

序号	机构名称	监督银行	监督银行指定部门	合作的基金销售机构
1	汇付数据	民生银行	电子银行部	47家基金管理公司(国泰基金、南方基金等);3家独立基金销售机构(诺亚正行、天天基金、好买基金)

---

① 资料来源:中国证券监督管理委员会官方网站。

续表

序号	机构名称	监督银行	监督银行指定部门	合作的基金销售机构
2	通联支付	浦发银行	资产托管部	37家基金管理公司（国泰基金、南方基金等）
3	上海银联电子	交通银行	托管部	48家基金管理公司（国泰基金、南方基金等）
4	易宝支付	工商银行	资产托管部	1家基金管理公司（银华基金）
5	财付通	广发银行	资产托管部	24家基金管理公司（南方基金、华夏基金等）
6	快钱支付	农业银行	现金管理部	1家基金管理公司（汇添富基金）
7	支付宝	中信银行	公司银行部	37家基金管理公司（国泰基金、南方基金等）
8	证联融通	建设银行	资金结算部	1家基金管理公司（长城基金）
9	深圳快付通	建设银行	公司银行部	1家基金管理公司（博时基金）
10	深银联易办事	平安银行	资产托管部	1家基金销售机构（平安银行）
11	易付宝	广发银行	资产托管部	5家基金管理公司（广发基金、汇添富基金、南方基金、富国基金、大成基金）
12	网银在线	农业银行	电子银行部	1家基金管理公司（鹏华基金）
13	平安付科技服务有限公司	平安银行	资产托管部	1家基金管理公司（平安大华）
14	北京新浪支付科技有限公司	工商银行	资产托管部	1家基金管理公司（汇添富基金）
15	北京百付宝科技有限公司	光大银行	公司银行部	1家基金管理公司（华夏基金）
16	广州易联商业服务有限公司	光大银行	公司银行部	1家基金管理公司（交银施罗德基金）
17	天翼电子商务有限公司	中信银行	公司银行部	1家基金管理公司（嘉实基金）
18	上海得仕企业服务有限公司	上海银行	资产托管部	3家基金管理公司（宝盈基金、大成基金、富国基金）
19	广州银联网络支付有限公司	广发银行	资产托管部	1家基金管理公司（广发基金）
20	上海富友支付服务有限公司	建设银行	上海分行	1家基金管理公司（光大保德信基金）
21	网易宝有限公司	中信银行	公司银行部	1家基金管理公司（华夏基金）
22	北京商银信商业信息服务有限责任公司	广发银行	资产托管部	1家基金管理公司（广发基金）
23	中移电子商务有限公司	浦发银行	资产托管部	1家基金管理公司（汇添富基金）
24	拉卡拉支付有限公司	中信银行	公司银行部	1家基金管理公司（建信基金）

续表

序号	机构名称	监督银行	监督银行指定部门	合作的基金销售机构
25	深圳市腾付通电子支付科技有限公司	平安银行	资产托管部	1家基金管理公司（诺安基金）
26	先锋支付有限公司	广发银行	资产托管部	1家基金管理公司（广发基金）
27	深圳市泰海网络科技服务有限公司	工商银行	资产托管部	1家基金管理公司（易方达基金）
28	联通支付有限公司	中信银行	公司银行部	1家基金管理公司（嘉实基金）
29	天津融宝支付网络有限公司	民生银行	电子银行部	1家基金管理公司（南方基金）
30	裕福支付有限公司	中信银行	公司银行部	1家基金管理公司（建信基金）
31	国付宝信息科技有限公司	农业银行	电子银行部	1家基金管理公司（融通基金）
32	易生支付有限公司	民生银行	电子银行部	1家基金管理公司（银华基金）
33	联动优势电子商务有限公司	农业银行	电子银行部	1家基金管理公司（数米基金）
34	重庆易极付科技有限公司	中信银行	公司银行部	1家基金管理公司（金鹰基金）
35	资和信电子支付有限公司	广发银行	资产托管部	1家基金管理公司（华安基金）
36	快捷通支付服务有限公司	中信银行	公司银行部	1家基金管理公司（建信基金）
37	集付通支付有限公司	民生银行	电子银行部	1家基金管理公司（红塔红土基金）
38	北京帮付宝网络科技有限公司	民生银行	电子银行部	1家基金管理公司（华安基金）
39	连连银通电子支付有限公司	广发银行	资产托管部	1家基金管理公司（广发基金）
40	鹰皇金佰仕网络技术有限公司（金佰仕）	民生银行	电子银行部	1家基金管理公司（九泰基金）

四、良好政策支持，跨境支付业务蓬勃发展

"一带一路"新型国家战略布局的落地，为市场主体拓展跨境支付业务带来了更有力的政策支持。随着经济全球化进程的加快，以及国际贸易合作程度的逐步深入，受消费者对海外优质商品的旺盛需求和中国制造在海外市场畅销的促进作用，跨境支付业务呈现蓬勃发展态势。

中国支付清算协会统计数据显示，2016年，国内非银行支付机构跨境互联网支付交易5.85亿笔，金额1 865.51亿元，分别比上年增长42.68%和

28.32%。其中，单位客户办理跨境互联网支付业务4.0亿笔，金额1 042.04亿元；个人客户办理跨境互联网支付业务1.85亿笔，金额823.46亿元。

跨境互联网支付以亚洲和北美洲为主。按交易对象所在地划分，交易金额从高到低的区域依次为：亚洲（45.4%）、北美洲（29.18%）、欧洲（21.76%）、大洋洲（1.89%）、南美洲（1.24%）、非洲（0.52%）[①]（见图5-5）。

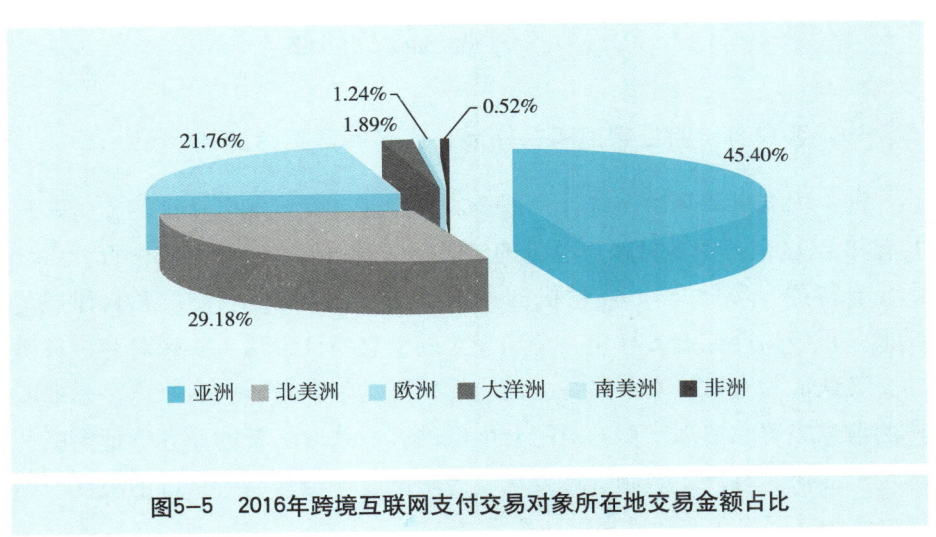

图5-5　2016年跨境互联网支付交易对象所在地交易金额占比

五、政府监管与行业自律不断强化，合规经营、防范风险成基调

中国人民银行印发的《中国人民银行关于加强支付结算管理　防范电信网络新型违法犯罪有关事项的通知》，从加强账户实名制管理、加强转账管理、加强银行卡业务管理、强化可疑交易监测、健全紧急止付和快速冻结机制、加大对无证机构的打击力度等方面提出明确要求，并建立相应的责任追究机制，对有效防范电信网络新型违法犯罪，切实保护人民群众财产安全和合法权益起到了重要的指导作用。

中国支付清算协会积极发挥行业自律服务管理的作用，组织会员单

---

① 数据来源：中国支付清算协会。

位研究制定了针对重点业务和关键环节的自律文件，如《非银行支付机构网络支付业务自律规范》、《银行卡快捷支付（代扣）业务客户风险损失赔付方案》等，从支付机构网络支付业务客户服务协议、信息披露标准格式及内容、信用承诺制度、风险准备金制度及交易赔付制度等方面，进行自律约定，并建立相应的自律审查机制，引导会员单位规范经营、合理创新，有效防范业务风险，切实保护广大客户的合法权益。

第三节 行业风险及问题

一、客户身份验证渠道有待拓展，实名制落实待加强

据中国支付清算协会统计，截至2016年底，完成实名认证的支付账户共有19.94亿个，占支付账户总量的57.83%，比2015年上升6.76个百分点，占比有待进一步提升[①]。支付机构一方面应严格按照监管制度和自律规范要求，积极拓展挖掘多样化、合法安全的信息验证渠道，实现对客户身份的交叉认证和有效核实；另一方面应加快推动对存量非实名账户、睡眠账户的信息完善和清理工作，对配合度低的客户采取必要的业务管理措施，尽快全面落实客户实名制管理要求，为防范业务经营风险，打击洗钱、赌博、诈骗等网络犯罪活动提供必要支持。

二、信息安全管理机制需进一步加强，以切实保障客户权益

因安全管理及使用不善、存在风险漏洞致使外部攻击等原因，导致客户姓名、身份证件号码、手机号码、账户及密码、电子邮箱等信息泄露的情况屡有发生。不法分子获得上述信息后，可能通过制假、盗用、欺诈等手段实施犯罪，使客户蒙受资金损失，甚至威胁到人身安全。"徐玉玉事件"等精准电信诈骗案件，归根结底就是由于个人信息泄露所导致的。因此，市场主体在业务创新发展过程中，有责任和义务加强客户身份信息、

[①] 协会从有关会员单位了解到，现阶段对于非实名的支付账户，支付机构通常关闭了其资金进出功能；客户只有完成本人身份验证后，才能进行充值、转账、消费、提现等涉及资金的业务操作。但目前上述账户仍然统计入支付账户总数，在一定程度上拉低了实名支付账户占比。

账户信息和资金安全保护,在获取使用数据信息时应主动、及时告知或提示客户,并对存量信息进行严格规范管理,避免信息泄露或用于不正当目的。

三、特约商户资质审核及监测有待加强,避免为不法分子提供相关服务

中国支付清算协会近年受理的部分消费者投诉及客户举报案例信息显示,仍然存在部分支付机构接入赌博、诈骗、钓鱼等非法网站,为其提供支付结算服务的情况。出现此类风险问题的原因,可能是支付机构在特约商户准入时没有严格履行资质审核职责,接入了风险商户;也可能是不法分子在商户准入时通过伪造材料、利用相关技术手段伪装蒙混过关。同时,支付机构在后续的商户巡检、异常交易监测等方面也存在漏洞,因而未能对风险商户及其行为进行有效识别和预警。支付服务主体应严格履行对特约商户的资质审核职责,加强日常交易监测和巡检,避免为不法分子提供支付结算服务。

四、风险信息共享存在不足,风险联防机制有待进一步完善

目前,各市场主体对风险控制的投入差异较大,风险管理水平参差不齐,同时机构间缺乏有效的风险信息沟通机制,难以有效实现共享互通和联动处置,影响到整个行业的风险防范综合能力水平。不法分子正是利用风险信息在不同市场主体间的传递障碍,使用同一身份在不同机构开立账户,分别实施网络欺诈、盗刷等不法行为,且屡试不爽,导致单一风险或漏洞在行业内被传染和放大。针对这一问题,需要监管部门、行业协会、市场参与主体高度重视、形成合力,采取有效措施推动整个行业全面提升风险防控综合水平,为网络支付的持续健康发展保驾护航。

五、信息披露机制和风险赔付机制有待建立和完善

一是应按照网络支付业务监管制度和自律规范要求,参照协会发布的协议标准范本与客户签订支付服务协议,明确相应的权利、责任、义务,并以显著方式提示客户注意与其有重大利害关系的事项;二是做好风险事

件信息、客户投诉及处理情况、系统升级和收费项目公告等信息披露工作，保障客户的知情权和选择权；三是建立健全风险准备金制度和交易赔付制度，明确交易赔付主体、规则、标准及流程、客服电话等内容，并在官方渠道进行公示，确保客户投诉维权渠道的畅通和机制的有效。

第四节 趋势展望

一、市场参与主体数量趋于稳定，业务规模保持平稳增长

经过十多年的发展，互联网支付已渗透到广大居民的日常生活当中，用户黏性较强，使市场准入门槛较高，新进入主体将主要采用并购形式涉足互联网支付业务，加上监管机构新批准的机构数量预期有限，市场主体一旦严重违规可能面临市场清退，网络支付市场的服务提供方总体数量将趋于稳定。

从近几年的业务增速看，银行网上支付交易笔数基本保持在20%左右，但交易金额增速持续下降，2016年增速为个位数。2016年非银行支付机构互联网支付交易笔数和金额的年增长率分别为98.60%和124.27%，较2015年的55.13%和41.88%明显加快。由于银行在互联网支付业务金额中占据绝对优势，总体而言，整个市场互联网支付业务将保持平稳增长趋势。

二、市场结构或将微调，部分主体间构建新型战略合作关系

受互联网支付牌照发放收紧，以及市场主体积极布局互联网支付市场的战略规划等综合影响，部分商业集团或电商平台仍将选择通过并购、入股获牌机构等方式，涉足网络支付（含移动支付）行业，以开拓和占据市场，面向更广的客户群体提供服务，同时提高内部资金清算和运转效率，降低综合运营成本，提升盈利空间和水平，市场结构将发生一定程度的调整和变化。与此同时，部分获牌机构可能会因经营战略调整或长远发展考虑，接受综合实力较强的企业集团收购，或与之展开全面战略合作。

三、继续向多领域渗透，有力支撑各产业优化升级和调整

在良好的宏观经济、监管政策和市场发展环境下，市场参与主体将获

得更为广阔的发展和创新空间,积极开发和推出各种支付服务解决方案,整合资金流与信息流,提供产业链增值服务,以满足企业和社会公众的支付及资金管理需求;提升信息化管理水平、提高运营效率,有效促进消费转型和经济结构调整。市场主体不仅能够满足客户在家居、交通、医疗、教育、卫生等领域的信息查询类、支付缴费类、资产增值类等复合型需求;而且将提高能源(钢铁、石油、煤炭)、家电制造业、食品生产业、商品零售等传统行业的资金融通和运作效率,有利于其实现产业优化升级和调整,从而在支持实体经济发展中发挥积极作用。

四、风险信息共享和联防机制不断完善,有效提升风险防控水平

根据行业发展和支付业务开展需要,中国支付清算协会已上线运行支付清算综合服务平台行业风险信息共享系统,实现网络支付业务风险信息的收集、汇总、整理和共享等功能,后续将持续完善和优化系统功能,进一步提升接入机构和报送信息数量。市场主体将基于平台构建和完善风险信息数据共享和风险事件协查机制,实现支付业务风险的行业联防联控,最终形成全产业链联防协作体系,有效解决单一市场主体风险防控能力有限、机构间缺乏有效的信息沟通机制等问题,提高行业整体服务质量和风险防范水平。

五、监管与自律制度持续落实,督促和引导业务规范发展

行业监管将趋于严控市场准入,鼓励现有机构兼并重组,健全市场退出机制,持续推进非银行支付机构分类分级监管,规范市场主体业务创新。中国支付清算协会将充分发挥自律服务管理职能,引导市场主体贯彻落实监管和自律制度要求,切实履行相关职责和义务,不断提升风险管理水平,建立完善行业风险联防机制,加强客户合法权益保护,共同促进网络支付行业的健康持续发展。

第六章 移动支付

2016年，我国移动支付行业延续高速发展态势。市场主体一方面积极拓展移动支付应用场景，打造支付生态圈，推动业务量加速向移动端迁移；另一方面，通过增加服务功能、优化业务流程、降低综合费率、提高优惠补贴等手段，改善用户体验，提升获客能力。同时，移动支付相关基础设施建设和受理环境持续得到改善，消费者对于移动支付保持较高的接受度和使用频率，有力促进了移动支付业务的普及和推广。移动支付将继续是支付行业未来创新发展的重点方向，市场主体将通过资源整合和战略优化调整，保持各自优势领域的主导地位，并通过推动新技术与移动支付应用深入融合，促进移动支付安全性和便捷性的提升，满足客户多样化、个性化的支付需求。

第一节 发展概况

一、移动支付业务规模延续高速增长态势

2016年，国内银行共处理移动支付业务257.10亿笔，金额157.55万亿元，比上年分别增长85.82%和45.59%；笔均业务金额6 127.97元，日均发生业务7 024.59万笔，金额4 304.64亿元。

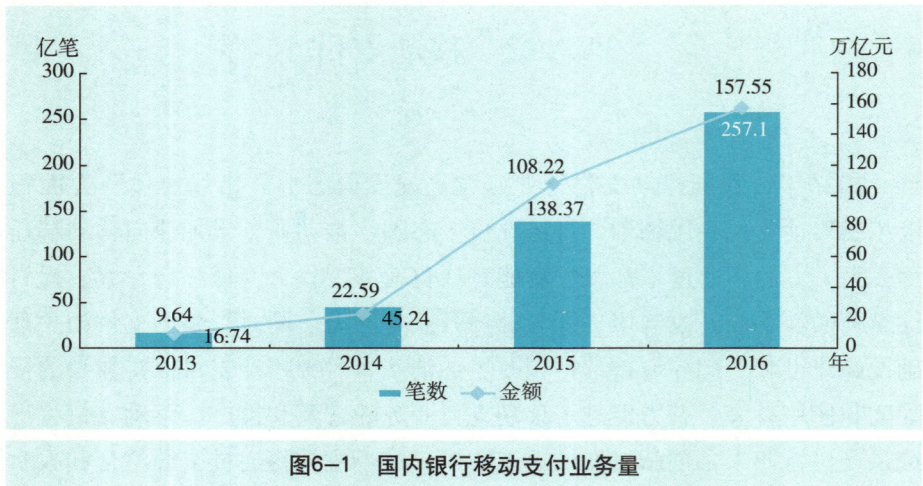

图6-1 国内银行移动支付业务量

2016年，非银行支付机构共处理移动支付业务970.51亿笔，金额51.01万亿元，比上年分别增长143.47%和132.29%；笔均业务金额525.59元，日均发生业务2.65万笔，金额1 393.72亿元。其中，全年共处理移动电话远程支付业务967.36亿笔，金额50.84万亿元；共处理移动电话近场支付业务3.15亿笔，金额1 743.87亿元[①]。

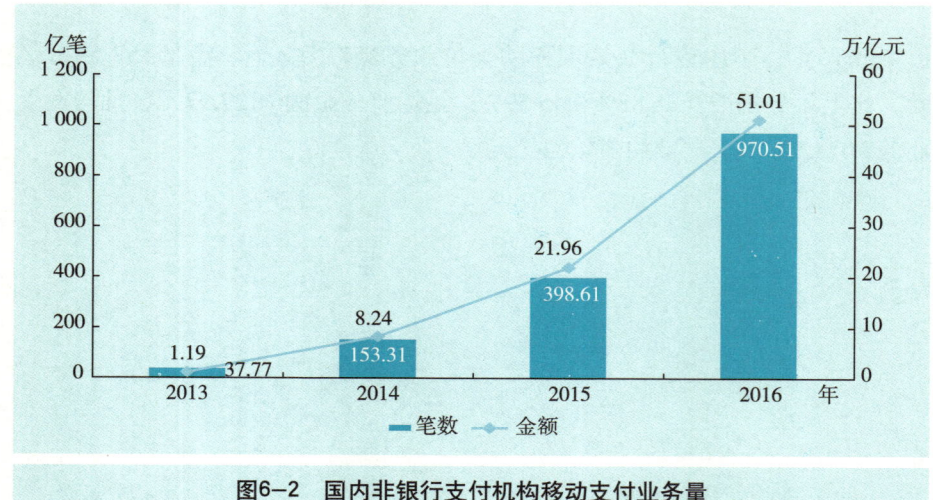

图6-2 国内非银行支付机构移动支付业务量

---

① 数据来源：中国支付清算协会。

二、业务持续由PC端向移动端迁移，移动远程支付占主导

2016年非银行支付机构互联网支付和移动支付业务金额占网络支付总业务金额的比重分别为51.6%和48.4%，与2015年的53%和47%相比，移动支付业务的比重持续提升；且2016年支付机构移动支付业务笔数已远超互联网支付业务，说明移动支付业务超越互联网支付业务的格局正在逐步形成[1]。

随着支付业务持续由PC端向移动端迁移，远程支付业务发展更加成熟，占据移动支付绝大部分业务体量；而近场支付受制于受理环境尚待完善、受众群体规模较小，特别是条码支付业务推动支付账户线下应用产生的替代效应等因素影响，仍未突破业务增长瓶颈。2016年，移动远程支付和近场支付业务金额占移动支付总业务金额的比重分别为99.66%和0.34%，近场支付业务的占比仍然很低[2]。

三、移动支付客户数量稳步增长，近场特约商户数量迅猛提升

工业和信息化部统计数据显示，截至2016年底，国内手机用户数量达到13.2亿户，比上年底净增5 054万户，同比增长3.8%；移动电话普及率达到96.2部/百人；4G移动电话用户总数达到7.7亿户，在移动电话用户中的渗透率达到58.2%。移动电话用户规模的提高，以及更快网速4G移动电话的普及，为移动支付发展奠定了良好的客户应用基础和更高速的移动网络环境，推动了客户规模的持续增长。

截至2016年底，国内银行的移动支付客户数量为13.51亿个，同比增长38.71%[3]。国内非银行支付机构移动电话近场支付客户数量为3.03亿个，同比增长48.53%；非银行支付机构移动近场特约商户数量为161.65万户，同比上升118.45%[4]。

---

[1] 数据来源：中国支付清算协会。
[2] 数据来源：中国支付清算协会。
[3] 数据来源：中国人民银行。移动支付客户为统计期末，签约或注册手机银行且具备支付功能的存量客户数。
[4] 数据来源：中国支付清算协会。

四、技术标准和业务规范持续完善，市场规范发展、合理创新

2016年11月10日，中国人民银行印发《中国金融移动支付 支付标记化技术规范》，要求各银行、支付机构、清算机构严格落实《中国人民银行关于进一步加强银行卡风险管理的通知》（银发〔2016〕170号），自2016年12月1日起全面应用支付标记化技术（Tokenization），并提出了支付标记化技术的基本架构，规定了应用支付标记化技术的系统接口、安全、风险控制等要求，有助于引导、推动全产业链全面应用支付标记化技术，有效提升移动支付业务的信息保护和资金安全防护能力。

2016年11月2日，《国务院办公厅关于推动实体零售创新转型的意见》发布施行，明确指出"支持企业开展服务设施人性化、智能化改造，鼓励社会资本参与无线网络、移动支付、自助服务、停车场等配套设施建设"。

上述标准和规范的出台有利于规范市场主体的经营行为，促使其在风险可控的前提下开展业务创新，不断提升支付服务质量和水平。

第二节 运行特点

一、市场主体积极打造移动支付服务生态圈，满足客户便捷化支付需求

在移动金融方面，市场主体结合移动互联网技术，通过设计更多移动端金融产品、优化业务流程等来满足客户对投资理财、资金管理方面的需求。例如，浦发新版智慧手机银行以个人征信数据为基础，结合用户在浦发银行体系内沉淀的历史交易数据，构建大数据模型，创新全程在线、无抵押的"浦银点贷"大数据消费信贷产品；工商银行面向个人客户推出利用二维码技术进行扫码、利用快捷支付方式进行验证实现的无卡取款产品——扫码取现，可随时随地通过手机银行扫描工商银行ATM上的二维码图片，并进行支付验证后就可以完成取款。

在客户日常生活方面，市场主体通过与相关行业的特约商户合作，深入拓展衣食住行、教育培训、医疗健康等应用领域，为客户提供包括消

费、购物、交通、娱乐等在内的多样化支付服务（见表6–1）。

表6–1　　2016年国内移动支付相关产品或服务涉及行业领域情况

单位名称	产品或服务	涉及行业领域
工商银行	扫码取现	现金取现
农业银行	农银快e付	商超、餐饮、公共交通等
中国银行	二维码支付产品	日常生活消费
建设银行	龙支付创新支付产品（扫码支付、手机闪付、声纹取款、手机闪取）	消费取现等衣食住行领域
交通银行	立码付	商户消费
华夏银行	移动银行二维码收款	校园金融服务
招商银行	手机取款	移动金融
浦发银行	智慧手机银行	信贷、支付等移动金融
中国银联	云闪付云端移动支付产品	居民日常购物、出行、医疗等
支付宝	城市服务（"智慧城市"）	医疗、交通、教育、缴费等服务
财付通	微信支付、QQ钱包	医疗、消费、出行
拉卡拉	拉卡拉手环	公交地铁刷卡、NFC闪付免签、APP端随时充值等
天翼电子	翼支付付款码	快餐连锁、大型商超、百货、便利

资料来源：相关会员单位报送的2016年移动支付优秀案例。

二、操作简便是客户对移动支付保持较高使用频率的主要原因

随着移动支付应用场景的日益丰富，产品和服务安全性的进一步提升，市场主体优惠力度的不断加大，国内客户对移动支付保持较高的接受度和信任度，特别是消费活跃、信用良好、移动互联网使用频繁的客户群体具有较强的使用黏性。中国支付清算协会调研数据显示（见图6–3），2016年，有22.3%的用户每天使用移动支付，有26.7%的用户一周使用2~3次，有10.9%的用户每周使用1次，有13.0%的用户半个月使用一次，有14.2%的用户一个月使用一次，合计共有87.1%的用户每月至少使用一次移动支付。

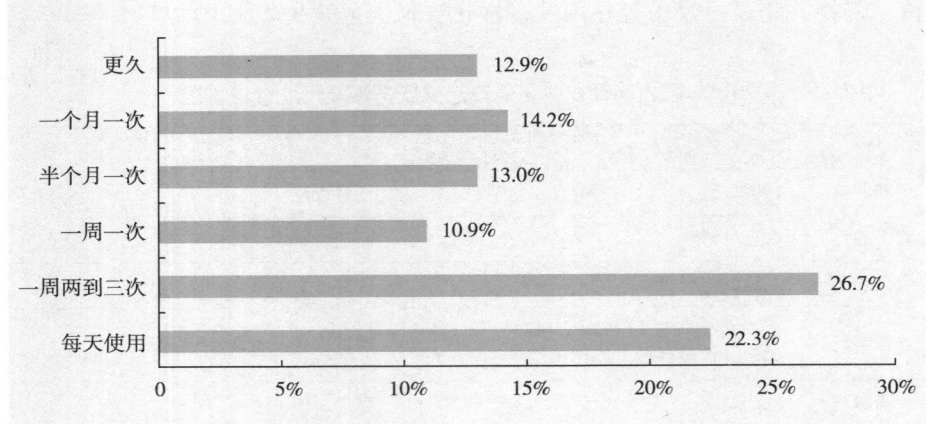

说明：数据由中国支付清算协会移动支付工作委员会部分成员单位使用统一的网络问卷向个人客户采集获取，有效样本数量为8 100余份。

图6-3 移动支付个人客户使用频率

从选择使用移动支付的原因看，有79.6%的用户是因为操作简单、方便而选择移动支付；因无须携带现金或银行卡，而选择移动支付的占比为47.5%；因优惠促销活动多，而选择移动支付的占比为30.8%。

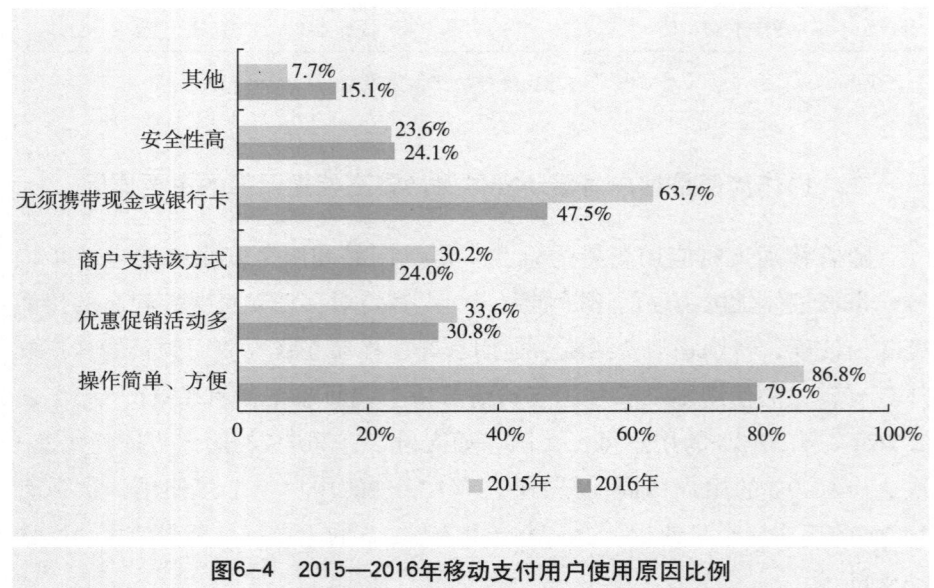

图6-4 2015—2016年移动支付用户使用原因比例

三、移动支付主要用于购买娱乐项目、生活用品等日常生活领域

中国支付清算协会调研数据显示（见图6-5），有60.3%的用户表示最常在娱乐类业务下载时使用移动支付，如购买会员服务、游戏下载等；其次为生活类，如购买生活所需品等使用移动支付，占比为42.4%；排名第三的是水费、煤气费等公共事业费缴纳，占比为23%；票务类排名第四，占比为14.5%；通过移动支付进行商旅类及投资理财的用户较少，占比分别为10.9%和9.1%。

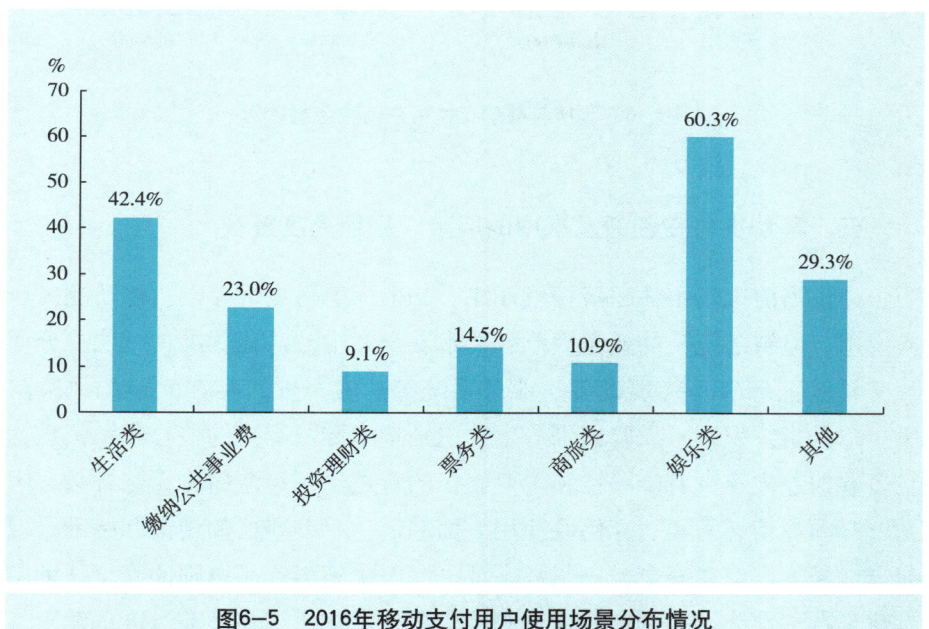

图6-5　2016年移动支付用户使用场景分布情况

四、以小额便民支付为特点，单笔交易金额多在500元以下

中国支付清算协会调研数据显示（见图6-6），有77.25%的用户单笔移动支付金额在100元以下，有18.8%的用户单笔移动支付金额为100~500元，有2.2%的用户单笔移动支付金额为500~1 000元，有1.7%的用户单笔移动支付金额在1 000元以上，有96.05%的用户单笔交易金额在500元以下，充分体现了移动支付服务于用户小额便民支付需求的特点。

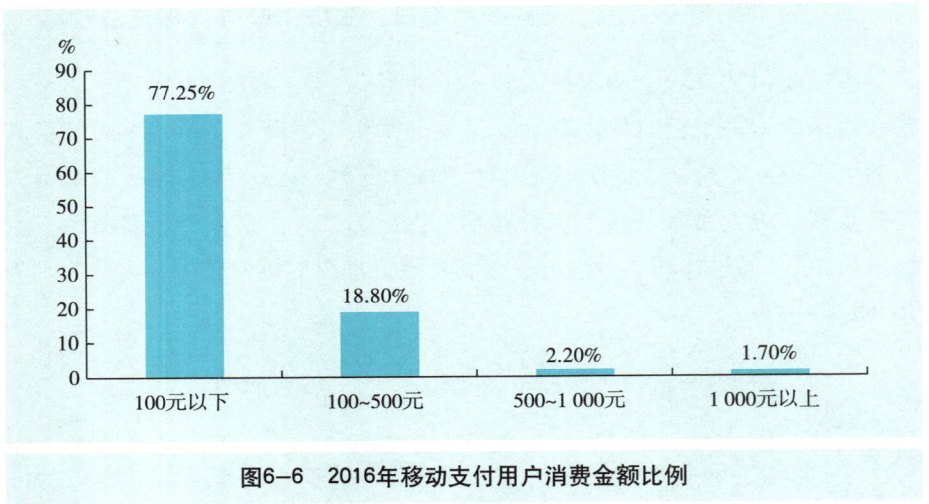

图6-6 2016年移动支付用户消费金额比例

五、移动支付在创新发展中的风险,亟须高度重视

一是当前市场主体积极探索HCE、NFC、条码支付等创新移动支付业务应用,但缺乏统一的业务规范、技术安全和检测认证标准,无法充分保障交易验证环节、终端设备、业务系统等的安全性,存在一定的风险隐患。二是指纹识别、人脸识别等生物识别技术涉及客户的核心隐私信息,且多数信息内容具有唯一性和不可修正的特点,一旦泄露将无法补救,因此,必须在信息采集、存储及使用方面制定一系列严格的规范和标准,以充分保障客户信息安全。三是数字证书、电子签名等高级别的安全认证工具暂未在移动终端得到广泛应用和推广,移动支付交易环节过度依赖短信验证码,且在部分操作环节中具有一次认证重复使用的情况,使交易信息容易被拦截或篡改,亟须通过业务制度和技术标准的研究设计,来推动高级别的安全认证工具在移动支付交易验证环节的应用。

第三节 热点剖析

一、条码支付创新应用,促进移动电子商务和O2O业务的发展

非银行支付机构主要基于客户银行账户(快捷)或支付账户(余额)

开展条码支付业务。如支付宝、财付通等机构，自2011年起即陆续尝试推出线上条码支付业务，目前已在餐饮门店、超市、便利店等线下应用场景广泛应用；商业银行主要基于手机银行现有业务模式开展条码支付业务，遵循相应的限额和安全体系，应用于客户消费及转账业务，如中信银行、民生银行、招商银行、兴业银行等已积极探索开展条码支付业务。特别是2016年7月15日，工商银行推出应用标记化技术的二维码支付产品，受到业内广泛关注。

中国支付清算协会调研数据显示，用户最常用的条码支付场景为超市或便利店，占比为47.7%；其次是餐饮店，占比为23.0%；自动售卖机及电影院的占比分别为17.1%和16.9%。由此可见，条码支付业务在满足用户小额便民支付应用方面发挥了积极作用。

从条码支付用户区域分布看（见图6-7），直辖市用户对条码支付的接受程度最高，为76.2%；省会城市用户为70.7%；地级市用户为67.4%；县域地区用户为66.8%；乡镇用户为61.5%；农村用户为56.1%。

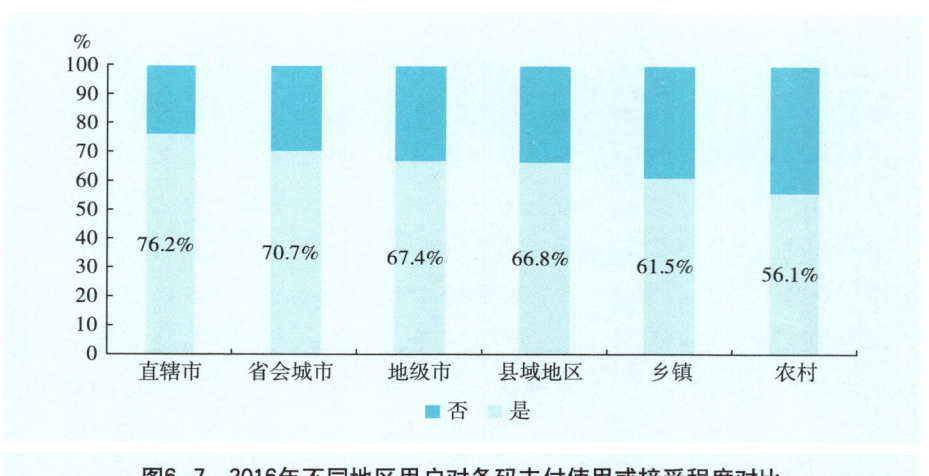

图6-7　2016年不同地区用户对条码支付使用或接受程度对比

二、移动支付业务加速向高附加值领域融合渗透，应用场景和功能不断丰富

市场主体通过增加服务功能、优化业务流程、降低综合费率、提高

优惠补贴等手段，在巩固衣食住行、生活缴费等高频需求领域应用的基础上，加速推动移动支付向投资理财、医疗健康等具有高附加值的行业领域渗透，不断丰富支付应用场景和功能。如投资理财方面，2016年4月，建设银行手机银行新增"结售汇"服务、跨行资金归集、易存金（资金定投）等功能；2016年7月28日，京东金融推出互联网黄金投资产品"京生金"。医疗健康方面，2016年5月，支付宝与深圳市人社局合作推出国内首个医保移动支付平台，并在部分医院试运行，患者通过将支付宝绑定社保卡，可以在就医过程中进行一键计算和支付费用。

专栏 6-1
移动支付在医疗行业的应用、特点及趋势

在互联网金融背景下，为有效提升用户黏性、获取更多的增量用户，市场主体正加速推动互联网支付服务向移动端的迁移。移动支付优先渗透至能够与移动社交、位置服务相结合或具备高附加值的行业领域，从而使基于移动互联网的生活消费、投资理财、休闲娱乐等应用率先得到普及。而随着基础设施和受理环境的逐步完善，移动支付进入发展的成熟阶段，医疗行业作为公共服务的重要组成部分将逐步成为其应用和服务的重点领域之一。目前，国内部分市场主体已经尝试为医疗行业领域提供移动支付解决方案，以优化传统的医疗模式、简化就诊流程、提供个性化的医疗服务。

一、基本应用情况

国内移动医疗正处在发展初期和试商用阶段，主要基于移动互联网、大数据、云计算等技术向医疗卫生机构及其从业人员、病患者、医药及设备企业提供高效服务，主要包括：医院信息管理系统、远程医疗、预约挂号、智能导诊、电子病历和处方等（见表1）。目前，医疗平台网站等市场

主体主要采用手机APP等方式（见表2），将在线医疗业务迁移至移动段，并尝试将移动支付嵌入到远程医疗、预约挂号、支付医药费用等服务方面，以探索形成一整套科学有效的商业模式。

表1　　　　　　　　　　　　移动医疗主要应用

主要应用	服务内容
远程医疗	通过移动客户端或视频软件实现医患之间的信息传递，实现患者咨询、智能自诊、疾病诊断及复诊、病例处方获取等功能
预约挂号	基于平台APP实现患者线上预约，线下支付就诊，或线上预约挂号和支付，线下就诊的O2O模式
健康信息服务	医学文献及处方用药查询、综合人群及特殊人群健康管理等
医药购买	基于LBS的药店信息推送服务，处方药移动端购买，药店就近配送

表2　　　　　　　　　　　　移动端典型医疗行业APP

应用名称	主要功能模块
易诊	专家在线、查找答案、健康圈子、电子病历、药品商城等
好大夫在线	免费咨询、预约加号、电话义诊、用药日记、疾病日记等
丁香医生	健康科普、用药咨询、服药提醒、附近药店、家人健康等
平安好医生	家庭医生、健康评测、平安药房等
医生树	在线咨询、预约门诊、会诊中心、诊后随访等
39就医助手	症状自查、就医经历、人工导诊、智能推荐等

此外，非银行支付机构也正基于线上线下融合模式，积极拓展和布局医疗行业，通过与医疗机构、社交平台等主体开展合作，推出各自的移动医疗产品和服务，主要将信息咨询、订单和支付服务整合在线上进行，将就诊和取药服务整合在线下进行，不断丰富业务功能，提升办理效率。例如，支付宝钱包推出"未来医院"计划，拟实现移动挂号、诊间缴费、查收报告、科室导航、服务评价、医保结算等功能，用户可以用支付宝钱包完成门诊挂号、缴费、查取报告，住院金清单查询、缴费全流程。腾讯于2014年上线微信智慧医院，以"公众号+微信支付"为基础，结合微信的移

动电商入口，用于优化医院、医生、患者以及医疗设备之间的连接能力，主要服务包括微信预约挂号，候诊提醒；微信导航，诊疗室和化验室之间的有效引导；微信支付诊间费用，电子报告微信实时送达、离开医院后的医嘱提醒等[①]。

二、移动支付应用于医疗行业的特点及优势

一是有助于简化就诊流程，缓解线下就医困境，为用户提供更为便捷化、个性化的服务。用户通过使用手机客户端软件支付即可完成挂号、就诊、取药等基本环节，并能享受到远程会诊，医患一对一交流，电子病历、检查报告和处方获取，在线复诊等增值服务。

二是有助于深度整合线下医疗资源，优化整个行业的商业模式，提升行业运营效率。市场主体主要采用以线上选择医院和医生进行预约、挂号，线下就诊、取药为主的O2O模式，通过平台化的运作将医院及医护人员、药店、医疗设备提供方、患者等主体的基本需求和信息有效整合起来，通过信息共享和优势资源互补降低了各主体的综合成本，并形成了基于移动端的盈利模式。

三是为通过移动远程医疗服务边远地区及低收入群体提供了可能，在一定程度上有助于缓解医疗资源分布不均带来的系列问题。目前国内优质医疗资源主要集中在一线城市及省会城市，二三线城市及农村地区的患者如前往就诊，必然需要负担交通、住宿等成本，以及就医费用异地报销手续烦琐等问题。如果整个就诊及医药费用支付环节能够通过移动端予以解决，必然给用户带来极大的便捷性，并为其节约一笔可观的费用。

三、发展趋势

一是移动医疗行业发展前景广阔，参与主体将整合优势资源，找准市场发展目标定位，依托移动支付尽快形成一套科学完整的商业模式，最终促进医院、患者、平台、商业银行、非银行支付机构等在内的利益相关者

---

① 参考资料：《当远程医疗碰上马云，医院会怕他吗？》，http://bbs.c114.net/thread-825803-1-1.html。

相互之间的优化博弈策略的形成。

二是市场主体将不断提升产品和服务创新能力，形成差异化的竞争优势，通过构建挂号、支付费用、就诊、评价为一体的综合服务体系，满足广大用户多样化、个性化的医疗就诊及健康保养方面的需求，不断提升就诊问诊效率及用户体验，降低医院的综合管理成本及用户的时间成本。

三是市场主体将基于移动互联网、大数据、云计算等技术，与政府卫生部门、医疗机构、设备服务提供商等主体之间合作，基于所能获得的数据信息，搭建健康管理的综合服务管理平台，针对不同用户需求提供精准服务，并以此促进数据资源的积累，为后续更精准的服务奠定良好的基础。

三、NFC、HCE、生物识别等新技术推动移动支付产品性能和安全水平提升

安全模块及加密技术方面，市场主体积极进行NFC等技术应用的探索与尝试。2016年2月，苹果公司在中国正式上线Apple Pay，采用"NFC+Touch ID+SE"的方式，实现了支付体验便捷性和安全性的统一；2016年3月，三星电子公司与10余家国内商业银行及中国银联合作，推出移动支付服务Samsung Pay；华为公司与部分银行签订了合作协议推出Huawei Pay，采用"eSE+NFC+TEE+指纹识别"的方式实现全手机模式移动近场支付；2016年9月1日，小米公司发布采用NFC技术方案的小米Pay。

身份识别及认证技术方面，市场主体继续尝试使用人脸、指纹、虹膜、静脉等生物特征作为身份验证要素，以提升移动支付的安全性。例如，招商银行手机银行推出"刷脸"转账功能，客户通过远程视频进行面部识别确定身份后，能够在线办理20万元至100万元的大额转账业务；支付宝于2016年初上线刷脸登录功能，支持用户以"刷脸"方式取代"账号密码"方式登录；2016年1月11日，微信首次发布了生物识别认证标准"TENCENT SOTER"，定义了生物识别环节的角色、指标和实现方法；2016年9月，民生银行在其手机银行中上线虹膜支付。

支付设备方面，以Watch类产品为主的可穿戴设备已被尝试应用于移动

支付,服务于公共交通、生活消费等行业或领域。2016年6月15日,南京银行推出多功能、可穿戴智能支付设备"智e鑫",可由闪付终端受理,进行小额免密支付,并内置上海公交一卡通应用,支持用户在公交、地铁、轮渡等使用。

专栏6-2
NFC-HCE和NFC全手机移动支付模式对比研究[①]

一、HCE移动支付模式发展背景

随着移动互联技术的发展,基于手机终端的移动支付由于具备随时、随地、随身的特点,被越来越多的客户接受。近两年,支付宝、微信支付等推出的二维码支付产品加快替代银行卡传统受理市场。2015年5月,中国人民银行提出基于HCE+Token的移动支付方案作为短期内推动移动支付的重要解决方案;移动金融长期发展仍基于SE开展,以确保金融业务的安全性。

根据中国人民银行的要求,中国银联牵头各银行积极推进HCE云闪付产品建设,2015年12月产品上线发布。随后,由于苹果、三星、华为、小米等主流手机厂商对基于SE的全手机模式支付产品的推动,Apple Pay、Samsung Pay、Huawei Pay、Mi Pay等产品先后推出,中国银联已将各手机厂商的移动支付产品纳入云闪付品牌体系中。

二、HCE技术和银联云闪付

主机卡模拟(Host-based Card Emulation,HCE)技术。在非接触式移动设备进行现场支付业务时,一般是利用NFC技术的卡模拟方式来实现,

---

① 本专栏根据中国农业银行信用卡中心所提供的素材改编,补充了中国银联提供的相关素材。

即把移动设备模拟成一张非接触式的金融IC卡，与支持非接触式受理的POS终端进行交互。在这种传统的卡模拟方案中，需在移动设备内加载安全单元（Secure Element, SE），用于支付应用及其数据的安全存储和安全运算，为支付过程提供了芯片级的可靠安全保障。该安全单元的载体形式可以是智能SD卡、智能SIM卡或者移动终端内部的嵌入式独立单元。这些安全单元的存在确实保障了金融数据安全，但同时也在卡的发行运营方面增加了移动支付的复杂性。从而导致了NFC支付发展的不温不火。2013年底，安卓操作系统4.4以上版本支持了主机卡模拟技术，该技术使基于操作系统应用软件直接实现卡模拟技术成为可能，不再要求手机中必须存在安全单元。HCE技术的应用可以大幅降低支付应用的门槛，为互联网企业进军NFC支付领域提供了可能。

银联"云闪付"产品。银联"云闪付"系列产品包括IC卡非接支付、NFC移动支付和二维码支付。NFC移动支付作为"云闪付"的重要组成部分，以"空中发卡、非接闪付、网上支付"的全新理念，为消费者提供了便捷体验与金融安全。NFC移动支付可细分为NFC-HCE（主机模拟卡片）模式和NFC全手机模式两大类产品。

NFC-HCE模式提供了一种基于HCE与Token（支付标记）技术，将交易密钥等关键信息放在后台（云端）的新型移动支付方式。持卡人仅需一部具备NFC功能的手机（操作系统为安卓4.4.2以上版本），便可直接在手机银行APP中生成一张银联卡的"替身卡"，即云闪付卡。在线下端，用户的支付行为与使用金融IC卡的"闪付"联机交易相同，手机端参与的操作在500ms内即可完成。在线上端，基于云端支付平台，通过移动互联网商户线上收单与本地HCE手机客户端交互，完成云端支付卡的线上有卡交易，实现线上线下支付一体化。

NFC全手机模式使用银联技术标准，将实体银行卡空中加载到移动设备安全芯片中形成云闪付卡，可通过NFC、指纹识别以及手机钱包实现安全可靠的近场支付服务，也可通过指纹识别和手机钱包实现远程支付。该模式下，2016年，中国银联先后联合商业银行、苹果公司、三星公司、华为公司和小米公司推出了Apple Pay、Samsung Pay、Huawei Pay及Mi Pay支付产品。

三、HCE与全手机移动支付模式对比分析

目前，银联云闪付已将全手机模式产品纳入体系，包括Apple Pay、Samsung Pay、Huawei Pay、Mi Pay等。

（一）市场规模

截至2016年底，"云闪付卡"累计发行超过2 200万张，"云闪付"交易笔数达1.9亿笔，全国支持"云闪付"终端数超过800万台，覆盖餐饮、购物、游乐等各个生活领域。从数据上看，当前国内移动支付市场上仍以全手机模式为主。根据中国银联的数据，"云闪付"笔均交易额135.74元，呈现显著的小额、便利化。

（二）机型范围

HCE支持带NFC的安卓4.4.2版本及以上手机，覆盖市面上主流手机机型。全手机模式支持带NFC和安全模块的手机机型，需手机厂商系统支持。

（三）支付体验

一是线下支付体验。HCE手机覆盖面广，各手机厂商对NFC及相关硬件没有统一标准，支付体验参差不齐。而全手机移动支付产品由于上线须由银行、中国银联及合作厂商开展联合检测，支付稳定性高，体验相对较好。二是线上支付体验。目前HCE线上有卡支付仅宁波银行等几家银行上线，Sumsang Pay尚未开放线上支付。而中国银联计划开发"云闪付APP"，各银行统一接入，形成HCE和安卓全手机移动支付产品的统一线上支付和管理入口。据了解，目前中国银联制定的策略为：线上支付时安卓全手机产品优先。

（四）安全机制

HCE采用软件模拟硬件安全模块的方式，使用Token技术，同时使用白盒加密、安全密钥等技术提升产品安全性。全手机模式则使用手机自带安全模块，使用Token技术，保证客户真实信息安全。

（五）申请入口

HCE使用手机银行APP，有利于导入客户流量，建立银行云闪付统一入口。全手机模式则支持手机厂商自带APP和银行APP双入口模式，通过自带APP申请开通云闪付的客户可同步至银行客户端。

（六）手机厂商支持

HCE以银行为主导，与手机厂商关联不紧密，研发及推广均依赖银行及中国银联自身。全手机模式则需协同手机厂商进行实施，银行、中国银联及手机厂商三方共同投入资源合作研发并推广该产品。

手机厂商在推广时，均推出"钱包APP"，一方面有利于移动支付产品推广和客户体验提升，但另一方面也对银行APP客观上存在分流影响。此外，现在市场上也出现了手机厂商主导的"产品选择"的案例，例如，华为手机对其产品进行系统优化，默认主动发起禁止"HCE"支付进程的操作，导致HCE支付失败；三星手机与支付宝开展合作，一键跳出"支付二维码"功能等。

表1　　　　　　　　HCE云闪付与全手机移动支付对比

	设备要求	覆盖机型	申请入口	支付流程
HCE云闪付	安卓4.4版本以上，带NFC功能	现有安卓系主流手机，覆盖机型较多	银行APP、银联云闪付APP	主要包括点亮屏幕和解锁两种，各行自定
全手机移动支付	带eSE安全模块，操作系统无要求	厂商新推机型，目前机型不多	手机自带APP、银行APP	支付流程较为统一，要求验证指纹

四、基础设施建设持续推进，受理环境不断完善

移动支付基础设施建设方面，中国人民银行与国家发展改革委发布《关于组织开展移动电子商务金融科技服务创新试点工作的通知》，在成都、合肥、贵阳、宁波和深圳等城市开展业务试点。目前相关工作正稳步推进，例如，中国人民银行成都分行建设了四川省金融IC卡暨移动金融基础服务平台，接入总行MTPS平台，并在四川省内接入20多家银行及四川省人社系统数据交换平台社银业务、公安交警公共服务平台等，打造了便民通、旅游通、出行通等手机应用生态圈；宁波市筹建了城市移动金融公共服务平台，实现了地方平台与MTPS的互联互通，且辖内商业银行在中国人民银行宁波市中心支行的指导下已开发基于金融安全芯片的移动金融应用，实现电影票、医疗、市民卡和电子现金等功能；贵阳市的部分商业银

行与中国移动电子商务公司合作推出符合金融IC卡标准和MTPS规范的移动金融SIM卡，可在手机上办理代缴水、电、煤气、有线电视、学费、社保、交通罚款等业务，以及转账、刷卡付款等金融业务。

非接受理终端布放和改造方面，2015年，中国银联发布《关于在银联终端认证中增加非接功能要求的通知》、《POS终端非接改造及流程优化指引》等规范文件，对POS非接改造提出了具体要求。中国银联统计数据显示，截至2016年底，其网络境内非接POS终端数量达到1 063.22万台。2016年8月，中国银联发布的《银联卡受理终端业务准入管理规则》指出，银联卡受理终端都应支持非接受理功能，终端程序需支持非接闪付，并对凸显非接读卡器外观形态、提升终端与卡片交互体验以及非接终端的应用场景等提出了更明确的要求。

第四节　趋势展望

一、移动支付业务规模将延续高速增长态势

随着移动互联技术的飞速发展，互联网支付业务持续向移动端迁移，业务应用场景的不断丰富，创新产品和服务的不断推出，客户对移动支付的使用度、信任度和接受度将持续提升，推动市场规模的迅速扩大。从2014年至2016年业务增速看，银行移动支付交易笔数的年增长率保持在80%以上，在受理终端智能化、业务应用场景化和移动身份验证数字化等多重因素的驱动下，非银行支付机构移动支付交易金额和笔数均达到数倍的增长规模。可以预见，移动支付行业将保持这一发展态势，在生活消费等便民支付领域发挥越来越重要的作用。

二、调整优化经营战略，加速推进向高附加值领域的融合渗透

市场主体将顺应移动互联的发展大趋势，结合自身业务特色和优势，优化业务经营战略，加强与不同行业领域特约商户的合作，积极拓展移动支付业务应用场景，不断推出新的业务模式和服务方式，优化和改善移动支付产品和服务功能，进一步满足客户多样化、个性化的支付需求。市场主体将在提供便民支付服务、满足客户日常生活消费领域支付需求的基础

上，着力向金融、医疗、教育等领域进行融合渗透，为客户提供更多高附加值的服务，丰富整个移动支付的大生态圈。

三、科技与支付应用融合，继续提升移动支付产品功能性、安全性和便捷性

市场主体将持续推动科技手段与移动支付应用的融合，加快业务模式和产品服务创新，不断拓展移动支付业务的应用空间，提升支付服务的便捷性和安全性。一是推动NFC支付、条码支付的综合应用，优化和推广O2O业务模式，积极拓展线下应用场景；二是市场主体继续探索和研究指纹识别、声波识别、人脸识别等生物识别技术，并尝试在客户身份识别和交易验证等方面审慎应用；三是可穿戴设备与移动支付深入结合，不仅能够充当移动支付的安全载体及支持近场支付，也能够通过云端技术等的支持实现在线支付。

四、自律规范和技术标准逐步完善，行业整体规范运营水平不断提升

在中国人民银行的指导下，中国支付清算协会持续推动移动支付相关自律规范和标准的研究制定工作，陆续发布了行业自律公约、风险防范指引等自律性文件。协会将密切和监管部门的沟通协调，持续加强对市场主体移动支付、条码支付、指纹支付、虹膜支付等业务创新发展情况的跟踪研究，积极推动形成被监管机构认可和市场主体广泛接受的行业自律规范及技术标准；并结合监管思路和市场发展的变化，不断修订、补充和完善自律规范与制度，引导会员单位规范经营、合理创新，有效防范业务风险，切实保障会员单位和广大客户的合法权益。

第七章 预付卡

我国的预付卡使用遍布各行各业，对广大消费者的日常生活消费产生了重大影响，成为广泛使用的商业支付工具。预付卡机构在非银行支付机构中数量最多，且大部分为区域性经营。预付卡线下消费为主的特性，有效平衡了支付行业线上线下总体格局，为刺激消费和拉动内需作出了贡献。2016年，非银行支付机构迎来第一个续展期，监管部门和行业自律组织也开展了每年一度的分类评级管理工作，对预付卡机构提出了更高的合规要求。与此同时，预付卡行业"营改增"政策落地，解决了行业发展中的关键难题，为行业创新增添动力，预付卡行业发展有望迎来新格局。

第一节 发展概况

2016年，预付卡机构经过五年的市场洗礼，迎来第一个续展期。经过续展后的整合，预付卡机构从2015年的163家减为160家。其中，商业预付卡类机构130家，比2015年减少2家；公交一卡通类预付卡机构24家，与上年持平；线上充值类预付卡机构6家，比2015年减少1家。全国预付卡机构平均每家发卡金额为5.13亿元，发卡金额在10亿元以上的有12家，5亿至10亿元的有8家；平均每家受理金额为3.34亿元，受理金额在10亿元以上的有22家，3亿至10亿元的有12家；截至2016年底，备付金余额规模在10亿元以上的有14家，其中2家为线上充值类预付卡机构，备付金余额规模在5亿至10亿元的有8家，其中3家为仅有预付卡发行与受理牌照的机构。在预付卡机构中，平均单笔发卡金额在500元以上的为77家，平均单笔受理金额在300元以上的为42家。以上数据表明，预付卡机构呈现出比较典型的"二八现象"。

表7-1　　2016年非银行支付机构预付卡业务续展变更情况

	许可证号	机构名称	变更情况
1	Z2000531000017	通联支付网络服务股份有限公司	1.合并通联商务服务有限公司支付业务 2.增加预付卡发行与受理业务（上海市、北京市、江苏省、广东省、山西省）
2	Z2000831000014	快钱支付清算信息有限公司	主动终止固定电话支付、预付卡受理（全国）业务
3	Z2002431000014	平安付电子支付有限公司	终止预付卡发行与受理（仅限于线上实名支付账户充值）业务
4	Z2002631000012	上海付费通信息服务有限公司	1.合并上海付费通企业服务有限公司支付业务 2.增加预付卡发行与受理业务（上海市）
5	Z2004431000010	上海点佰趣信息科技有限公司	1.合并温州之民信息服务有限公司支付业务 2.增加预付卡发行与受理（浙江省、山东省、福建省、广东省）业务
6	Z2005011000015	国付宝信息科技有限公司	1.合并海南海岛一卡通支付网络有限公司支付业务 2.增加预付卡发行与受理（海南省、陕西省、云南省、湖南省、北京市）业务
7	Z2008231000013	上海富友支付服务有限公司	1.合并上海富友金融网络技术有限公司支付业务 2.增加预付卡发行与受理业务（福建省、江苏省、上海市、浙江省）
8	Z2009231000011	上海通卡投资管理有限公司	续展未获批准
9	Z2016311000019	北京润京搜索投资有限公司	主动终止预付卡发行与受理业务，获批后注销牌照

表7-2展示了北京、上海和四川地区部分抽样数据，其中，北京地区3家，上海地区3家，四川地区2家。从数据可以看出，北京地区发卡规模与上年基本持平，上海地区和四川地区发卡规模增幅明显。而在受理规模方面，只有北京地区稍有下降，上海地区和四川地区的受理规模均有所增加。这说明消费者用卡活跃度依然很高，即在目前实体经济相对沉寂的大环境中，预付卡机构有效地刺激了实体消费，在拉动内需方面起到了积极

作用。从全国看,预付卡整体市场规模在未来有望继续保持平稳发展。

表7-2　　　　　部分地区预付卡业务抽样数据

地区	发卡金额			受理金额		
	2015年(亿元)	2016年(亿元)	增幅(%)	2015年(亿元)	2016年(亿元)	增幅(%)
北京(3家)	42.67	41.93	-1.73	54.50	52.53	-3.61
上海(3家)	100.16	125.02	24.82	101.20	131.25	26.69
四川(2家)	17.35	26.69	53.83	23.22	27.53	18.56

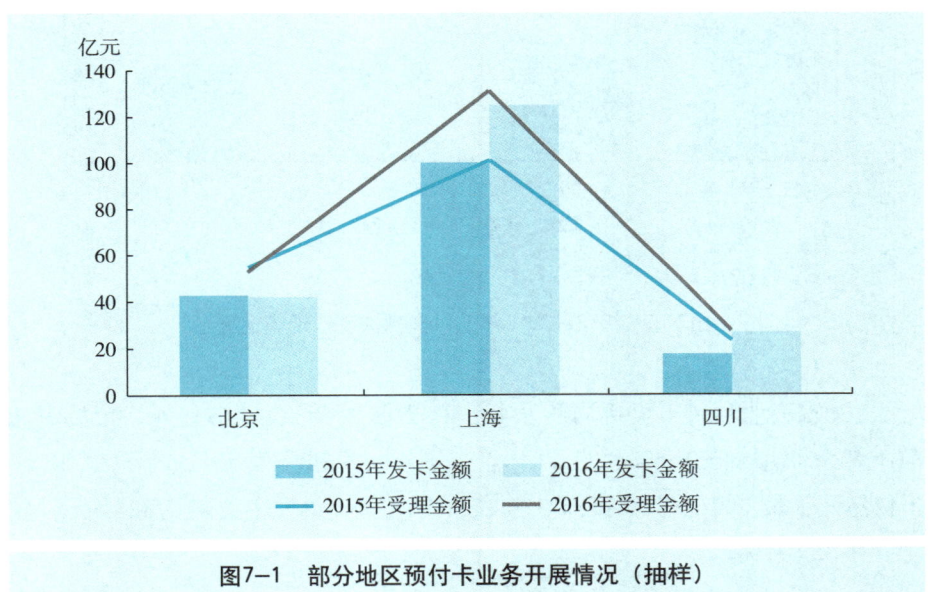

图7-1　部分地区预付卡业务开展情况(抽样)

一、预付卡发行规模[①]

2016年,预付卡发行业务量上升。160家预付卡发卡机构合计发卡2.21亿张,平均每家机构发卡138.13万张,较上年分别下降14.67%和13.07%;合计发卡金额820.23亿元,平均每家机构发卡金额5.13亿元,较上年分别

---

① 该部分数据来源:中国人民银行。

增长7.72%和9.85%。单笔平均发卡金额为371.15元，较上年增长26.25%。从以上数据看出，2016年预付卡机构发卡数量明显下降，发卡金额略有上升，单笔平均发卡金额明显上升。

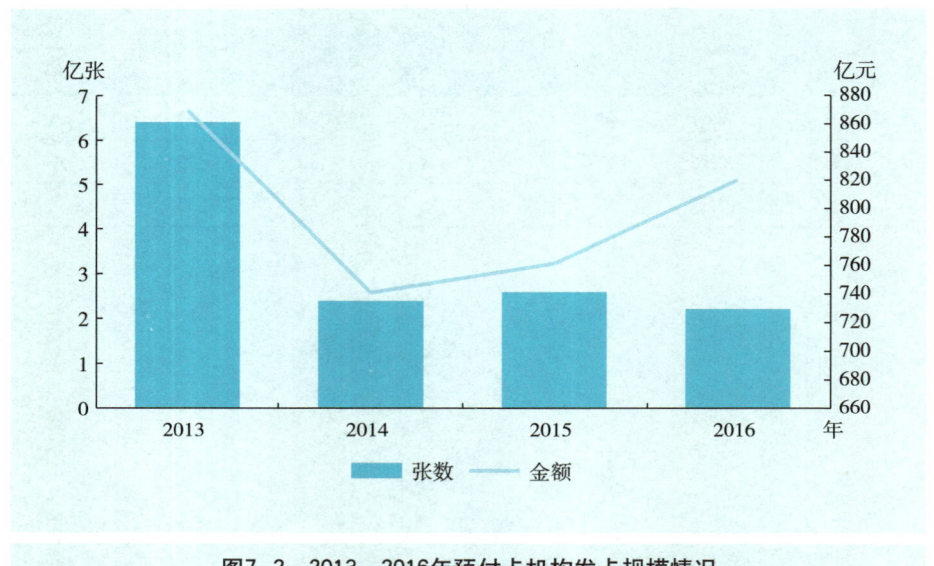

图7-2　2013—2016年预付卡机构发卡规模情况

130家商业预付卡类机构共发卡5 400万张，金额444.69亿元，市场占比较上年分别增加5.9个和1.1个百分点；平均每家机构发卡41.54万张，金额3.42亿元，较上年分别增长14.25%和11.76%。单笔发卡金额为823.5元，较上年下降2.21%。

24家公交一卡通类机构共发卡3 200万张，金额305.71亿元，市场占比较上年分别增加2.9个和2.1个百分点；平均每家机构发卡133.33万张，金额12.74亿元，较上年分别增长6.66%和14.06%。单笔发卡金额955.34元，较上年增长6.91%。

6家线上充值类机构共发卡13 500万张，金额69.83亿元，市场占比较上年分别下降8.8个和3.2个百分点；平均每家机构发卡2 250万张，金额11.64亿元，较上年分别下降12.98%和8.56%。单笔发卡金额51.73元，较上年上升5.06%。

表7-3　　2016年国内前15大预付卡发卡机构排名（按发卡金额）

排名	机构名称
1	安付宝商务有限公司
2	杉德支付网络服务发展有限公司
3	山东鲁商一卡通支付有限公司
4	上海大千商务服务有限公司
5	汇元银通（北京）在线支付技术有限公司
6	资和信电子支付有限公司
7	北京中欣银宝通商业服务有限公司
8	成都天府通金融服务股份有限公司
9	裕福支付有限公司
10	得仕股份有限公司
11	江苏瑞祥商务有限公司
12	四川商通实业有限公司
13	江西缴费通信息技术有限公司
14	河北北人冀通支付服务有限公司
15	上海金诚通电子支付服务有限公司

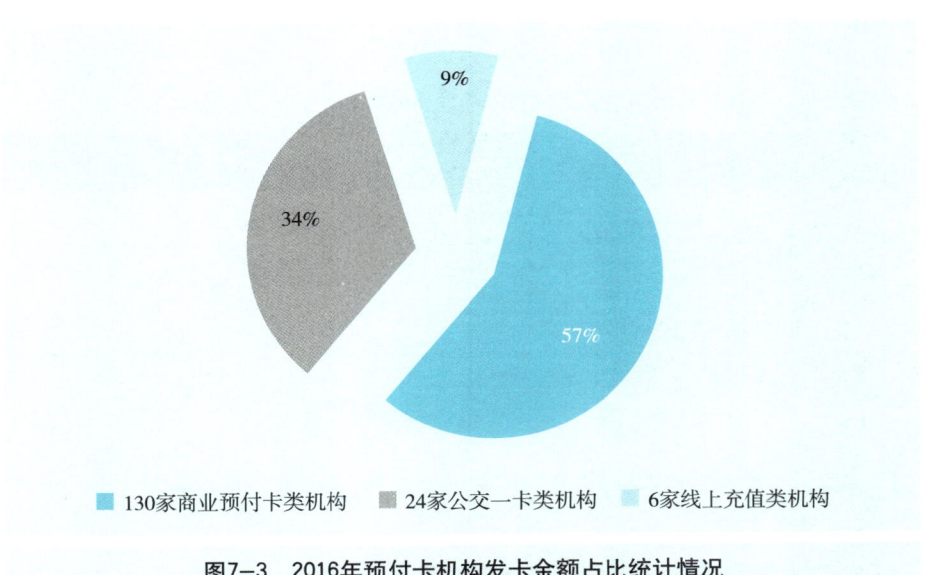

图7-3　2016年预付卡机构发卡金额占比统计情况

二、预付卡受理规模[1]

2016年,中国支付清算协会行业运行信息统计分析系统共采集124家预付卡机构业务数据,包括98家商业预付卡类机构,17家公交一卡通类机构,4家仅限于线上实名支付账户充值类机构,5家[2]为仅获准预付卡受理业务许可机构。

124家预付卡机构共发生预付卡受理业务117.70亿笔,受理金额737.61亿元,笔均交易金额6.27元,较上年下降0.83元,降幅为11.69%。98家商业预付卡类机构共受理预付卡交易22 219.21万笔,金额327.06亿元;平均每家机构受理预付卡交易226.73万笔,受理金额3.34亿元;笔均受理金额147.20元。17家公交一卡通类机构共受理预付卡交易114.30亿笔,金额290.94亿元;平均每家机构受理预付卡交易67 200万笔,受理金额17.11亿元;笔均受理金额2.55元。4家线上仅限于线上实名支付账户充值类机构共受理预付卡交易4 220.27万笔,金额24.95亿元;平均每家机构受理预付卡交易1 055.07万笔,金额6.24亿元;笔均受理金额59.12元。5家仅获准预付卡受理业务许可的预付卡机构共受理预付卡交易7 652.52万笔,金额94.66亿元;平均每家机构受理预付卡交易1 530.5万笔,金额18.93亿元;笔均受理金额123.7元。

表7-4 2016年国内前15大预付卡受理机构排名(按受理金额)

排名	机构名称
1	北京市政交通一卡通有限公司
2	安付宝商务有限公司
3	银联商务有限公司
4	杉德支付网络服务发展有限公司

---

[1] 数据来源:中国支付清算协会。
[2] 其中拉卡拉未开展预付卡相关业务,快钱终止其预付卡受理业务,所以其受理业务数据未纳入统计。

续表

排名	机构名称
5	山东鲁商一卡通支付有限公司
6	重庆城市通卡有限责任公司
7	北京银联商务有限公司
8	资和信电子支付有限公司
9	上海大千商务服务有限公司
10	武汉城市一卡通有限公司
11	汇元银通（北京）在线支付技术有限公司
12	上海便利通电子商务有限公司
13	杭州市民卡有限公司
14	北京中欣银宝通商业服务有限公司
15	成都天府通金融服务股份有限公司

三、特约商户、网点及受理终端规模[①]

2016年，预付卡使用领域、范围持续拓展，商户数量和受理终端数量稳步增长。截至2016年底，124家机构累计发展特约商户211 966家，特约商户网点总计441 252个，布放预付卡受理终端共1 043 762台，平均每家机构发展特约商户1 709.40家，特约商户网点3 558.48个，受理终端8 417.44台，平均每家网点布放的终端数为2.37台，和上年相比下降了2.5%。考虑到统计数量的增加，总体来看发展较为平稳。

[①] 数据来源：中国支付清算协会。

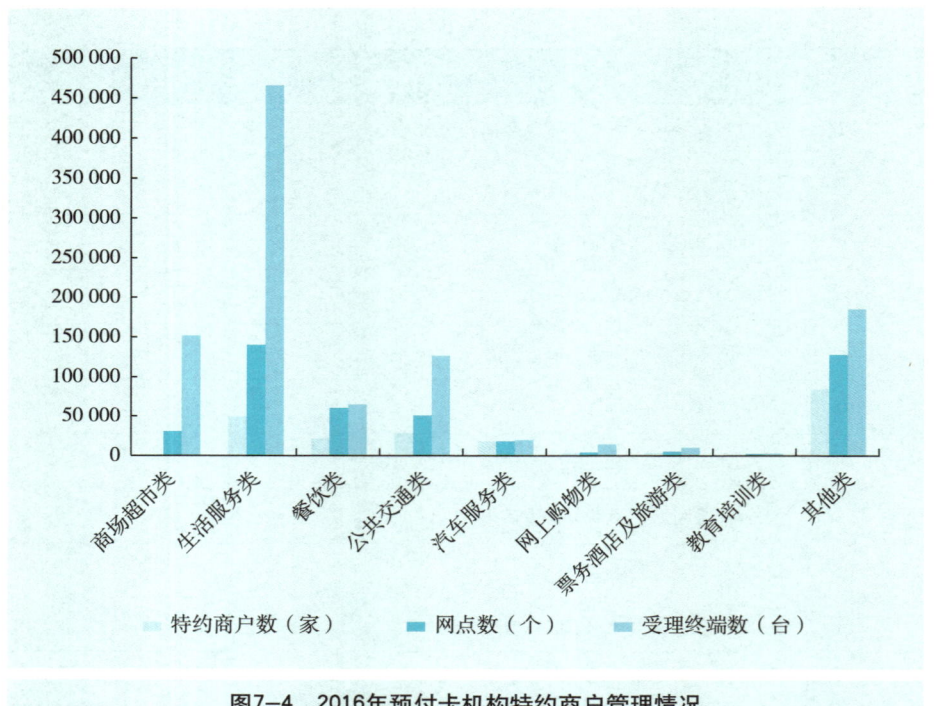

图7-4　2016年预付卡机构特约商户管理情况

特约商户数量方面，商场超市类731家，生活服务类49 831家，餐饮类21 425家，公共交通类28 150家，汽车服务类18 561家，网上购物类4 046家，票务酒店及旅游类4 093家，教育培训类585家，其他类84 544家。

特约商户网点数量方面，商场超市类31 019个，生活服务类140 603个，餐饮类60 588个，公共交通类50 908个，汽车服务类18 561个，网上购物类4 663个，票务酒店及旅游类5 609个，教育培训类1 359个，其他类127 942个。

受理终端数量方面，生活服务类占比近半，但占比较上年略有下降（见图7-5）；同上年相比，除餐饮类和票务酒店及旅游类商户受理终端占比上升外，其余类型占比均下降，其中餐饮类商户布放受理终端数增加最为明显，其他类商户布放受理终端数下降最为明显（见表7-5）。

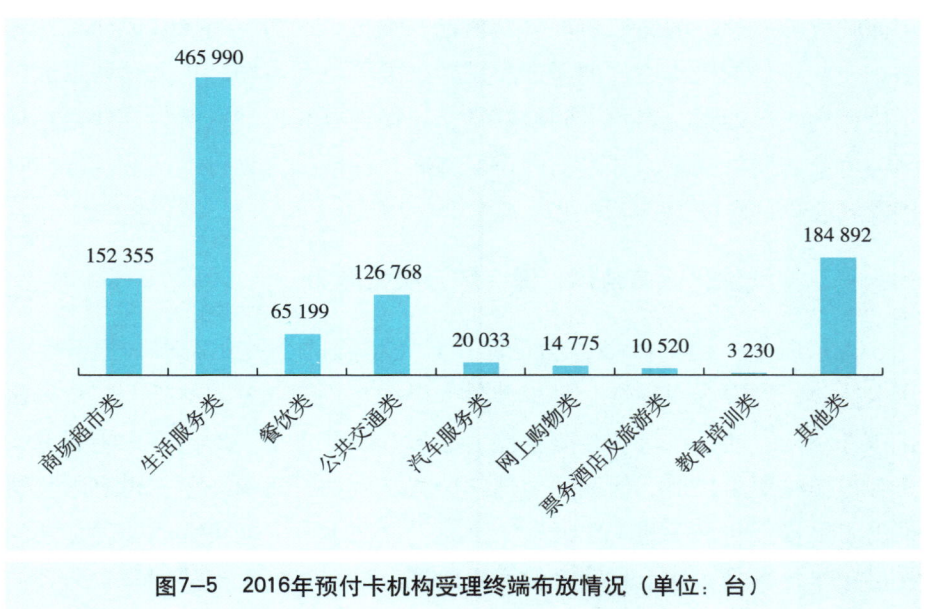

图7-5 2016年预付卡机构受理终端布放情况（单位：台）

表7-5　2016年受理终端商户类别占比及与2015年对比情况

商户类型	受理终端占比（%）	同比2015年（百分点）
商场超市类	14.60	（3.64）
生活服务类	44.65	（2.65）
餐饮类	6.25	12.41
公共交通类	12.15	（2.89）
汽车服务类	1.92	（0.18）
网上购物类	1.42	（1.14）
票务酒店及旅游类	1.01	0.23
教育培训类	0.31	（0.07）
其他类	17.71	（9.71）

第二节　运行特点

受竞争日益白热化、预付卡产品严重同质化等因素影响，预付卡行业正面临成长瓶颈。为适应新形势新情况，预付卡机构不断探索成功转型之路。一些预付卡机构通过创新产品设计、细分目标市场、扩大销售渠道等举措，进一步加强与客户之间的联系，挖掘现有客户消费潜力，并通过加强与电商之间的联系，开发新的市场空间，深度结合预付卡产业优势与时代发展形势，取得了一定的业绩。

一、持续优化业务结构，提升综合服务能力

为拓展个人用卡市场，满足客户日益增强的个性化需求，提升客户用卡体验，增强客户黏性，不少预付卡机构在原有业务的基础上，持续优化业务结构，通过改进综合服务能力、提升服务水平来增进客户满意度，为客户提供更为快捷、便利的个性化服务。例如，海南新生支付有限公司推出了纵横钱包和手机APP服务，帮助客户在手机上轻松完成各种复杂的支付操作，享受多达上百家合作商户的网上消费，同时支持用户实名登记和线上充值，不断扩大预付卡的应用场景，提高其品牌辨识度；上海付费通信息服务有限公司借助手机移动端实现便捷支付，开发了"码上付"项目，通过手机APP在线下商户实现手机扫码支付。

二、紧贴市场需求，创新特色化产品和服务

伴随着宏观经济整体环境变化，企业福利和礼品等传统预付卡领域发展空间进一步收窄，同质化竞争和价格战拉低了行业整体利润水平。外部环境压力及行业内在发展需求推动预付卡机构在实践中结合自身资源优势和特征，打造特色产品和服务，以全方位的服务模式，精心培育差异化品牌竞争优势，为行业突破同质化竞争困局起到了积极作用。例如，云南本元支付管理有限公司致力于打造集收银、营销、会员管理于一体的市民卡综合服务，搭建起公共交通、公共事业缴费、小额支付等领域的"市民一卡通"综合管理应用平台，为百姓提供更为快捷、便利的服务；海南新生通过与大润发超市的收银系统在系统层的对接整合，极大降低了铺设终端设备的成本，快捷完成了新生易卡的接入。

此外，预付卡机构紧随互联网发展趋势加快推进O2O，为线下特约商户提供创新产品。例如，厦门e通卡依托微信公众号和e通卡APP，支持线上

购卡、充值等，既可在线购买"丢卡险"，还可以地图定位充值点、消费点，查询卡片余额与消费记录等，为持卡人提供更加便捷的掌上服务。

三、深耕支付生态圈，丰富服务领域和内容

一些预付卡机构开始尝试在合规的前提下突破传统支付领域，丰富产品和服务。例如，开联通利用全国牌照的资源优势，与知名景区合作探索打造全国景区一卡通，基于各景区消费场景，整合交通属性、消费属性以及会员属性，为游客提供"购票+出行+购物"的一体化便捷支付服务，不仅为景区构建智能便捷的支付解决方案，还能通过资源共享实现各景区之间互助互推，达到游客、景区和发卡机构的多方共赢；厦门e通卡则致力于打造真正的消费者"一卡通"，目前其使用范围囊括了厦门市公共交通（公交、出租车、渡轮、公共自行车、停车）、食堂、农贸市场、早餐车、便利商超、邮政报刊亭、自助售货机、旅游景点等，还开通了中石油加油站、麦当劳、豪客来、巴黎春天百货、红星美凯龙、东百百货、新华书店等消费网点，满足持卡人日常生活支付。

四、预付卡行业整体监管思路明朗

2016年是非银行支付机构相关政策不断完善的一年。4月，中国人民银行开始对包括预付卡机构在内的非银行支付机构开展一年一度的分类评级管理，从预付卡机构内部管理和内部控制来促进其合规经营。8月，预付卡"营改增"政策落地，解决了预付卡机构期待已久的发票开具问题。2017年1月，中国人民银行出台备付金集中存管制度，进一步防范和管理非银行支付机构违规挪用备付金的风险。整体来看，经过近几年政策调整，预付卡行业的整体监管体系已相对成熟完善，监管思路较为清晰，为行业的健康发展提供了政策支撑。

专栏7-1
预付卡行业营改增政策及其影响分析

2016年5月1日起，全国范围内所有缴纳营业税的企业全面实施营业税改征增值税（营改增）。8月18日，国家税务总局发布《关于营改增试点若干征管问题的公告》（国家税务总局公告2016年第53号），其中第四条对多用途预付卡业务的营改增如何执行作出了如下具体规定。

（一）支付机构销售多用途卡取得的等值人民币资金，或者接受多用途卡持卡人充值取得的充值资金，不缴纳增值税。支付机构可按照本公告第九条的规定，向购卡人、充值人开具增值税普通发票，不得开具增值税专用发票。

支付机构，是指取得中国人民银行核发的支付业务许可证，获准办理"预付卡发行与受理"业务的发卡机构和获准办理"预付卡受理"业务的受理机构。

多用途卡，是指发卡机构以特定载体和形式发行的，可在发卡机构之外购买货物或服务的预付价值。

（二）支付机构因发行或者受理多用途卡并办理相关资金收付结算业务取得的手续费、结算费、服务费、管理费等收入，应按照现行规定缴纳增值税。

（三）持卡人使用多用途卡，向与支付机构签署合作协议的特约商户购买货物或服务，特约商户应按照现行规定缴纳增值税，且不得向持卡人开具增值税发票。

（四）特约商户收到支付机构结算的销售款时，应向支付机构开具增值税普通发票，并在备注栏注明"收到预付卡结算款"，不得开具增值税专用发票。

支付机构从特约商户取得的增值税普通发票，作为其销售多用途卡或接受多用途卡充值取得预收资金不缴纳增值税的凭证，留存备查。

第九条相关内容：《商品和服务税收分类与编码（试行）》中的分类编码增加"未发生销售行为的不征税项目"，用于纳税人收取款项但未发生销售货物、应税劳务、服务、无形资产或不动产的情形。"未发生销售行为的不征税项目"下设601"预付卡销售和充值"、602"销售自行开发的房地产项目预收款"、603"已申报缴纳营业税未开票补开票"。使用"未发生销售行为的不征税项目"编码，发票税率栏应填写"不征税"，不得开具增值税专用发票。

根据53号公告的规定，预付卡机构在售卡或充值时取得的预收资金均不缴纳增值税，同时开具增值税普通发票。对于售卡方或支付机构办理相关资金收付结算业务取得的手续费、结算费、服务费、管理费等收入，应按照现行规定缴纳增值税。

此前，预付卡机构在售卡环节需要预缴增值税，但很多问题随之产生，诸如确定税率难，重复开票以及纳税人前期税负较重等。尤其是营改增后以服务业为主的纳税人，如果其基本税率为6%，很少有销售货物业务，在销售预付卡环节即计征17%的最高税率，税负太重，也很难操作。53号公告增加了该分类编码，发票税率栏应填写"不征税"，在销售预付卡环节开具发票，但不需计征增值税，从根本上解决了销售预付款环节增值税纳税义务时间与开票的矛盾。

营改增之前，持卡人购买预付卡，仅能从售卡方或支付机构取得普通发票，无法取得专用发票。且持卡消费后，销售方或特约商户也不得向持卡人开具增值税发票。这就意味着持卡人的购卡金额无法抵扣进项税，可能影响消费者应有的权利。

根据《非金融机构支付服务管理办法》（中国人民银行令[2010]第2号）第二十三条的规定，支付机构接受客户备付金时，只能按收取的支付服务费向客户开具发票，不得按接受的客户备付金金额开具发票。这一点，存在法条之间的冲突。

预付卡由于其较为特殊的业务模式，在进行增值税处理和开具发票上一直存在诸多争议。营改增政策的实施对预付卡行业的进一步规范作用已然显现。

专栏7-2
资和信苹果APP Store充值卡及其特点

一、APP Store充值卡

美国苹果公司旗下的软件服务是全球最大规模的面向个人消费者的软件服务，2017年第一个财政季度营业收入完成近72亿美元。虽然APP Store充值卡问世仅12年，但已成为全球范围内影响最大、销量最多的预付卡产品之一。很多国家的预付卡市场，特别是针对个人消费的预付卡市场，都是在iTunes充值卡发行之后，迎来了快速发展。

APP Store在155个国家推出，主要销售市场包括美国、中国、日本和英国，中国市场的同期增长率高达90%，发展十分迅速。而iTunes充值类支付服务在2016年前还未在中国开展。

2016年，资和信电子支付有限公司与苹果公司达成合作，由资和信发行APP Store充值卡，作为APP Store官方充值卡产品，为中国用户提供面向个人的小额、便民、安全的APP Store多媒体数字购买服务。

二、APP Store充值卡的产品特点

1. 小额便捷

资和信电子支付有限公司目前面向市场推出的APP Store充值卡，包括实体卡和电子码。可以用来购买APP、游戏和订阅音乐。

2. 安全使用

APP Store充值卡与常见的支付工具不同，用户使用APP Store充值卡时，无须绑定或关联用户自身银行卡或银行账户，为用户提供了高效安全的支付选择。

3. 形式灵活

APP Store充值卡产品，电子卡和实体卡同时面市，配以多种灵活面值，成为了很多市场促销和积分兑换活动的选择。

第三节　行业发展面临的主要问题

预付卡机构对推动支付服务创新、改进和提升支付服务水平发挥了积极作用。随着市场竞争加剧和新兴支付工具的推出，传统预付卡产品模式的利润空间逐渐收窄，预付卡业务生态创新需求更加迫切，市场格局面临加速整合。

一、合规及风控水平不一，个别机构被依法处罚

目前全国获牌预付卡机构160家，发展情况各异，规模不均。经过近几年的监管引导和规范，大多数预付卡机构的合规水平有所提升，但是仍有部分机构无视监管制度约束，通过各种手段擅自挪用客户备付金，产生了严重影响，被监管部门依法处罚。2016年，预付卡机构进入了支付业务许可证的续展期。针对预付卡行业较为混乱的市场局面，监管部门对牌照进一步收紧，对预付卡机构是否继续具备支付业务经营资质、所从事支付业务是否具备可持续发展能力等进行审查，审慎作出续展决定，推进市场清理整顿，净化行业发展环境。截至2016年底，中国人民银行先后公布了三批续展结果，总计有1家主动申请注销、1家未予续展、10家被合并。伴随着一系列监管政策及自律机制相应出台，监管力度持续加大，由于各种违规行为而受到行政处罚的事件也在增加。

二、传统产品盈利空间收窄，机构可持续经营能力有待考量

预付卡行业受宏观经济周期和金融监管政策的影响较大，传统预付卡产品的盈利空间已连续几年处于收缩态势。

由于经济增速放缓以及成本的上升，传统零售业持续低迷。作为消费支付工具，预付卡行业除了在企业福利和礼品等传统领域需求萎缩，同时还面临着互联网支付、移动支付等创新支付方式的冲击，再加上行业内部同质化竞争严重、价格战不断、监管政策的调整等因素，预付卡机构的可持续经营能力面临极大的考验。

预付卡行业仍然处于深度调整的转型期，预付卡机构应当积极适应新环境，寻求新的盈利模式，丰富支付场景，拓宽对商户、消费者两端的

增值服务，通过优化产品结构、创新业务品种、提升产品可识别度，满足客户多样化、个性化需求，这样才可能安全、平稳、快速地走出发展的瓶颈。

三、新兴支付工具形成替代性，预付卡产品亟须优化升级

依托于移动互联网与智能产品的快速革新，移动支付发展迅速，新兴支付方式在线下实体商户发展迅猛。支付宝、财付通、百度钱包等互联网支付公司开始立足移动终端，并向传统线下消费领域快速渗透，给实体预付卡行业带来了巨大的冲击和挑战。因此，预付卡机构应积极拓宽预付卡支付及应用场景，为传统预付卡机构的发展创造契机。同时，预付卡机构在前期已经积累了数量可观的特约商户和持卡人，应结合自身优势，一方面深入挖掘现有渠道潜力，提升产品服务附加值，进一步增强客户黏性，另一方面通过线上合作整合资源，拓展支付账户的应用，以满足消费者便捷化支付需求。

四、不同监管主体政策上的差异，影响预付卡行业健康发展

近年来智慧城市发展迅猛，"一卡多用、一卡通用"成为趋势。部分省市的公交卡、社保卡、市民卡、旅游卡等"一卡通"业务出现跨界经营态势。一卡通不仅在公共事业领域内开展跨地域、跨行业的互联互通，且应用范围已经拓展到商超、便利店等商业消费领域。一卡通业务的主导部门较多，涉及交通运输部、住房和城乡建设部、人力资源和社会保障部以及地方政府。有些省市的一卡通业务往往由某个监管机构或当地政府主导推动，而相关企业并未获得多用途预付卡业务资质，或者虽有资质但是经营地仅限于一定区域内，与实际经营内容和经营地域不匹配。

不同监管主体的政策差异，使部分预付卡企业面临合规风险，制约了业务发展，亟须相关部门加强协调，尽早解决这一难题。

第四节 发展建议

在新的时代背景和技术条件下，推动预付卡行业转型升级，需要监管

部门、行业自律组织以及机构共同统筹，寻求发展。一方面，支付机构自身要合法经营、合规创新、合理发展，培养内生动力。另一方面，监管部门和自律组织应建立严格的风险监管机制，全面规范预付卡的发行、受理和使用，明确各方权利、义务和责任，维护预付卡市场秩序，提高风险防范水平，不断优化市场环境。

一、强化分类监管，通过促合规提升行业风控能力

2016年，中国人民银行发布《非银行支付机构分类评级管理办法》，确立了对支付机构实施分类监管的思路。以增强预付卡机构合规意识，倒逼业务不规范及经营不善的预付卡机构退出市场。此外，以非银行支付机构风险整治为重点，提出要以保障客户备付金安全为基本目标，建立非银行支付机构客户备付金集中存管制度，从根本上防范客户备付金挪用风险。这些措施，对防范和控制预付卡行业风险，从制度上起到了重要的保障作用。

在此基础上，监管部门必然会继续严格市场准入，按照总量控制、结构优化、提高质量、有序发展的原则，做好对已获牌机构的监管引导和整改规范。同时，应严格各项政策的具体操作实施，确保科学、合理落地。一是强化市场机构的合规经营。在全面分析支付机构的经营管理、业务发展、基础设施、反洗钱管理等情况的基础上，按照分类监管原则，以合规和风控为导向，加强行政监管及行业自律管理力度，督促预付卡机构严格落实客户备付金等管理要求，切实提升管理水平，确保不出现大的风险。二是加大违规处罚力度。对于业务许可存续期间未实质开展过支付业务、长期连续停止开展支付业务、客户备付金管理存在较大风险隐患的机构，应不予续展，做好相关机构市场退出工作。

二、推动行业创新，促进预付卡业务多样化发展

应通过政府支持、行业引导等多层面、多角度，进一步推动和增强预付卡产业的创新力度。在产品应用上，进一步改变传统预付卡在大型超市、商场等使用范围的局限，更多地应用于零售店、理发店、小餐馆、家政服务、旅游等多个领域，充分发挥预付卡小额、便民的特点。在预付卡

产品设计上，继续推动线上线下的融合使用，由线下使用逐步向线上使用延伸，与商家合作采取灵活多样的优惠措施，发挥预付卡规模化的"团购"性质功能，促进预付卡由一次性使用向循环充值使用过渡。在发行渠道上，发挥其他商业机构网点优势，研究探索多渠道代理发行预付卡的途径和可行性，有效增强消费者获得预付卡的可得性。加强和各类专业化第三方机构的合作，提升预付卡产品的专业化分工运营，更好地整合资源、节约成本、满足灵活多样的市场发展需要。

三、促进机构整合与并购重组，为行业发展注入新活力

随着监管日益趋严，在激烈的市场竞争压力下，预付卡机构两极分化越来越明显，预付卡行业机构内部整合及向外寻求融资将成为常态。同时，支付牌照的稀缺性使众多产业资本采用并购的方式进入预付卡支付领域，以形成业务生态闭环。无论哪种整合方式，都有助于盘活双方资源，形成"1+1＞2"的效果，推动预付卡行业健康快速发展。

为此，监管部门和行业自律组织应在尊重市场化的前提下，有效发挥好政策引导作用，在避免盲目扩张的前提下，对于确有资本实力、资源优势、技术能力、合规意识和发展前景的机构，鼓励和支持其通过兼并重组等方式实现优质资源整合，加快发展。对于生存有困难及存在较大风险的机构，应提供合适的市场退出方式，促进预付卡行业的平稳运行。

四、加强不同监管主体间的政策协调，提供良好的行业发展环境

一卡通作为预付卡领域的重要方面，在方便百姓日常出行和消费方面起到了不可替代的作用。但对于没有获得预付卡牌照的一卡通公司而言，其便民利民的必要性和合规风险之间的矛盾不断增加。为此，相关部委及地方政府部门与中国人民银行之间应加强沟通协调，明确各自的管理职责和范围，创新管理思路和模式，既要有效控制预付卡牌照的数量，又要按照行政推动和市场化相结合的原则，探讨通过跨区域、跨部门的有效整合，实现一卡通的集约化运营，科学合理解决一卡通公司面临的政策性和合规性问题。与此同时，相关政府部门间应加强政策协调，推动一卡通机构间的合作，使不同地域、不同类型的一卡通之间实现互联互通，切实发

挥一卡通便民利民的积极作用。

第五节 趋势展望

从2011年预付卡机构获得支付业务许可证到2016年第一次续展，预付卡行业已经历了五年的发展，出现了许多新的转变，例如，中心客户渐渐从B端（企业）延伸到C端（个人），卡基介质从磁条或芯片到支付账户，支付场景从线下拓展到线上线下融合，等等。未来，预付卡产业将进一步围绕便民支付转型升级，扩大应用场景，逐步走向健康、规范和成熟。

一、生活服务领域依然是核心竞争所在

虽然购买预付卡的主流客户逐渐从企业延伸到个人，但预付卡最终端消费的支付场景没有改变，依然是较为传统、消费者认可度高的生活服务领域。传统零售业多年积累的历史资源，即特约商户与持卡人的双重优势一直是预付卡商业价值所在。同时，持卡人的个性化要求更适合并值得区域性的预付卡机构深耕细作。

未来，预付卡机构不能囿于单纯以传统零售业佣金为生存模式，而应当紧跟科技和支付潮流，基于支付数据加强研究分析，为商户提供增值管理或服务；深耕消费者的需求链，设计特色产品，提升用户黏性，提高自身品牌辨识度和竞争力。例如，依托行业链或商圈，以一个或几个相互配套的行业形成规模性的行业卡，或者以一定范围内的商业圈融合多行业商户打造集"吃、住、行、游、购、娱"于一体的商圈卡。

二、线下与线上融合共赢将为预付卡发展提供创新空间

新型支付渠道、支付方式、支付场景不断涌现，众多实体商户正借力互联网推动O2O模式，持卡人对线上受理预付卡的需求也与日俱增。零售企业正在以预付卡为工具延伸服务链条，通过预付卡的无卡化，实现移动端、PC端和线下店铺的全面互动和补充。

预付卡机构可积极拓展特约商户网上商圈，丰富产品类型，并通过分析产品和服务的可追踪、可衡量、可预测性，为持卡人量身定制适合的

商圈并做好信息推送,以提升持卡人的消费频率,丰富特约商户会员服务体系内涵,同时提高持卡人的用卡满意度,有效巩固商圈和客户两方面黏性。另外,预付卡机构还可以根据自身发卡业务特点和具体支付场景尝试无卡化,针对不同层次的安全需要,采用相应的工具介质,将线上与线下融合、支付与社交融合。

三、预付卡行业经过治理规范后将逐渐步入新的成长期

2012年以来,随着对预付卡监管政策的日益完善,同时受宏观经济增速整体下行、中央"八项规定"、预付卡机构市场经营战略不完善、同业竞争加剧等因素影响,预付卡行业长期依赖的传统福利市场大幅缩水,对预付卡机构造成了很大影响。在此背景下,不少预付卡机构积极寻求业务转型,不断创新预付卡产品,细分新的目标市场,努力走出发展瓶颈。随着市场环境变化和备付金管理等行业监管的不断升级,预付卡行业在经历过"阵痛"后,合规性得到不断增强。未来,预付卡行业必将顺应市场新的需求,找到合适的增长点,业务将进一步企稳,创新步伐进一步加快,行业呈现多元化发展态势,步入新的成长期。

专栏7-3
美国预付卡产业发展模式[①]

作为现代预付卡的发源地,美国具有全球最大的商业预付卡市场,且产业链较为完善。预付卡作为一种非现金小额支付手段,广泛包括了各种无独立对应账户的预付卡,即使有银行账户,一般也是公共账户,而非私人账户。目前,从使用领域来看,除了各种单用途卡

---

① 该专栏由资和信电子支付有限公司供稿。

之外，还包括礼品卡、雇员激励卡、灾难救助卡、薪水卡等，可见，美国的预付卡与社会生活联系紧密，早已不限于购物支付的需求了。

（一）美国预付卡产业链特征

在美国的商场和零售店都有预付卡出售。这些预付卡有商场自身发行的，也有联合其他机构发行的。在美国，还有众多为预付卡提供服务的机构，如预付卡卡片制造者、数据处理和清算机构、收单机构以及预付卡数据调查机构等。这样，美国形成了预付卡卡片制作、卡片发行、收单、清算等系列的预付卡产业链。

在发卡环节，有专业第三方提供发卡服务。在预付卡销售环节，专业第三方根据市场调查的结果提供桥梁服务，架起消费者和预付卡之间的沟通渠道。在消费和清算环节，有专业科技机构提供收单和清算服务。这样，在专业第三方的帮助下，美国的预付卡系统能够顺利运作，促使预付卡产业快速发展。

美国预付卡通过多种费用的组合来获得收入。如新卡激活费、卡持有费、现金充值费和转接费用。卡持有费是持卡费用，卡充值费是使用重复充值网络为卡重新充值的费用，转接费是在POS机上使用时，对商户要征收的费用。预付卡获得的收入由发卡者、数据处理者、网络和项目管理者分享，后者享有最多的收入份额，商户在销售卡和卡重充值时获得利润。

预付卡发行人的收益主要来自两个渠道：交换费用和持卡费用。此外，还有少量来自预付卡网络发放的奖励和为政府提供预付卡服务获取的费用。2014年，发行人共收取了3.1亿美元的交换费用和1.58亿美元的持卡费用、1 600万美元的预付卡网络奖励以及600万美元的政府服务费。相比2013年，2014年的交换费用和持卡费用都减少了1 700万美元，分别减少了5%和10%。这些收益的减少可能部分是由于州和地方政府预付卡支出项目经费的减少。

从2010年美联储开始收集预付卡数据以来，预付卡购买交易的交换费即保持相对稳定。相比2013年，2014年的所有项目中，购买交易的平均交换费下降了2美分，平均购买交易价值下降了78美分，交换费占购买交易价值的平均比例保持1.2%不变。2014年联邦项目的交换费占购买交易价值的平均比例是1.1%，相比于州和地方政府项目2014年的1.2%和2013年的1.3%

略低。使用政府预付卡完成交易基本上可以免除美联储"Regulation II（Debit Card Interchange Fees and Routing）"中规定的交换费上限。

发行人数据显示，持卡费收入作为预付卡项目经费支出的一部分在2013年到2014年间保持0.23%不变。除了就持卡费率进行谈判，政府还会限制发行人管理的持卡费用的数量和种类。政府部门要求发行人为持卡人提供ATM或柜台现金取款的确切费用，禁止发行人收取持卡人特定的费用种类，如月维护费。但是，发行人会比政府部门为持卡人提供更为有利的条件，如ATM和柜台取款的网络不受限等。

（二）美国预付卡产业链分工

美国预付卡产业链分工专业化程度非常高。

一是分销商和再充值网络供应商。以西联汇款公司、沃尔玛等公司为代表。西联公司提供Money Wise和一般用途预付卡、礼物卡、问候卡和GoCash预付资金转换卡。2009年西联公司在78个国家有1 300万张活跃金卡。沃尔玛MoneyCard由绿点公司（GDOT）管理的Visa预付卡，可在沃尔玛通过POS机充值。沃尔玛对2010年度煤气购买实行1%返现，来推动其预付卡。

二是支付清算网络。以Visa、MasterCard公司为代表。Visa每年大概处理140亿美元的预付卡交易。它提供了完整的解决方案，包括卡管理、资金选择、授权、诈骗管理和持卡人服务。Visa的预付卡收入年增长率曾经连续6年高达70%~80%。Master发起了最大的工资单项目——沃尔玛的工资单，并成功推行100万张美国财政部特快社保项目预付卡，50万张意大利邮政预付卡。

三是项目者。项目者是指专门发行预付卡并提供管理服务的机构。以绿点公司（GDOT）和NetSpend为代表。绿点公司在97%的沃尔玛商店（3 600家）提供MoneyCard项目。NetSpend公司是一般用途预付卡的主要供应商之一，其定位产品为银行账户的替代品。

四是数据处理者。他们通过机构内部发展或收购来改组其数据处理能力，以加强其预付卡能力。以TSYS（Total System Services）、第一数据公司（First Data Corporation）为代表。TSYS公司为绿点公司提供数据处理功能。2004年，TSYS公司收购了Clarity公司，将其预付卡产品与自身的预付卡产品结合，提供影响深远的预付卡平台。第一数据公司为金融机构提供可立即投入使用的方案，包括综合管理和持卡人支持。

第八章　互联网金融

2016年是互联网金融规范发展的关键一年，互联网金融风险专项整治工作贯穿全年，从中央到地方监管层对行业违法违规行为的清查整顿力度空前。随着行业监管的不断加码，以及网贷监管细则等政策规范的陆续落地，行业加速调整、整合与优胜劣汰，不同业态呈现分化发展。与此同时，互联网金融市场投融资持续活跃，市场主体在合规与创新中积极寻找新的平衡点，探索新的涉足领域，推动行业继续蓬勃发展，向规范有序的可持续发展方向迈进。

第一节　互联网金融发展概况及发展环境

一、互联网金融整体保持规模增长，不同业态呈现分化发展

2016年，在政策保障、技术升级和市场需求的共同作用下，互联网金融行业整体保持增长态势，各业态在合规压力和创新驱动下，呈现出一定程度的分化。

2016年，P2P网络借贷行业一直处于合规转型和洗牌整合之中，行业整体向好，并呈现良性发展趋势。全年成交额突破2.8万亿元，达到28 049亿元，较2015年增长137.59%。日均参与人数45.86万人，较2015年增长98.83%。全年出现问题平台938家，较2015年减少218家，下降18.86%[1]。

互联网消费金融迎来有利发展契机。商业银行、消费金融公司和互联网消费金融公司根据自身优势特点，依托互联网技术，向广大消费者提供消费金融服务，形成了差异化分层竞争格局。截至2016年底，全国共有21家[2]公司获得消费金融牌照。此外，小额消费现金贷款成为2016年互联网消费金融的热门领域。

---

[1] 数据来源：第一网贷。
[2] 数据来源：中国银监会官网。

互联网保险在优良的内外部环境下，2016年继续保持平稳快速增长。2016年新增互联网保险保单在保险行业全部新增保单中的占比超过六成。截至2016年底，全国共有117家[①]保险机构开展互联网保险业务。

网络银行继续平稳发展。民营银行筹建由试点改为常态化设立，截至2016年底，共有17家民营银行获批成立，其中8家定位于互联网银行。商业银行直销业务快速发展，第一家具有独立法人资格的直销银行——中信百信银行股份有限公司获批筹备，开启了直销银行"互联网+金融"的新模式。

传统小贷行业发展进入瓶颈期，互联网小贷凭借突破地域限制的优势，受到市场机构追捧，迅速发展壮大。截至2016年底，全国共设立79家互联网小贷公司。其中注册资本1亿元（含1亿元）至5亿元的公司61家，占总数的77%[②]。

互联网股权融资由于高门槛及政策不明朗等制约因素，未能延续增长态势，行业发展遭遇瓶颈。2016年成功筹资52.98亿元，比2015年（51.9亿元）略有提高。截至2016年底，互联网股权融资平台共计117家，较2015年底减少10%。2016年，出现倒闭、转型、跑路、众筹板块下架等情况的平台较多，数量达89家，远高于2015年[③]。

二、互联网金融受到资本追逐，行业投融资持续活跃

2016年，互联网金融行业一直处于合规转型和洗牌整合之中，但由于行业蕴含巨大的创新空间和发展空间，仍然受到资本市场的青睐，市场投融资次数和金额持续攀升。

据网贷之家及盈灿咨询（以下简称盈灿咨询）统计，2016年P2P网络借贷行业共发生75次风投融资，融资规模高达约181.78亿元[④]。从融资轮次来看，A轮融资居首位，占比高达38.67%，完成C轮融资的平台共有7家，而2016年以前总计仅有4家平台完成C轮，一定程度上说明整个行业开始走向成熟。

[①] 数据来源：中国保监会官网。
[②] 数据来源：盈灿咨询。
[③] 数据来源：盈灿咨询。
[④] 美元对人民币汇率按当月平均汇率计算。

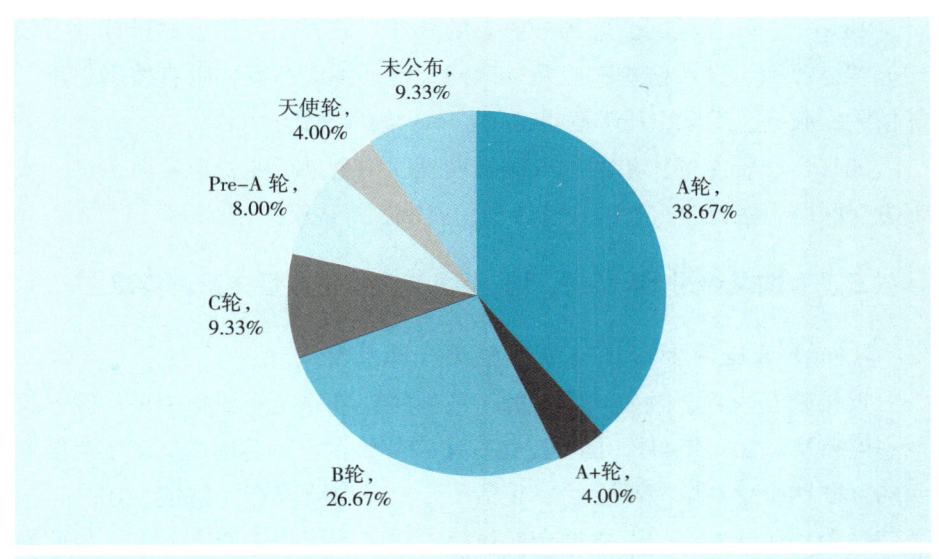

资料来源：盈灿咨询。

图8—1　2016年P2P网络借贷行业风投融资轮次分布情况

互联网消费金融是2016年的资本新宠，各种消费分期平台、小额消费现金贷平台获得融资的消息层出不穷。其中，趣店集团于7月获得了30亿元Pre-IPO融资，分期乐于6月获得了2.35亿美元D轮融资。据盈灿咨询不完全统计，2016年互联网消费金融领域发生融资事件超过30次，融资金额总计超过80亿元。

互联网保险领域在2016年也取得了较大发展，据相关统计[①]，全年共发生融资事件39起，总融资金额约为17亿元，涉及公司33家，其中6家公司在2016年内完成两轮融资。

互联网股权融资行业2016年融资规模较小，据盈灿咨询统计，全年共有5家互联网股权融资平台（包括经营互联网股权融资业务的混合业务平台）获得风投，总融资金额约2亿元，其中开始众筹在2016年先后获得两轮融资。

---

① 互联网保观：《百亿资本注入，互联网保险10年崛起之路》，http://www.baoxianguancha.com/content-11-4495-1.html，2017-01-22。

2016年，除互联网金融细分业态的融资事件外，一些金融科技前沿领域如智能投顾、区块链等，以及互联网金融外围服务商如垂直搜索引擎、征信数据服务、反欺诈技术等也诞生了不少融资案例。

2016年，资本的大量涌入继续推动互联网金融行业快速发展，进一步促进互联网金融行业在我国经济转型发展中发挥积极作用。

三、互联网金融监管层级日益完善，立体化监管体系逐步建立

（一）互联网金融风险专项整治全面展开

近年来互联网金融领域爆发的一系列风险事件受到了党中央、国务院的高度重视。2016年4月，国务院组织十四部委在全国范围内启动了为期一年的互联网金融风险专项整治，整治工作分三个阶段有序推进。10月，国务院办公厅正式发布《互联网金融风险专项整治工作实施方案》，与此同时，中国人民银行、中国银监会、中国证监会、中国保监会、工商总局等分别牵头发布针对第三方支付、P2P网络借贷、股权众筹、互联网保险、互联网资产管理及跨界金融业务、互联网广告等领域的风险专项整治工作实施方案，各级地方政府也陆续出台办法，并积极采取行动对各类违法违规行为进行彻底排查和整顿。互联网金融迎来自始以来最强监管，市场得到有效肃清，长效监管机制有望建立。

（二）网贷业务监管细则正式发布

P2P网络借贷作为互联网金融业态的典型代表，在2016年迎来了行业首部业务规范，为整个互联网金融行业的规范发展提供了较好示范与开端。8月，中国银监会等四部委发布《网络借贷信息中介机构业务活动管理暂行办法》（以下简称《网贷管理办法》），对网贷从业机构的法律定位、备案管理、业务规范、信息披露等进行了详细规定，为网贷从业机构明确划定了13条业务红线，规定了准入门槛，强调加强对网贷平台的风险防控，引导平台回归小额、普惠。配合《网贷管理办法》的相关要求，中国银监会先后下发了《网络借贷信息中介备案登记管理指引》、《网络借贷资金存管业务指引（征求意见稿）》，加速推进行业合规进程。

（三）全国性行业自律组织宣告成立

2016年3月，中国互联网金融协会成立暨第一次会员代表大会在上海

召开，第一个国家级互联网金融行业自律组织宣告成立。协会成立后，先后发布了互联网金融统计指标、披露指标及相关要求，陆续启动了互联网金融统计数据报送和信息披露工作。此举通过自律手段对监管形成有益补充，对客观反映行业运行情况、规范机构运作、保护消费者权益、促进行业健康发展具有积极意义。

（四）部分违规业务被及时叫停或整改

2016年，在监管层级不断完善、制度不断健全的背景下，有关部门对行业违法违规行为的清理整顿力度和及时性不断提升。针对年初兴起的"首付贷"业务，中国人民银行相关负责人于3月份在答中外记者会上明确表态予以叫停。7月，住房和城乡建设部、中国人民银行等7部委联合印发《关于加强房地产中介管理促进行业健康发展的意见》，明确要求中介机构不得提供或与其他机构合作提供首付贷等违法违规金融产品和服务。随后各地公布的地方整治工作方案也将"首付贷"、"众筹买房"等作为重点整治工作内容。针对年内频繁出现的校园贷市场乱象，监管部门也及时提出"停、移、整、教、引"五字整改方针，部分地方银监局也相应启动了校园网贷排查及风险防范工作。

总体而言，2016年互联网金融在政策、法规、自律和监管执行等方面都得到了较大推进，为互联网金融的健康发展提供了良好的政策环境和法律环境。

第二节　互联网金融主要业态发展概况及运行特点

一、P2P网络借贷

在经历了几年的无序和快速发展之后，P2P网络借贷行业在2016年走上了规范发展的道路。席卷全国的互联网金融风险专项整治和《网贷管理办法》双管齐下，市场机构在严监管的合规压力下，积极进行合规调整，行业加速优胜劣汰，市场重拾信心，共同推动网贷行业健康发展。

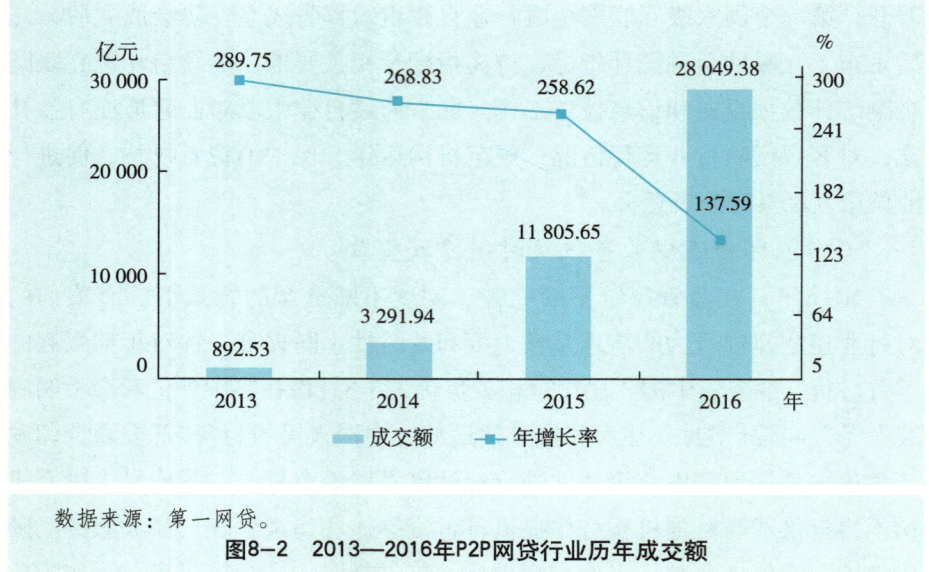

数据来源：第一网贷。

图8-2　2013—2016年P2P网贷行业历年成交额

（一）业务规模、参与人数持续扩大，行业发展势头良好

据第一网贷统计，2016年全国P2P网贷行业成交额达2.8万亿元，较2015年增长137.59%。截至2016年底，P2P网贷行业贷款余额1.21万亿元，较2015年底增长115.9%。2016年全国P2P网贷日均参与人数45.86万人，较2015年增长98.83%。行业在保持较快增长的同时，增速有所放缓，发展速度逐步回归理性。

在监管趋严的背景下，整个行业的总交易量并没有下滑，反而加速突破了2万亿元关口，并向3万亿元迈进，说明网贷行业的需求仍然十分旺盛，市场信心和发展势头良好。

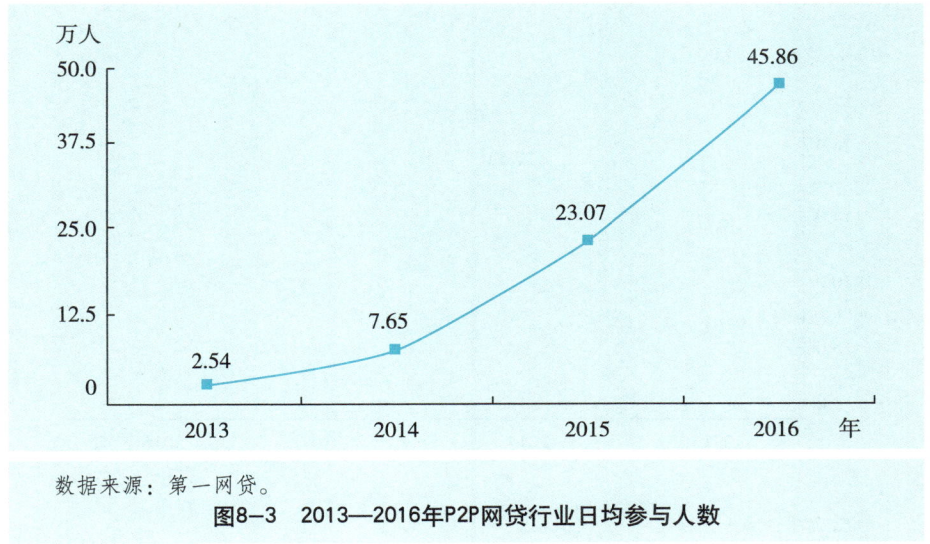

数据来源：第一网贷。

图8-3　2013—2016年P2P网贷行业日均参与人数

（二）问题平台数量和投资利率双降，行业呈良性发展趋势

据第一网贷统计，截至2016年底，全国正常运营的P2P网贷平台数量为2 307家。全年累计出现停止经营、提现困难、失联跑路等情况的问题平台有938家，较2015年减少218家，下降18.86%。

与此同时，2016年网贷平均综合年利率为9.06%（投资端），较2015年的12.5%，同比下降了2.99个百分点，创历年最低。利率的不断下降以及问题平台数量的减少，在一定程度上说明行业正朝着良性而稳定的方向发展。

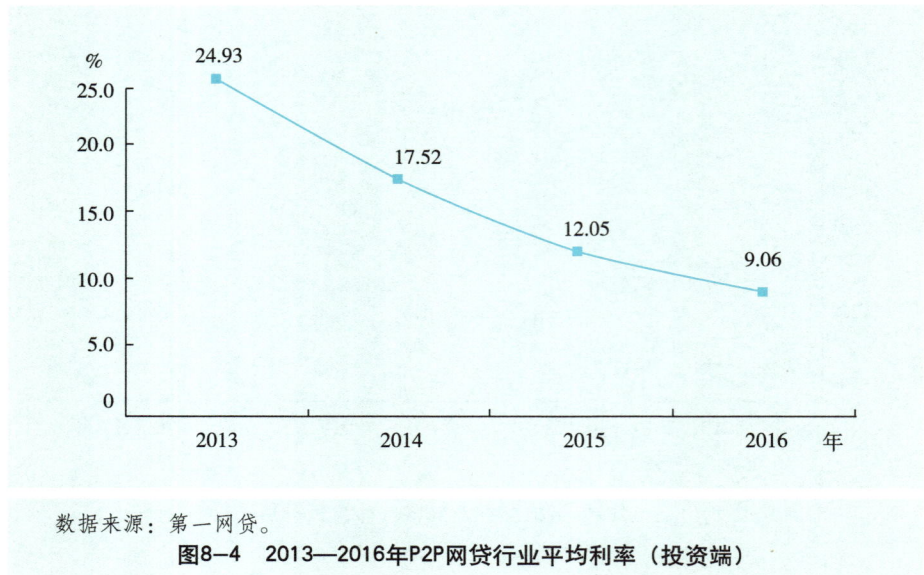

数据来源：第一网贷。

图8-4　2013—2016年P2P网贷行业平均利率（投资端）

（三）监管政策出台，但部分准入门槛落实进展缓慢

《网贷管理办法》设定了行业准入的门槛，其中银行资金存管、电信业务经营许可、地方金融监管部门备案登记等，成为从业机构合规路上必须攻克的难关。

据第一网贷不完全统计，截至2016年底，全国共有306家P2P网贷机构与银行签订了资金存管协议，其中，已经上线的有184家，仅占网贷行业正常运营平台数量的7.98%。

据第一网贷不完全统计，截至2016年底，全国共有417家P2P网贷机构持有ICP许可证，53家机构持有EDI许可证，其中同时持有ICP许可证和EDI许可证的有46家。

截至2016年底，仍未有具体的地方性备案登记管理办法发布，网贷机构的登记备案工作启动较慢。

（四）业内机构积极寻求合规转型，风控成为发展关键

随着《网贷管理办法》的落地以及整体监管环境的趋严，业内机构纷纷进行业务调整和战略调整，以满足合规要求，转型和升级成为了绝大多数P2P网贷平台的共识。2016年，消费金融、车贷业务、小额信贷等成为行

业转型热点。此外,部分平台选择进行品牌升级,启动集团化战略,在满足监管要求的同时,积极布局大数据风控、资产管理、互联网小贷领域。

在合规调整过程中,行业集中度进一步提高,风控重要性日益凸显。一些业务风险较大、管理水平低的平台或被淘汰或被清理出局;一些注重风控、实力雄厚、符合监管方向的优质平台迎来了更好的发展机遇。

专栏8-1
陆金所投资者适当性管理的探索和实践

互联网金融平台因为具备起投门槛低、操作灵活、产品丰富等特点能够迅速获得普通投资者的青睐,但在强调用户体验的大环境下,普遍缺乏对投资者的有效适当性管理,将高风险产品卖给了风险承受能力低的投资者,导致风险事件时有发生。

2016年9月,陆金所平台推出投资者适当性管理体系(以下简称KYC2.0系统),该系统通过产品评级以及借助大数据、机器学习、问卷等方式对投资者"精准画像",实现投资者风险承受能力与产品风险的精准匹配。

陆金所KYC2.0系统的主要特点包括:

一是利用大数据技术测评,评估结果更加客观。传统单纯调查问卷评估结果容易受到投资者主观意愿影响,如果投资者没有如实填写问卷,评估结果将难以反映实际情况。在陆金所KYC2.0系统中,一方面使用优化后的问卷重点测评用户主观风险偏好,另一方面利用大数据技术评估用户真实客观实力。陆金所KYC2.0系统在综合用户主观风险偏好和客观实力后,给予用户"坚果财智分",综合评价其风险承受能力。

二是利用机器学习,对用户"坚果财智分"进行实时动态调整以反映用户风险承受能力的变化。在用户后续参与过程中,陆金所KYC2.0系统将根据用户投资经验的累积、投资知识的学习等数据对指标及参数进行自动调整并动态更新测评结果,从而更准确地反映用户风险承受能力。

此外，除了用户风险承受能力提升机制，陆金所KYC2.0系统还有相应的减分机制。例如，对于70岁以上的高龄投资人，随着年龄增加，KYC2.0系统会对其主观偏好得分进行相应调减，从而更好地保护投资者。

三是服务智能化。KYC2.0系统不但会严格执行匹配规则，限制投资者购买不匹配的产品，还能为用户分析现有资产配置比例，根据用户风险测评结果为其提供投资组合建议，向用户推荐符合其风险承受能力的产品，供投资者参考。

专栏8-2
微贷网车贷风控系统及风控管理体系

微贷网是专注于车贷领域的互联网金融信息平台，以车辆抵押借贷作为核心业务，具体有抵押和质押两种业务模式。在车辆抵押模式下，抵押标车辆需要在车管所办理抵押登记手续，并提供相关证件资料，由技术人员安装GPS后即可开走。在车辆质押模式下，质押标车辆必须停在公司专用车库，借款人不得开走。微贷网通过细化贷前调查、贷中审查、贷后管理、逾期处理四个风控流程，建立了标准化、自动化、数据化的车贷风控系统和风控管理体系。

一、建立"信贷工场"风控系统

微贷网通过自建"信贷工场"风控系统，实现了贷款的线上操作管理，从前期接触客户，到授信调查审核，贷款的发放、贷后的维护管理等工作，均采取标准化流水线作业，能够有效识别、化解和防范客户风险。

二、开发车辆评估系统和GPS管理系统

微贷网自主开发了车辆评估系统和GPS管理系统，实现了风控工作的数据化分析管理。首先，车辆评估系统能准确识别借款用户车况参数，并自动关联车辆历史信息，以判断车辆是否符合准入要求。当车辆判定合格后，车辆评估系统还能基于大数据机器学习模型，动态确定车辆最优评估价值。其次，GPS管理系统能实现精准定位，具备静止离线预警、区域限定预警等多项预警功能，同时通过GPS管理系统历史运行轨迹数据分析，可实现跨平台联防联控，有助于实现对逾期车辆的追踪处置。

三、设立督导监察部和投资人监督委员会

微贷网设立了隶属公司总裁的督导监察部，负责调查、处理线下业务端、线上业务端与行政人事等部门有损公司利益的重点案件，识别与制止公司运营过程中可能存在的操作风险与信息风险，对违规违纪行为作出处罚。

此外，微贷网设立了投资人监督委员会，其成员为微贷网平台线上投资人。投监会成员可前往任意一家分公司、营业部查询觉得存疑的标的所有原始资料，以此辨别标的真伪。投监会成员查标完成后，会在微贷网官网论坛投监会区域发布查标报告。

专栏8-3
拍拍贷"大数据魔镜风控系统"

"大数据魔镜风控系统"（以下简称魔镜系统）是由拍拍贷自主研发和运营的风险评估和定价体系，于2015年3月正式上线。魔镜系统主要包括三大内容和功能：

1. 大数据模型。以互联网技术和大数据为基础，自行研发和搭建了网络信贷审核体系，通过对借款人的多种类、多维度、海量数据进行搜集、挖掘和分析，并结合第三方机构的数据对比，建构风险模型以判断借款人的还款能力、还款意愿、违约概率等。

2. 风险评级系统。魔镜系统针对每一笔借款给出一个相应的风险评

级,在每个借款人发布借款的时候对这笔借款的最终逾期率给出一个量化的评估,以反映对逾期率的预测。随后,系统将依据风险评级而形成风险定价,来保证收益和风险相匹配。风险评级分为AAA至F8个等级,风险依次上升。

3. 风险定价系统。基于每一笔借款的风险评估,借款人会得到相应的利率区间、费用、最高额度等。经评估,风险越高,相应的利率和费率也就越高,借款用户能获得的额度越低,反之则相反。风险和利率保持匹配,以相应的收益来覆盖相应的风险,做到精确的风险定价。

目前通过魔镜系统的自动审批占比为60%,每天可处理约15 000笔借款申请,解决了小微企业主和个人"短、小、频、急"的融资需求。此外,魔镜系统所服务的大多数人是与传统金融机构没有借贷联系、无征信记录的群体,帮助他们在平台上展示、建立自己的信用,为丰富和完善社会征信体系发挥了积极补充作用。

二、互联网消费金融

2016年,在政策催化、消费驱动以及资本推动的联合作用下,互联网消费金融迎来了发展机遇,获得了前所未有的爆发式增长。

(一)政策与市场环境双重利好,消费金融迎来发展机遇

在我国,消费金融主要针对传统金融服务不足的人群,是普惠金融的有力手段,有助于拉动消费、提升资金跨期配置效率,是在经济增长新常态下,转变经济增长方式的重要途径之一。继2015年扩大消费金融试点,中国人民银行等十部委联合发布《关于促进互联网金融健康发展的指导意见》,鼓励传统金融机构借助互联网技术发展消费金融后,2016年中国人民银行和中国银监会又联合印发了《关于加大对新消费领域金融支持的指导意见》,进一步推动消费金融发展,更好地满足新消费重点领域的金融需求。一系列政策的出台,为消费金融的发展提供了积极、宽松的政策支持环境。

随着居民消费习惯和消费观念的转变,网络消费理念日益普及,为互联网消费金融迅速崛起提供了强力支撑。根据中国互联网信息中心的数

据,网络购物用户规模从2013年至2016年不断上升,手机网购用户规模上升显得尤为突出。截至2016年底,网络购物用户的规模已达到4.67亿人,手机网购用户规模为4.41亿人。另外,与网络购物用户规模增长相匹配,用户的网购总额也呈现出上升的态势。据国家统计局统计,2016年全年,社会消费品零售总额为33.23万亿元,全年全国网上零售额5.16万亿元,比上年增长26.2%。其中,实物商品网上零售额4.19万亿元,增长25.6%,占社会消费品零售总额的比重为12.6%,比上年提高1.8个百分点。数亿网购人群和数万亿元的网上零售额,以及消费者超前消费意识的加强,催生出了庞大的互联网消费金融市场。

(二)参与主体更加多样,呈现差异化分层竞争局面

在政策利好和旺盛市场需求的感召下,众多市场机构纷纷布局和拓展消费金融市场。从广义上来讲,目前的消费金融参与主体包括商业银行、消费金融公司和互联网消费金融公司三类,其中互联网消费金融公司又包含了电商平台、分期平台、P2P网贷平台等,各机构根据自身优势特点,依托互联网技术,向广大消费者提供消费金融服务,形成了差异化分层竞争格局。商业银行依然是消费金融市场的主导力量,积极依托互联网拓展消费金融服务范围。消费金融公司是银行信贷服务的重要补充,通过与互联网不断融合,创新消费金融产品提供普惠金融服务,形成与银行的差异化竞争。截至2016年底,全国共有21家公司获得消费金融牌照。而植入互联网基因的新兴互联网消费金融公司虽然起步较晚,但在消费金融领域十分活跃。这类互联网消费金融公司基于自身的互联网基因深挖用户需求痛点,通过资产证券化和互联网银行等多种渠道解决资金问题,立足自身的消费场景、流量和用户数据优势,以更为灵活的方式展开小额的线上消费分期、现金贷款业务,成为互联网消费金融最重要的参与方。

(三)消费分期竞争激烈,现金贷成为热门领域

消费金融最主要的产品是商品消费分期和小额消费现金贷款,互联网消费金融产品更是将这两类产品的小额分散、大数据风控特点充分发挥应用。其中,商品消费分期产品是受托支付业务,主要依托于互联网消费的场景,消费与支付同时发生,但并不同时结束,消费者可以在更长的时间内进行分期还款。目前,互联网消费分期类产品主要的场景为3C、装修、

租房、旅游、医疗美容、教育等，此类消费场景的综合电商平台、垂直细分领域销售平台等拥有流量，并利用所积累的用户画像数据进行大数据分控，给予消费者精准、快捷的分期贷款服务。

小额消费现金贷款在2016年成为互联网消费金融最热门的领域，俗称"现金贷"，主流模式主要借鉴了国外的Payday Loan（发薪日贷款）。与国外类似，国内的现金贷也具有快速放款、金额小、期限短、利率高和无场景的特点，这些特点体现了其突出的互联网基因，由互联网金融平台运营和风控，通过线上获客、大数据建模风控授信、再通过线上放款。

（四）监管细则尚未出台，行业风险隐患不容忽视

《关于促进互联网金融健康发展的指导意见》对互联网消费金融业务进行了原则性的规定，但针对互联网消费金融业态的监管细则并未出台。目前，我国对持牌的消费金融机构监管较严格，而对其他类型从业机构的监管较薄弱，这不利于行业的公平准入和公平竞争，也不利于金融消费者权益的保护，建议尽快完善相关立法。

此外，目前多数互联网消费金融公司的风控逻辑是高额的借款利率能够覆盖坏账风险，且为了满足快速放款的用户需求，风控几乎依赖大数据建模，由于国内征信系统并未完全开放，大数据风控建模使用的多为弱变量数据维度，行业不良率普遍偏高，多头授信问题严重，还引发了利率过高的争议。在监管政策尚未明确的情况下，行业风险不容忽视。

三、互联网保险

相较于其他互联网金融业态，互联网保险依托于传统保险本身积淀的金融行业优势和产品优势，只需要充分地利用互联网平台销售保险产品、设计新的险种，因此行业在诞生初期发展方向就非常明确，发展态势后劲十足。2016年，互联网保险在优良的内外部环境下，继续保持了平稳快速增长。

（一）保险行业发展势头强劲，互联网保险占比不断提升

2016年，我国保险市场增长势头强劲。中国保监会统计数据显示，2016年我国保险行业共实现原保险保费收入3.10万亿元，同比增长27.50%；保险业资产总量15.12万亿元，较年初增长22.31%。在保险行业快速发展的同时,行业"互联网+"趋势越发明显,2016年保险机构开展互联网保险业务实现签单保费2 347.97亿元。互联网保险在新增保险业务中的比重不断上升,据统计,2016年新增互联网保险保单61.65亿件,占保险行业全部新增保单件数的64.59%,占比超过六成①。

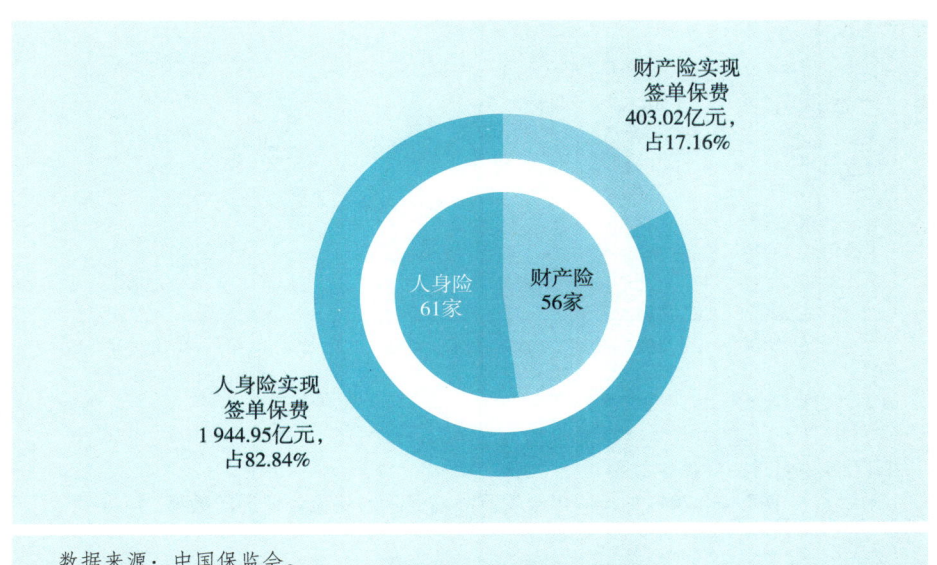

数据来源:中国保监会。
图8-5 2016年互联网保险签单保费各险种情况

(二)互联网保险机构数量持续增长,机构种类日趋多元

从中国保监会对互联网保险业务的统计口径来看,互联网保险的核心参与力量可以分为三类:一是开通互联网保险业务的保险公司;二是在中国保监会通过互联网保险业务备案登记的保险代理公司、经纪公司;三是获批筹建的纯互联网保险公司。中国保监会数据显示,截至2016年底,全国共有117家保险机构开展互联网保险业务,其中,财产险公司56家,人身险公司61家;通过互联网保险业务备案登记的保险代理公司、经纪公司数量共有105家,这些机构经营的网络保险销售平台数量超过200个;获中国保监会批准成立的纯互联网保险公司共有4家,分别为众安在线、泰康在

---

① 数据来源:中国保监会官网,http://www.circ.gov.cn/web/site0/tab5207/info4059362.htm。

线、安心财险和易安财险。

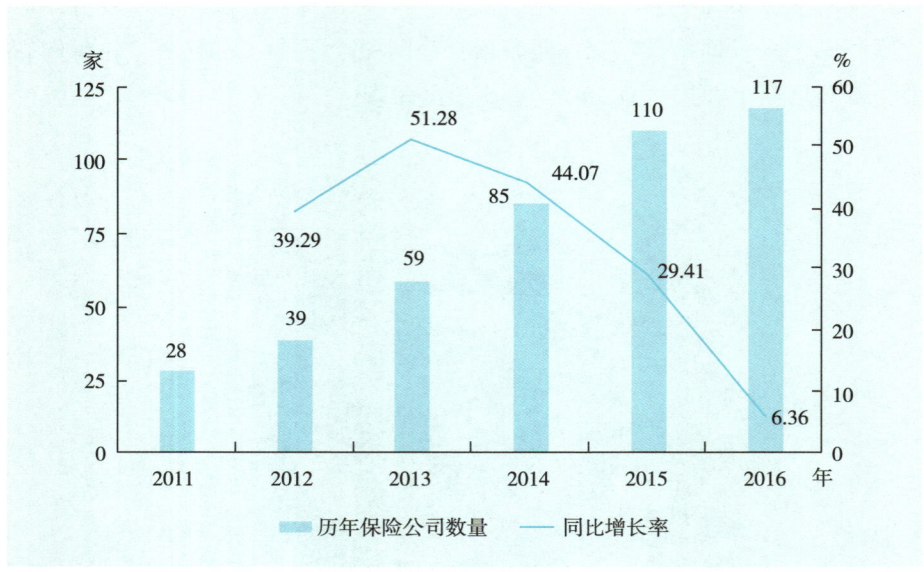

数据来源：中国保监会。

图8-6 2011—2016年经营互联网保险的保险公司历年数量

（三）依托新技术应用，互联网保险产品和服务创新步伐加快

2016年，区块链、云计算、大数据、人工智能等先进技术在保险领域的应用不断深入，许多创新型保险公司正在通过新技术的应用，改变着传统保险行业的产品设计、定价、营销以及服务方式。例如，在人工智能方面，越来越多的保险公司使用聊天机器人和虚拟代理人在承保和理赔领域进行探索尝试，如众安保险旗下子公司众安科技推出的智能客服机器人，能提供全天候一对一咨询服务和销售服务；而在大数据运用方面，大数据为提高保险费率精算水平提供了重要支持，而可穿戴设备、移动医疗设备的兴起也提供了更多数据来源，目前也有部分保险公司尝试通过数据分析和概率精算，改善保单设计、实现差异化定价、改善保险索赔欺诈监测等。此外，继安心财险使用腾讯金融云实现6个月快速开业，成为国内首个全系统在"云"上的保险公司之后，越来越多的互联网保险公司运用云计算服务提升效率，改善用户体验。

（四）制度环境进一步完善，为行业发展奠定良好基础

互联网保险的快速发展也得益于良好的制度环境，2016年，互联网保险行业开展了大刀阔斧的清理整顿，全年出台多项政策规范并开展专项整治行动。首先，为配合全国互联网金融风险专项整治行动整体部署，中国保监会等十四部委联合印发了《互联网保险风险专项整治工作实施方案》，针对互联网高现金价值业务、保险机构依托互联网跨界开展业务、非法经营互联网保险业务以及配套措施进行重点排查。此外，中国保监会还先后下发了《互联网保险风险专项整治保险中介领域工作方案》、《保险销售行为可回溯管理暂行办法（征求意见稿）》、《关于进一步加强互联网平台保证保险业务管理的通知（征求意见稿）》等一系列规范性文件，针对互联网保险中介业务、网销业务、互联网平台保证保险业务等进行规定。与此同时，中国保监会对违法违规行为给予了严厉打击和及时叫停与处罚，包括针对互联网保险领域万能险产品存在销售误导、结算利率恶性竞争等问题，及时叫停了6家保险公司的互联网渠道保险业务；针对互联网公司涉嫌非法经营保险业务存在的风险，发布风险提示等。

四、网络银行

得益于金融科技的发展、用户消费习惯的转变以及银行利率市场化步伐的加快，2016年网络银行延续了2015年的增长态势，得到了平稳发展。

（一）依托技术进步与客户需求改变，网络银行业务快速发展

近年来，主流银行面临利率市场化、信贷利差缩小、泛资管业务冲击，重资产发展模式进入瓶颈期。同时，移动互联网技术持续发展与云计算、大数据等信息科技一起显著降低了金融服务的成本和门槛；随着"80后"、"90后"逐步成为社会新兴力量以及"网生代"的到来，均为网络银行的发展创造了有利环境。

网络银行通常不设物理网点，客户主要通过网上银行、手机银行、微信银行等远程获取金融产品和服务，因为没有实体网点的运营管理费用，网络银行通常能提供更具竞争力的存贷款价格和手续费。近年来，许多商业银行通过直销银行，拓展网络银行业务，随着民营银行试点的放开，互联网企业也在积极申请设立互联网银行。

（二）商业银行加速互联网步伐，积极探索直销银行业务

近年来，商业银行顺应互联网趋势，不断加大网络金融业务的探索，网上银行、手机银行用户和交易规模迅速上升，并有越来越多的商业银行推出直销银行品牌。与网上银行不同的是，直销银行不仅是传统银行业务渠道和服务的补充，更是以"成本低廉、服务便捷、产品简单、客群清晰"等特点，体现了一种全新的互联网运作理念。此外，由于能够突破地域、网点、时间限制，直销银行更多地受到城商行和农商行的青睐，作为其拓展线上获客和服务范围的重要手段。融360大数据研究院统计数据显示，截至2016年底，国内开展直销银行业务的银行有85家，其中城商行52家，股份制银行17家，农商行15家，国有商业银行1家。

目前，我国商业银行的直销银行探索主要是以商业银行内设直销银行部门或事业部的形式。2016年12月30日，中信银行与百度联手设立的百信银行获批筹建，成为国内第一家具有独立法人资格的直销银行，银行类别为有限牌照商业银行。该类银行的批准设立有望破除直销银行发展瓶颈，改善目前直销银行销售渠道有限、与母银行难以区分、客户感受程度低等问题，进一步促进直销银行发展创新和作用发挥。目前，开展直销银行业务的银行中，有20多家正在申请直销银行的独立法人资格。

（三）民营银行试点逐步扩大，半数定位互联网银行

我国民营银行试点开始于2014年，首批试点银行5家。2016年民营银行组建由试点转为常态化设立，全年共有12家民营银行获批筹建，截至2016年底，开业及获批的民营银行数量达到17家，其中8家已正式开业。据中国银监会披露，截至2016年末，8家开业的民营银行总资产1 800亿元，贷款余额约800亿元。

在17家获批的民营银行中，微众银行、网商银行、苏宁银行、中关村银行、亿联银行、新网银行、华通银行、众邦银行这8家银行都直接定位于互联网银行，占到民营银行总数的将近一半。这些互联网银行大多具有互联网股东背景，依托股东已有的业务优势和渠道优势，服务小微用户，实现与传统银行的差异化竞争。

（四）远程开户仍是难题，能否依托互联网成关键

虽然远程开户已于2015年底放开，但出于用户资金安全考虑，I类账户

的开立必须经银行工作人员现场核验。由于网络银行通常不设线下门店，无法为用户开立I类全功能账户（存款账户），网络银行依旧面临较大的吸储困境，同时影响了用户体验，贷款汇款业务的发展也受到一定阻碍。然而，随着金融科技、生物识别等在互联网金融领域的应用不断深入，人脸识别技术已在部分金融领域被用于在线身份验证，准确率不断提高，或许能为行业发展破局。

五、互联网小贷

根据《关于促进互联网金融健康发展的指导意见》，网络借贷包括个体网络借贷（P2P网络借贷）和网络小额贷款（互联网小贷）。2016年，传统小贷行业发展进入瓶颈期，在消费金融业务快速发展和P2P网贷业务受限的背景下，互联网小贷凭借突破地域限制的优势，受到了市场机构追捧，得到了迅速发展壮大。

（一）传统小贷行业发展遭遇瓶颈，互联网小贷成为新的发力方向

从2014年开始，我国小贷公司增速明显放缓，贷款余额不增反减。中国人民银行发布的2016年小额贷款公司统计数据报告显示，截至2016年末，全国共有小额贷款公司8 673家，较2015年末减少237家，贷款余额9 273亿元，2016年人民币贷款减少131亿元。近年来，由于企业负债率和坏账率不断升高，小贷公司普遍面临着业务难做、业绩下滑、从业人员流失等情况。此外，小贷公司开展业务存在区域限制，大多采取线下模式，部分通过线上开展业务的也存在违规经营风险。随着部分省市陆续出台鼓励发展网络小贷的相关文件，部分传统小贷公司纷纷申请变更为互联网小贷，实现合规转型。另外，消费金融市场快速发展，但消费金融牌照门槛相对较高，通过互联网小贷牌照获得放贷资质，绕道布局消费金融市场，也成为部分上市公司和互联网企业切入互联网金融行业的途径之一。

（二）互联网小贷快速发展，地域分布较为集中

据盈灿咨询不完全统计，截至2016年12月底，全国共设立79家互联网小贷公司（含已获地方金融办批复但未开业的公司），主要分布在10个省市。其中广东地区最多，有29家，主要集中在广州；其次是重庆，有17

家;江苏位列第三,有11家;浙江和江西并列第四,均有5家。可以看出,目前互联网小贷处于试点阶段,数量较少,地域集中。其中广州、重庆、江苏等地区互联网小贷最为活跃,这与这些地区较早出台了针对当地开展互联网小贷的鼓励和优惠政策有较大关系。

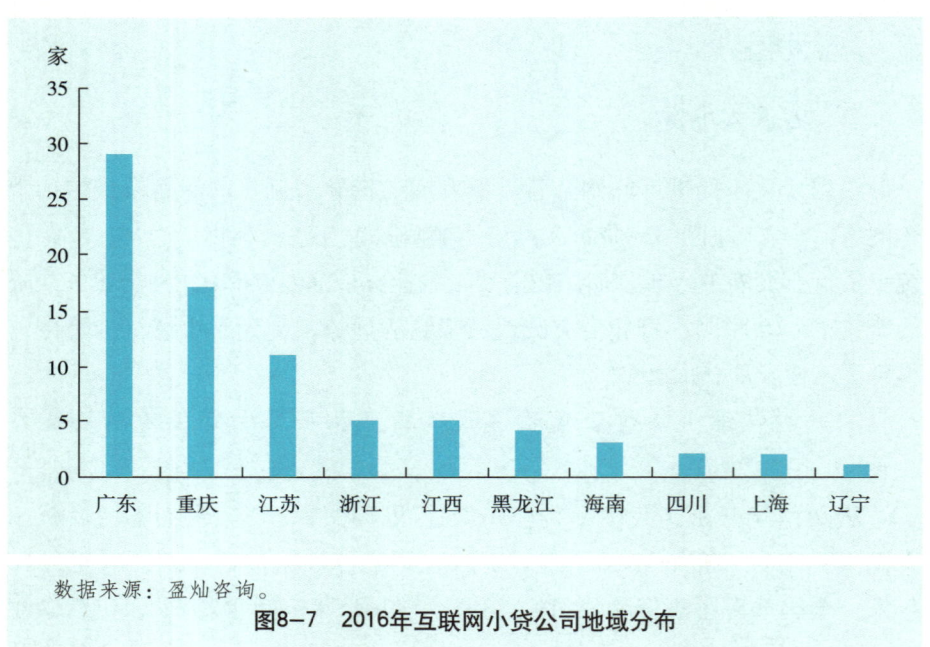

数据来源:盈灿咨询。

图8-7 2016年互联网小贷公司地域分布

(三)市场机构积极布局,注册资本要求较高

由于具备跨区经营和放贷资质,互联网小贷牌照目前在市场上关注度极高。互联网小贷的出现打破了传统小贷的业务范围限制,可通过互联网在全国范围内开展业务,具有"互联网+金融"双重属性,消化能力强,因此成为各大企业和小贷公司竞相申请的对象。目前市场中的参与机构,既包括以阿里、京东、腾讯等为代表的知名互联网企业,还有海尔、TCL等实力雄厚的线下传统企业或上市公司。这些公司往往拥有大量的客户和交易数据,主要服务的客户群体也是其集团产业链上的中小型企业或其电商平台上的商户。

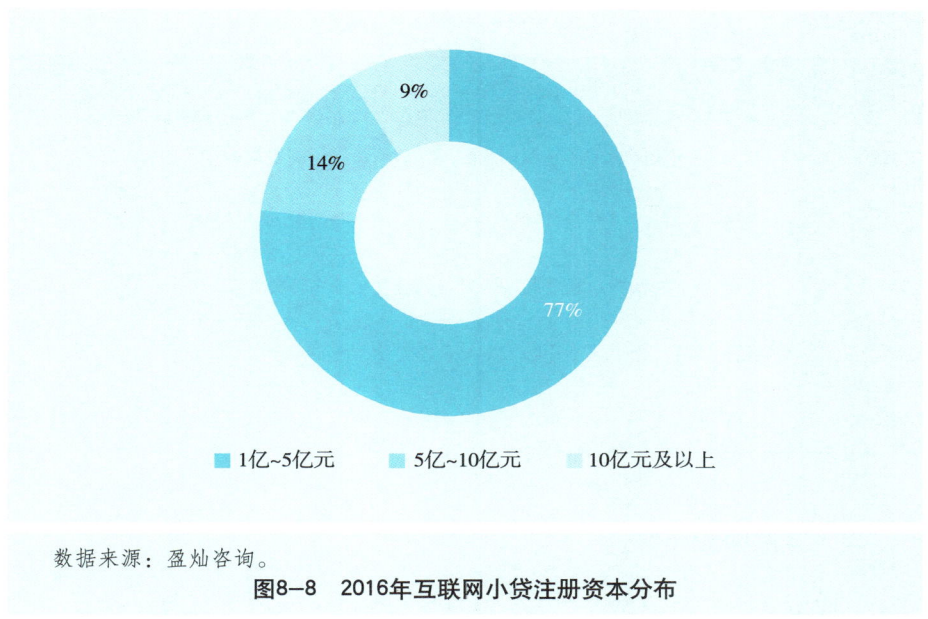

数据来源：盈灿咨询。

图8-8　2016年互联网小贷注册资本分布

据盈灿咨询统计，已获互联网小贷牌照的公司注册资本均在1亿元以上，其中注册资本1亿（含1亿）~5亿元的公司最多，有61家，占总数的77%；注册资本5亿（含5亿）~10亿元和10亿元及以上的公司分别有11家和7家，占比分别为14%和9%。

（四）各地管理政策陆续出台，牌照管理或将收紧

目前，广州、江苏、重庆等地陆续出台了互联网小贷相关政策。从目前各地出台的政策来看，均对注册资本、主发起人类型、持股比例、技术和经营能力等提出了较高要求。

但是，互联网小贷跨区域经营的特点，恐超出地方金融监管部门的监管范围，也可能出现地区之间互不认可的情况。目前全国性的互联网小贷管理办法尚未出台，互联网小贷需要重点防范监管套利风险，预计未来相关牌照可能会收紧或集中管理。

表8-1　　　　　　　各地互联网小贷相关政策

时间	地区	相关政策
2014/7/21	广州	《关于促进广州民间金融街互联网金融创新发展的若干意见（试行）》
2015/2/16	江苏	《江苏省金融办关于进一步支持小额贷款公司持续健康发展的通知》
2015/12/25	重庆	《重庆市小额贷款公司开展网络贷款业务监管指引（试行）》
2016/9/6	江西	《江西省网络小额贷款公司监管指引（试行）》
2016/12/30	上海	《上海市小额贷款公司互联网小额贷款业务专项监管指引（试行）》

六、互联网股权融资

互联网非公开股权融资（以下简称互联网股权融资）由于高门槛及政策未明等限制，在2016年未能延续增长态势，行业发展遭遇瓶颈，市场机构仍在积极摸索业务模式和发展方向。

（一）平台发展遇到瓶颈，数量较上年有所下降

据盈灿咨询统计，截至2016年12月底，全国互联网股权融资平台共计117家，较2015年底的130家，减少了10%。互联网股权融资平台主要分布在17个省份，多位于经济较为发达的沿海地区，北京和广东作为众筹行业的开拓地，平台聚集效应较为明显，也是目前全国正常运营的互联网股权融资平台数量最多的地方。据不完全统计，广东以36家平台数位居榜首；北京以33家位居其次；上海排名第三，浙江排名第四，分别为16家和9家；江苏排名第五，有5家。排名前五的省份正常运营互联网股权融资平台数量占全国总正常运营互联网股权融资平台数量的85%。

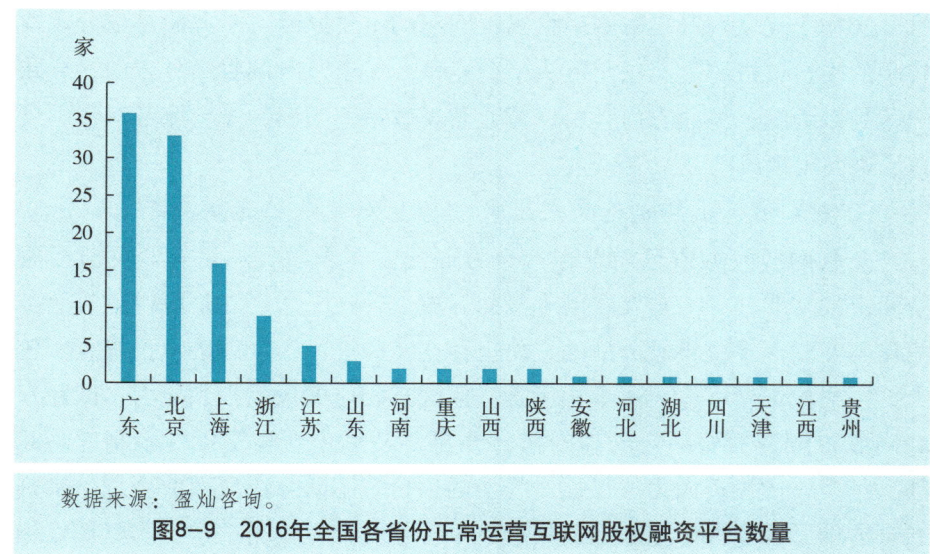

数据来源：盈灿咨询。

图8—9　2016年全国各省份正常运营互联网股权融资平台数量

（二）交易金额小幅上涨，区域性差异显著

据盈灿咨询不完全统计，2016年全国互联网股权融资平台成功筹资金额达52.98亿元，与2015年全年成功筹资金额51.9亿元相比有微幅上升。在地区分布上，广东、北京和浙江位列前三，成功筹资金额分别达18.74亿元、17.43亿元和9.42亿元；上海排名第四，成功筹资金额达5.27亿元；江苏排名第五，达1.03亿元。上述五个省份成功筹资金额约占全国总筹资金额的98%，这些省份的经济发展处于全国的领先水平，投资意识也较强并且获得地方政府政策的支持较多，因此，中短期内国内互联网股权融资规模还是主要集中于这些省份。而其他12个拥有互联网股权融资平台的省份，仅成功筹资1.09亿元。

（三）行业风险逐步显现，转型退出不断增加

据盈灿咨询不完全统计，2016年全国互联网股权融资平台倒闭、转型及其他（跑路、众筹板块下架等）数量达89家，其中有59家平台倒闭，8家平台转型，转型方向主要为众创空间、孵化器和互联网服务商等，还有22家平台出现跑路、众筹板块下架等问题。而2015年全年互联网股权融资平台倒闭、转型及其他数量为24家，远低于2016年全年。

2016年互联网股权融资平台出现问题的主要原因,一方面是部分规模较小的平台,资源上无法与巨头平台竞争,又未及时调整细分方向,导致经营难以为继;另一方面,由于行业监管政策不明确,平台业务运作不规范,进而出现风险。

(四)相关业务规范尚未出台,行业发展定位迷茫

互联网股权融资目前存在两个方面的主要矛盾,一是互联网股权融资要求的"非公开"与互联网本身的开放性存在矛盾,二是股权融资的高门槛与互联网金融小额分散的定位也存在矛盾。由于一般涉及投资金额较大,一般投资者可能无法承担风险,或缺乏相应的风险识别能力,因此互联网股权融资需要一定的高门槛,并需要及早建立合格投资者制度。此外,很多时候投资人无法仅通过线上的项目、团队介绍或商业企划书来判断真实性,因此许多互联网股权融资平台在线上仅作为展示,实际操作仍在线下进行,真正实现股权融资的全面互联网化还要走很长的路。目前,股权融资领域的相应法律和监管细则仍未正式出台,互联网股权融资平台的募资活动仍处于灰色地带,机构在发展上也不易找准方向,不利于行业的进一步发展。

第三节 行业风险及问题

一、网贷、互联网理财、跨界资产管理等领域风险积聚

2016年,互联网金融行业仍然延续规模增长态势,在风险专项整治及监管趋严的背景下,行业整体向好,但包括网络借贷、互联网理财、跨界资产管理等在内的个别业务领域仍存在较大风险隐患,非法集资、违规经营、平台跑路等风险事件时有发生。

首先,打着互联网金融旗号的非法集资活动频现。一些不法分子以互联网金融的名义发布子虚乌有的借款项目、理财项目,采用"拆东墙补西墙"的庞氏骗局模式,在短时间内非法募集大量资金,肆意挥霍或者携款潜逃。部分互联网金融公司将募集的资金用于自身或关联企业的生产发展,形成资金池,涉嫌非法集资。

其次，部分平台存在违规经营。例如，有的跨界资产管理平台未取得相关金融牌照或资质，非法进行金融活动；有的平台向不具备风险识别能力的投资人推荐销售高风险的金融产品，这些行为都危害到了投资人的资金安全。

最后，互联网理财和跨界资产管理边界模糊，在当前相关管理制度、监管规定缺失的情况下，游离于金融监管体系之外，存在较大的风险隐患。

二、整改期限将至，网贷监管部分细则落地仍面临挑战

《网贷管理办法》的出台使行业有法可依，逐步步入正轨，市场机构积极按照要求进行合规整改，并且初见成效。但部分规则在落地过程中仍然面临一定的问题和挑战。

一方面，《网贷管理办法》中的借款上限要求在落地过程中存在转型困难和监管挑战。当前P2P网络借贷平台所涉及的资产类型中，企业借款、房屋抵押借款、供应链金融及保理业务等借款项目均可能超过限额。各网贷平台在这些业务上深耕已久，要想往消费金融等小额分散的资产转型，在资产端挖掘、风控模式等方面均需重新探索，在短期内较难实现。此外，目前各个平台借款信息都处于分散状态，确定借款人跨平台借款限额，需要对同一借款人的重复借贷行为进行识别，而将全部网贷平台的借贷信息导入同一家征信机构或实现信息共享，而这实现起来需要一定时间。

另一方面，银行存管在推进过程也面临一定困难，首先，已完成与银行资金存管系统对接的平台仍在少数。其次，部分已经完成资金存管的网贷机构反映，银行资金存管在使用中也存在掉单、跨行支付能力较弱、收费高等问题，双方合作模式仍需进一步摸索。

三、金融资产交易所风险显露，与互联网金融合作模式合规性尚待探讨

自2010年全国第一家金融资产交易所成立以来，金融资产交易所在我国已有近7年的历史。据盈灿咨询不完全统计，全国目前共有52家金融资产

交易所和金融资产交易中心（以下统称金交所），分布在23个省份。随着金交所的发展，其业务范围不断拓宽，产品种类不断丰富，面临的问题和风险也逐步显露。不少金交所将信托、私募等产品通过收益权拆分并转让的方式，变相降低了信托、私募等产品的交易门槛，销售人数突破了200人的限制。随着销售对象范围的扩大，直接导致拆分转让的受众不在合格投资者范围之内，加大了系统性风险。

此外，为了拓展资金端，许多金交所选择与P2P网贷平台或者互联网理财平台合作开发理财业务。最初，P2P网贷机构与金交所合作是为了给平台增信，但随着《网贷管理办法》的出台，许多P2P网贷平台以股东或会员的身份与金交所达成战略合作关系，用于处理大额资产、满足限额要求。但是在网贷平台与金融资产交易所的合作模式中，也存在着收益权等额拆分、突破200人限制、违反合格投资者规定等问题，加大了网贷行业风险。该领域亟须规范整顿，防止成为互联网金融行业新的风险积聚领域。

四、校园贷业务缺乏相关标准，社会征信环境亟须发展完善

2016年，校园贷市场出现了多起社会反响巨大的不良事件，裸条、暴力催收、学生跳楼、涉嫌高利贷等，对行业造成了极大的负面影响。各种校园贷不良事件，一方面源于校园贷业务缺乏有关标准，相关放贷机构良莠不齐，存在贷前审核不严、滥发超发贷款、隐瞒实际资费标准等问题，还存在暴力催收、裸条等非法行为；另一方面也反映出社会征信体系的不健全以及大学生风险意识、基本金融常识、自我保护意识的匮乏。

校园贷市场乱象实际上折射了互联网借贷市场普遍存在的一些问题，互联网金融在探索为那些未被传统金融机构覆盖的人群提供金融服务的过程中，需要在业务发展和风险防范中寻求平衡。为规范和促进相关业务发展，一是需要加强对放贷机构、催收机构业务行为的规范和清理处罚，尽快出台相关法律法规，划定业务红线；二是需要教育和引导大众树立理性消费观念，增强金融素养和信用意识的培养；三是需要加强整个社会的信用环境建设，增大违约失信成本。

专栏8-4
中国支付清算协会小微金融风险信息共享平台

中国支付清算协会互联网金融专业委员会应广大成员单位的要求，组织建设了"互联网金融风险信息共享系统"，并于2015年8月正式上线。系统自上线以来，运行情况良好，受到参与机构与市场的热烈欢迎和好评。为更好地满足市场和机构需求，提供更加优质、高效的服务，协会于2016年对系统进行了升级改造，并更名为"小微金融风险信息共享平台"。升级后的系统进行了全面的功能和性能扩展，丰富了指标类型，大幅提升响应速度，实现了查询的实时反馈。平台采取免费查询方式运营，纯公益性地为市场机构提供信用信息服务。

共享平台继续采用分布式查询方式，运行原理与传统数据共享系统存在较大差别。传统数据共享系统是基于数据集中报送和存储的方式，共享平台则无须接入机构上传数据，只是充当信息通路和连接枢纽的角色。申请查询机构填写借款人姓名和身份证号产生查询请求后，向平台发送查询请求报文，平台收到查询请求后，立刻将查询请求转发至与平台相连的其他机构，其他机构收到查询请求后，在本机构的数据库中查询请求报文中的借款人相关信息（主要为贷款审核信息、贷款基本信息、逾期贷款以及黑名单信息），产生结果报文并反馈到平台。平台将收到的信息进行汇总，并将汇总结果反馈给申请查询机构。在查询结果时，平台将数据来源机构屏蔽掉，以保护接入机构客户资源，实现数据的安全、可控与标准化共享。

由于接入机构无须上传数据，只需对查询请求进行反馈，从而最大限度地保护了接入机构的经营信息。共享平台有机整合了各机构分散的数据，打通了单个机构面临的"信息孤岛"，能够有效地解决目前存在的多头借贷问题和防止欺诈风险。共享平台所分享的风险信息对当前征信数据是有益的补充，能够进一步丰富接入机构审贷手段，降低审贷成本，提升风控水平。

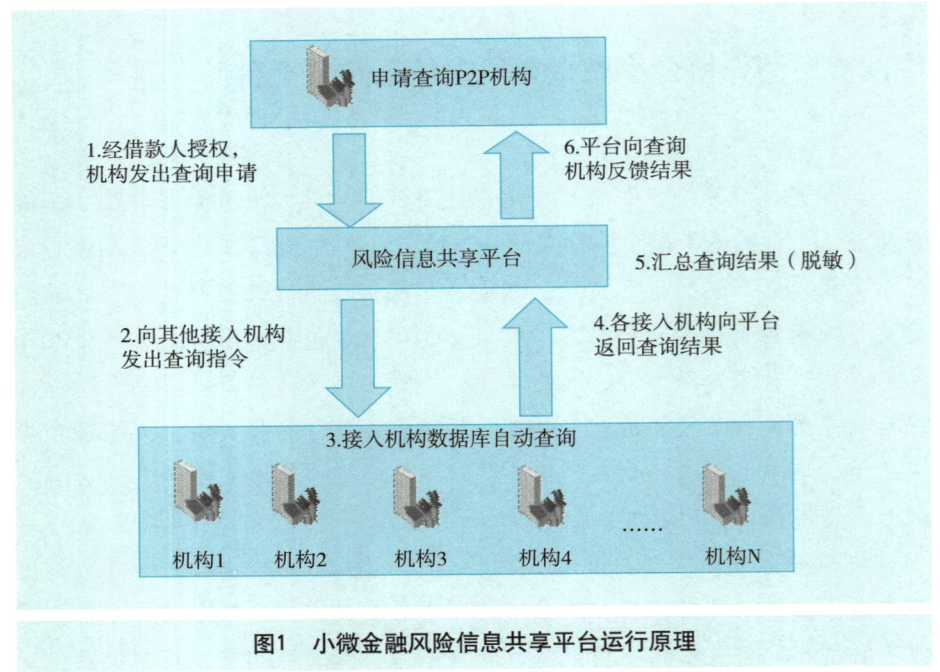

图1 小微金融风险信息共享平台运行原理

五、用户信息泄露严重，个人隐私保护亟待加强

在互联网金融业务中，由于涉及交易和借贷，用户需要将姓名、身份证号、银行卡号等一系列私人信息提供给互联网金融公司，这些私人信息都是受法律保护的公民隐私，平台方未经同意，不能将相关信息向他人公开。但由于这些信息都是通过互联网进行传输、保存的，如遇黑客攻击可能导致用户信息被盗取、篡改或者删除，影响用户的资金安全。此外，还有不少互联网金融公司擅自公布个人信息，在未经本人许可的情况下，将逾期、未还款的客户信息公布在公司网站上。更有部分机构，在未经客户授权的情况下抓取、使用用户信息，甚至对客户信息进行出售以谋求收益。

个人隐私保护不仅要靠企业自身对用户的道德保证，更需要互联网金融信息安全标准的规范以及相关法律法规的不断完善。目前尚缺乏专门性、系统性的个人信息保护法律法规，用户个人信息数据泄露事件频频发生，个人隐私保护亟待加强。

第四节　互联网金融发展趋势

一、互联网金融监管细则不断完善，业内机构加速合规进程

在经过2016年的监管收紧之后，2017年互联网金融行业将逐渐步入合规发展期。未来，互联网金融行业的监管将进一步趋严，各业态的监管细则及配套管理规定将进一步完善。在日益完善的政策环境下，银行、保险、证券等传统金融机构将继续加快与互联网的融合步伐，运用金融科技创新产品和模式，提高运营效率。在互联网金融风险专项整治的后半程，各类新型互联网金融平台将进一步加快合规进程，并在激烈的市场竞争驱动下继续走在行业创新的前列。此外，随着互联网在金融业和社会生活各个领域的渗透率不断提高，互联网金融业务被越来越多的投资人接受，涉及的资产端种类增加，互联网金融和传统金融的合作也将变得更加频繁。

二、单一业务平台积极转型升级，互联网金融集团化、综合化趋势明显

在互联网金融大潮的冲击下，诸多行业机构开始纷纷进入网络化进程，不少传统金融机构和传统行业上市公司早已加入了互联网金融布局。目前行业中一些大的互联网金融机构都有依托银行、证券、基金、保险等原有的金融生态中衍生出来的业务模块，或者本身就是这些机构的一个分支。集团化的业务模式对业务推动和业务拓展有极其重要的作用。

一些原本以单一互联网金融业务起家的平台，也在逐步收紧的监管政策指引下产生了变革的需求。考虑到单一的业务形态对行业风险抵抗力较弱、原有行业增长趋向平稳，一些机构纷纷寻求联合其他金融行业机构或者互联网企业合作，抱团形成产业链优势以求扩大增长。在过去一年中，许多具有一定规模和品牌优势的互联网金融公司，纷纷整合自身的资源，进行了集团化升级。无论是出于合规性要求、平台自身业务发展，还是长远上市考虑，集团化、综合化将成为行业发展趋势之一，未来可能有更多互联网金融公司走上集团化之路。但集团化并不适合所有平台，集团化之

后也并非高枕无忧，获取其他业务牌照的难度同样不小，且集团化内部也要建立严格的"防火墙制度"，防止风险在子公司间传递。

三、互联网金融探索农村蓝海，助力农村普惠金融

近年来，互联网金融不断向纵深发展，金融科技在业内的广泛应用大大拓展了普惠金融的实现路径。此外，激烈的市场竞争以及城市流量的日趋饱和，也促进各类互联网金融机构布局广大农村地区这一长期以来金融服务相对匮乏的市场。2016年底蚂蚁金服宣布了"谷雨计划"，计划在未来三年内向中国1 000个县域落地支付、信贷、保险等综合金融服务，携手合作伙伴发放10 000亿元的涉农信贷资金。此外，包括P2P网贷、众筹平台在内的越来越多的互联网金融企业开始探索涉足农村金融领域。对互联网金融企业来说，农村市场大有可为，既符合国家政策引导，又是企业在细分领域不断探索新的发展机遇的客观需求。随着智能手机的渗透，新一代农民平均学历水平的提升，农村地区，尤其在东部地区以及较发达地区的农村，可以被视为互联网金融企业发展的一片蓝海。未来，随着越来越多的互联网金融企业关注、进入"三农"金融领域，互联网金融行业有望在商业模式、业务规模等方面不断取得新的发展成果，为解决"三农"问题、推动精准扶贫提供新的探索路径。

专栏8-5
PPmoney理财"互联网+信用三农"探索

互联网金融低成本、高效率、服务长尾等特质增加了金融服务的覆盖性、公平性和可获得性，也为农村普惠金融和精准扶贫提供了重要且有效的手段和工具。2015年11月，由中国人民银行广州分行、广东省金融办指导，广东省金融消费者权益保护联合会、广东互联网金融协会、广州互联网金融协会承办的广东"互联网+信用三农"项目启动，该项目以"债权众

筹+实物抵息"的创新模式服务"三农",打通支农资金"最后一公里"。PPmoney理财作为首批四家试点单位之一,截至2016年底,已完成项目筹资超千万元。

一、业务流程

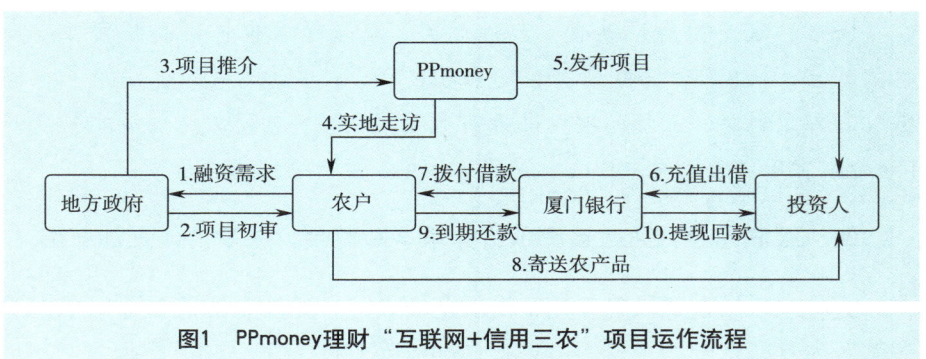

图1　PPmoney理财"互联网+信用三农"项目运作流程

1. 地方政府挖掘有资金需求的农企、农户,通过初步风险审核,确定要推荐的"三农"项目并推送给PPmoney理财。

2. PPmoney理财"三农"项目组在接到融资申请后对借款项目进行实地考察,对借款用途、还款来源、过往信用记录等进行核对后,平台与农户协商确定融资的金额、期限、收益方式等内容。

3. PPmoney理财根据与农户的约定在网站上发布"三农"借款项目,平台注册投资用户通过厦门银行的存管专户进行支付认购。项目满额后,厦门银行将投资者的资金归集完毕并统一向农户划拨借款。

4. 农户收到借款后,在10个工作日内向投资者寄送农产品。借款期满后,农户或农企按约定通过厦门银行的存管账户归还借款本息,再由银行支付系统向项目投资者清算各自的本金和利息。

二、业务特点

1. 投资收益以"利息+实物"形式,实现模式创新

该模式的创新之处在于,项目投资人除了可获得5%的预期年化收益外,还能获得来自借款人(农户或农企)自产的有机绿色农产品。农户使用农产品代替部分利息支出,既降低了资金成本,同时也扩大了销售渠道。

2. 宣传渠道、销售渠道、融资渠道的结合

PPmoney理财不仅为"三农"项目提供了融资渠道，还为农户提供了宣传渠道和农产品销售渠道。借助平台的传播影响力，"三农"项目获得了足够的曝光度，有助于农产品的品牌推广。

3. 建立长期合作，满足农民高频度、周期性资金需求

农户、农企的生产具有季节性周期，资金需求也呈现高频度、周期性的特点，所以PPmoney理财会定期与农户、农企进行联系，满足其融资需求。考虑到对"三农"项目进行实地考察风控和初次推广的成本较高，PPmoney理财寻求和农户建立长期的合作关系从而分摊成本。

四、互联网金融风险监测预警体系不断健全，共享合作更加普遍

随着互联网金融风险专项整治的全面展开，各地金融监管部门承担了对辖区内互联网金融平台的清理整顿和风险监控工作。对于行业参与方，特别是监管方来说，如何建立互联网金融风险监测预警系统，实现对平台有效、快速的监管，从事后处理过渡到实时监控、事前预警成为了热门话题。2016年，各地监管部门及行业协会对互联网金融风险预警系统的关注度越来越高。目前，上海市的类金融机构监测分析平台、深圳市的网贷平台预警系统、北京市的打击非法集资监测预警平台和厦门市的互联网金融风险预警平台等都已上线运行，此外，众多监管机构、行业协会以及其他民间机构也都在积极建立风险预警平台。

互联网金融行业涉及的业务范围较广，涉及的数据类别较多，有效的数据监控系统需要长期的研究优化，而且互联网金融预警系统的数据来源广泛，全面获取数据存在难度，获取成本也较高。单个系统的获取数据能力有限，多个风险预警平台之间合作更有利于对众多互联网金融公司风险进行监测和预警。未来将会有越来越多的监管机构和民间机构推出互联网金融风险监测预警系统，并且这些风险预警平台之间的合作也会不断加强。

五、金融科技的兴起，为行业可持续发展提供新动力

随着互联网金融的深入发展，互联网和金融呈现出深度融合的新趋

势,包括大数据、云计算、区块链、人工智能等技术在内的金融科技,全面应用于支付、清算、网络融资、保险、理财、财富管理等方面,提高了金融服务的效率,逐渐成为金融行业新的创新发展方向。2016年8月,国务院发布了《"十三五"国家科技创新规划》,提出了促进科技金融产品和服务创新,服务实体经济转型升级等要求。9月,G20峰会提出制定《G20数字普惠金融高级原则》,提出利用数字技术推动普惠金融体系的发展。此外,金融科技也成为11月在乌镇举办的第三届世界互联网大会的新热点。金融业正在进入人工智能、区块链和大数据分析等新技术驱动的新一轮发展期,许多传统金融机构和互联网金融公司都加大了对金融科技的投入,积极布局金融科技领域。同时,逐步健康、规范的行业环境也将促使互联网金融行业往科技金融、综合金融、大数据金融等更具含金量的方向发展。金融科技将从不同层面改善互联网金融服务体验,提升互联网金融服务效果,为互联网金融的可持续发展提供新的动力。

第九章 支付清算政策环境和监管制度

近年来,随着支付清算服务主体的日益丰富,市场活力的进一步激发,支付服务市场快速发展,服务及产品不断推陈出新。同时,行业快速发展中存在的风险问题也受到各方的高度关注。监管机构加快推进支付清算行业顶层设计,相继出台一系列制度和措施,支付清算行业法律制度日益完善,兼顾安全与效率的监管理念不断强化,非银行支付机构分类监管制度设计基本完成,"政府监管、行业自律、机构自治、社会监督"四位一体的监管体系和工作机制基本建立,监管有效性明显提高,我国支付行业监管步入新的阶段。同时,随着支付清算服务主体业务规模和服务范围的迅速扩张,支付服务和产品的不断创新,行业监管仍面临巨大挑战,支付清算行业的法律制度及监管框架仍有待进一步完善。

第一节 2016年行业政策环境和监管制度综述

2016年,规范发展成为支付清算行业监管的主基调。监管部门顺应支付行业的快速发展态势,加快推进支付制度的顶层设计,推动备付金集中存管机制和"网联"清算平台建设,着力以顶层设计引领行业变革;大力推进监管改革,转变监管理念、创新监管手段,加大对违规行为的整治力度,监管有效性明显提高,市场乱象得到有效整治;持续推进支付服务创新,以"规范与创新并重"的监管思路,鼓励和规范支付业务创新,推动行业持续健康发展。同时,充分发挥行业自律和社会监督作用,督促行业主体完善公司治理、加大内控约束,不断提高持续经营和合规经营水平。

表9-1 2016年支付清算行业相关法律制度及行业自律规范一览表

类别	规范性文件	自律性文件
银行账户管理	1.《中国人民银行关于落实个人银行账户分类管理制度的通知》	

续表

类别	规范性文件	自律性文件
非银行支付机构管理	2.《非银行支付机构分类评级管理办法》 3.《非银行支付机构网络支付业务管理办法》（2016年施行） 4.《中国人民银行办公厅关于实施支付机构客户备付金集中存管有关事项的通知》（2017年1月13日发布）	1.《中国支付清算协会关于印发〈非银行支付机构自律管理评价实施办法（试行）〉的通知》 2.《非银行支付机构网络支付业务自律规范》
银行卡产业政策	5.《中国人民银行等关于促进银行卡清算市场健康发展的意见》 6.《银行卡清算机构管理办法》 7.《国家发展改革委、中国人民银行关于完善银行卡刷卡手续费定价机制的通知》 8.《中国人民银行关于信用卡业务有关事项的通知》	
风险整治	9.《国务院办公厅关于印发〈互联网金融风险专项整治工作实施方案〉的通知》 10.《中国人民银行等关于印发〈非银行支付机构风险专项整治工作实施方案〉的通知》 11.《支付结算违法违规行为举报奖励办法》	3.《中国支付清算协会关于发布〈支付结算违法违规行为举报奖励办法实施细则〉的公告》
打击电信网络诈骗	12.《中国人民银行关于加强支付结算管理防范电信网络新型违法犯罪有关事项的通知》 13.《中国人民银行、工业和信息化部、公安部、工商总局关于建立电信网络新型违法犯罪涉案账户紧急止付和快速冻结机制的通知》	4.《中国支付清算协会关于进一步加强银行卡收单业务风险管理防范网络新型违法犯罪的提示》
业务规范	14.《国内信用证结算办法》 15.《中国人民银行关于规范和促进电子商业汇票业务发展的通知》 16.《中国人民银行关于进一步加强银行卡风险管理的通知》	5.《中国支付清算协会、中国银行业协会关于印发〈国内信用证审单规则〉的公告》 6.《中国支付清算协会关于印发〈电子商业汇票系统客户端功能标准及操作规范〉的通知》 7.《中国支付清算协会关于印发〈关于加强银行卡敏感信息安全管理防范终端机具改装的倡议书〉的通知》
信息科技管理	17.《中国人民银行关于印发〈金融业机构信息管理规定〉的通知》（2016年修订）	8.《中国支付清算协会关于印发〈非银行支付机构标准体系〉的通知》 9.《中国支付清算协会关于印发〈非银行支付机构信息科技风险管理指引〉的通知》 10.《中国支付清算协会关于印发〈个人信息保护技术指引〉的通知》

续表

类别	规范性文件	自律性文件
消费者保护	18.《中国人民银行关于印发〈中国人民银行金融消费者权益保护实施办法〉的通知》	
风险信息共享		11.《中国支付清算协会关于印发〈中国支付清算协会行业风险信息共享管理办法（暂行）〉的通知》 12.《中国支付清算协会关于印发〈中国支付清算协会支付清算综合服务平台行业风险信息共享系统业务管理办法（试行）〉的通知》 13.《中国支付清算协会关于印发〈银行卡收单外包机构登记及风险信息共享办法〉及〈银行卡收单外包机构登记及风险信息系统业务管理办法〉的通知》

一、加快推进顶层设计，不断完善行业基础性制度体系

个人银行账户分类管理机制正式实施，有助于有效落实银行账户实名制，保护存款人合法权益。自2015年以来，中国人民银行先后发布《关于改进个人银行账户服务　加强账户管理的通知》、《关于加强支付结算管理　防范电信网络新型违法犯罪有关事项的通知》、《关于落实个人银行账户分类管理制度的通知》等文件，按照鼓励创新与防范风险相协调的管理思路，不断完善各类账户管理规定，推进账户分类管理制度建设。个人银行账户分类管理制度根据不同开户渠道个人身份实名验证差异，赋予不同账户功能，有利于强化账户实名制；通过功能和额度限制，建立账户安全屏障，既满足个人多样化、个性化的支付需求，又有效防范风险；允许银行远程开立Ⅱ类、Ⅲ类账户，提升了账户服务的便捷性和用户体验；通过限定个人开立全功能账户的数量，有效遏制买卖账户行为，防范电信网络诈骗和银行卡信息泄露。

非银行支付机构客户备付金集中存管模式基本确立，"网联"清算平台建设正式启动，督促非银行支付机构回归支付业务本源。非银行支付机

构客户备付金规模巨大、存放分散，存在巨大风险隐患，如客户备付金挪用风险、支付机构通过在多家银行开立备付金账户变相行使跨行清算职能等。针对上述问题，国务院办公厅于2016年10月印发《互联网金融风险专项整治工作实施方案》，要求客户备付金实行集中存管，且中国人民银行或银行不向其备付金账户计付利息，目的是引导非银行支付机构回归提供小额、快捷、便民小微支付服务的宗旨。中国人民银行经过深入研究并广泛征求各方意见，于2017年1月13日印发《关于实施支付机构客户备付金集中存管有关事项的通知》，建立客户备付金集中存管工作机制。为解决非银行支付机构通过直联多家银行变相行使清算职能的问题，实现支付机构部分自清算业务的透明化，提高监管有效性，同时畅通支付机构业务处理通道，满足社会公众日益多样化的支付需求，中国人民银行启动非银行支付机构网络清算平台建设，为支付机构提供统一的资金清算服务。

银行卡定价机制改革推进实施，银行卡清算市场机制进一步完善，为银行卡产业向纵深发展奠定了坚实的政策基础。中国人民银行发布《关于信用卡业务有关事项的通知》，从推进信用卡费率和息费规则市场化、提升预借现金服务质量、加强持卡人权益保护等方面，促进信用卡服务创新和良性竞争；国家发展改革委、中国人民银行发布《关于完善银行卡刷卡手续费定价机制的通知》，贯彻国家供给侧改革要求，采用"取消商户分类"、"借贷分离"思路进一步完善刷卡手续费定价机制，着力消除收单市场制度性乱象，降低发卡行服务费和网络服务费；中国人民银行等十四部委发布《关于促进银行卡市场健康发展的意见》，中国人民银行制定并发布《银行卡清算机构管理办法》，规范银行卡清算机构准入管理，有序推进清算市场开放，促进清算市场机制更加完善。

二、持续加大违规行为打击力度，有效净化市场环境

2016年，"规范与创新"并重的监管思路进一步强化，监管部门对支付清算行业的违规行为打击力度持续加大，市场环境得到有效净化。对支付结算违法违规行为继续保持高压态势。为防范和整治非银行支付机构风险，促进行业健康发展，中国人民银行会同十三部委制定并印发了《非银行支付机构风险专项整治工作实施方案》，对非银行支付机构的风险开

展专项整治,客户备付金风险、跨机构清算、无证经营支付业务成为专项整治的重点领域;同时,监管部门对支付结算违法违规行为的检查频率和处罚力度进一步加大,对部分机构的高额罚单也表明了监管机构"严字当头"、重典治乱的决心和勇气。

包容性监管逐渐走向审慎监管。从第一家支付机构诞生至今,中国的第三方支付市场已经走过了十多年创新和监管之路。随着近几年互联网金融业态的快速发展,大量市场新进入者在互联网理财、众筹、P2P等领域,依托新兴的互联网技术和商业模式,快速积累了庞大的客户群,并产生了较大的社会影响力。网络支付已经成为互联网金融最不可或缺的基础设施之一,渗透到互联网金融从底层支撑系统到客户服务界面的方方面面,在新兴社会机体运行中发挥着重要的润滑剂作用。随着第三方支付市场的快速发展,现在已经形成了一批系统重要性支付机构,非银行支付机构的稳健性、支付交易的安全性和支付行为的合规性,已经成为关系到国计民生的大问题。因此,对支付机构的监管,已经成为当前监管部门的一项重要工作。

三、分类监管模式基本确立,进一步提升监管有效性

支付账户按实名制身份认证强度分类,实施差别化管理。《非银行支付机构网络支付业务管理办法》规定,支付账户可以非面对面形式在线申请开立,但通过外部渠道交叉验证的数量决定了实名身份认证的强度,通过至少一个外部渠道验证身份的为Ⅰ类账户,通过至少三个外部渠道验证身份的为Ⅱ类账户,通过至少五个外部渠道验证身份的为Ⅲ类账户。对支付账户实施差别化管理,以正向激励的机制引导和推动支付机构在符合基本条件和实质合规的前提下开展技术创新、流程创新和服务创新,从而达到在有效提升监管措施弹性和灵活性的同时,激发支付机构活跃支付服务市场动力的目的。

支付机构按资质和风控能力分类监管。《非银行支付机构网络支付管理办法》将支付机构分为5类11级,对支付机构进行差异化、针对性的监管,多次出现D类、E类评级的机构将被暂停支付业务,直至注销支付业务许可证。分类监管的实施,可以有效配置监管资源,激励支付机构增强合

规意识，加强风险管理，促进可持续发展。

四、电信网络诈骗打击力度空前，有效保护金融消费者权益

近年来，金融消费者权益保护成为监管的核心目标之一，电信网络诈骗打击力度空前加大，金融消费者安全得到更加有效的保护。

打击电信网络诈骗成效显著。为打击日益猖獗的电信网络新型违法犯罪活动，保护人民群众财产安全和合法权益，根据国务院工作部署要求和《关于防范和打击电信网络诈骗犯罪的通告》，中国人民银行发布了《关于加强支付结算管理　防范电信网络新型违法犯罪有关事项的通知》，从加强账户实名制管理、转账管理、银行卡业务管理、可疑交易监测等7个方面入手，有效遏制买卖账户和假冒匿名账户势头，阻断电信网络新型违法犯罪资金转移的主要通道，最大限度地保护群众资金安全。

客户信息安全受到高度重视。《中国人民银行金融消费者权益保护实施办法》单列一章强调对金融消费者个人金融信息的保护，保障金融信息安全。同时，针对个人敏感信息泄露、窃取事件时有发生的情况，为强化银行卡信息安全管理，打击和预防银行卡盗刷案件，中国人民银行发布了《中国人民银行关于进一步加强银行卡风险管理的通知》，要求各商业银行、非银行支付机构、银行卡清算机构加强对支付敏感信息的内控管理和安全防护工作。

信息披露制度进一步完善。监管部门从事前消费者保护入手，完善信息披露制度，保障金融消费者的知情权和选择权。《中国人民银行金融消费者权益保护实施办法》规定，金融机构应当按照相关监管规定披露与金融消费者权益保护相关的经营信息、金融产品和服务信息以及其他信息，并明确了需要披露的内容和披露方式。《非银行支付机构网络支付业务管理办法》从保障客户的知情权、选择权、信息安全和资金安全等方面作出了具体的规定，以切实保障个人消费者的合法权益。

五、充分发挥行业自律作用，进一步加强社会监督力量

行业自律体系不断完善。2016年，为贯彻国家支付清算行业的政策法规，中国支付清算协会制定了一系列实施细则及配套规则，各业务领域的自律规范更加丰富。《非银行支付机构自律管理评价实施办法（试行）》发布实施，自律评价机制初步建立并不断完善，成为行业自律的重要手段，对提高行业自律的权威性和有效性发挥了重要作用；《非银行支付机构网络支付业务自律规范》与《非银行支付机构网络支付业务管理办法》同步施行，从业务管理、客户管理、风险管理和信息披露等方面对从事网络支付的支付机构提出了更严格、更详细的要求；此外，中国支付清算协会制定并发布了《非银行支付机构信息科技风险管理指引》、《个人信息保护技术指引》等一系列技术规范，以及《国内信用证审单规则》、《电子商业汇票系统客户端功能标准及操作规范》等业务规范，开发建设特约商户信息管理系统，组织建立网络支付业务自律审查机制、支付机构信用承诺机制等自律机制，行业自律管理体系进一步健全。

社会监督机制发挥重要作用。为规范支付服务市场秩序，鼓励举报支付结算违法违规行为，中国人民银行发布了《支付结算违法违规行为举报奖励办法》，建立了支付结算违法违规行为举报奖励制度。中国支付清算协会按要求发布实施《支付结算违法违规行为举报奖励办法实施细则》。自举报奖励机制运行以来，有效发挥了社会监督力量的作用，有效配合了支付行业和互联网金融行业的整治工作，成为搜集风险信息、探查违规行为的重要手段，成为日常监管和行业自律的重要补充。

第二节　2016年重点政策法律制度评析

一、建立个人银行账户分类管理机制，强化落实实名制

随着移动互联的发展，近年来，电子支付已成为一种趋势，与此同时，其安全性问题也越发严峻。2016年，为有效防范电信网络新型违法犯罪，切实保护人民群众财产安全和合法权益，中国人民银行在2015年底确立的I类、II类和III类银行账户体系架构的基础上，发布了《关于加强支付结算管理　防范电信网络新型违法犯罪有关事项的通知》和《关于落实个人银行账户分类管理制度的通知》（以下简称《通知》），进一步明确和细化了对三类银行账户的功能管理要求。《通知》主要规定了以下内容：

一是要求同一个人在同一家银行（以法人为单位，下同）只能开立一个Ⅰ类账户。

二是在开立Ⅱ类、Ⅲ类账户时，除可通过绑定Ⅰ类账户进行身份验证外，还可以通过绑定信用卡账户进行身份验证，不得绑定支付机构开立的支付账户进行身份验证。

三是扩展了Ⅱ类账户的功能，但是约定了资金汇入转出的限额，经银行柜面、自助设备加以银行工作人员现场面对面确认身份的，Ⅱ类账户还可以办理存取现金、非绑定账户资金转入业务，可以配发银行卡实体卡片。

个人银行账户分类管理机制的实施有利于强化账户实名制，根据不同开户渠道个人身份实名验证差异，赋予不同账户功能；有利于建立账户安全屏障，通过功能和额度限制，既满足个人多样化、个性化的支付需求，又有效防范风险；有利于推动金融服务创新，允许银行远程开立Ⅱ类、Ⅲ类账户，提升了账户服务的便捷性和用户体验；有利于强化支付行业监管，限定个人开立全功能账户的数量，有效遏制账户买卖行为，防范电信网络诈骗和银行卡信息泄露。

二、规范银行卡清算机构准入管理，实施银行卡价格改革

（一）发布银行卡清算机构市场准入管理办法，规范银行卡清算机构管理，有序推进银行卡清算市场开放

银行卡已成为我国社会公众使用最广泛的非现金支付工具。银行卡清算机构在银行卡产业发展中发挥着核心作用，通过促进银行卡服务的标准化居间协调各方利益，实现了银行卡的规模发行与广泛受理，提高了银行卡交易处理和资金清算效率。同时，银行卡清算机构的稳健经营和风险防范有利于维护银行卡交易的正常秩序和支付体系的稳定运行。为落实国务院《关于实施银行卡清算机构准入管理的决定》（国发〔2015〕22号），依法有序推进银行卡清算市场开放，规范银行卡清算机构管理，中国人民银行会同中国银行业监督管理委员会发布了《银行卡清算机构管理办法》。

《银行卡清算机构管理办法》遵循鼓励竞争、促进市场开放、防范风

险、维护金融安全，保障持卡人及相关各方合法权益的基本原则，主要对银行卡清算机构的设立、业务专营、交易处理、信息传输、资金清算、基础设施管理、金融信息安全、反洗钱和反恐怖融资等方面的基本管理提出要求，还细化了银行卡清算业务筹备申请、开业申请、机构变更及业务终止等环节的申请材料与办理程序，规定了银行卡清算机构董事和高级管理人员任职资格要求以及境外机构的业务范围和报告机制、法律责任划分问题。

《银行卡清算机构管理办法》的发布，意味着我国银行卡清算市场的正式放开，未来国内银行卡清算市场将出现参与主体多元化、多个银行卡品牌同台竞争的市场化格局。不同银行卡清算机构参与交易环节，差异化、多样化的银行卡清算服务，对提升我国金融服务水平、改善支付服务环境、维护相关各方利益，尤其是广大持卡人权益发挥重要作用，甚至会进一步降低刷卡手续费。同时，银行卡清算服务市场化机制的逐步建立，将为广大消费者和持卡人带来更加个性化的银行卡支付产品，营造更加安全便捷的支付环境，不断满足公众日益多样化的支付需求，提升消费便利和生活品质，为金融消费者提供更好的支付服务。

（二）改革信用卡定价机制，对信用卡利率实行浮动区间管理，促进信用卡市场健康持续发展

为完善信用卡业务市场化机制，满足社会公众日益丰富的信用卡支付需求，提升信用卡服务质量，促进信用卡市场健康、持续发展，2016年4月15日，中国人民银行发布了《关于信用卡业务有关事项的通知》，2017年1月1日起施行。它主要规定了以下内容：

一是对信用卡透支利率实行上限和下限管理。透支利率上限为日利率万分之五，透支利率下限为日利率万分之五的0.7倍。信用卡透支的计结息方式，以及对信用卡溢缴款是否计付利息及其利率标准，由发卡机构自主确定。

二是规定了免息还款期和最低还款额。持卡人透支消费享受免息还款期和最低还款额待遇的条件和标准等，由发卡机构自主确定。

三是规定了违约金和服务费用。取消信用卡滞纳金，对于持卡人违约逾期未还款的行为，发卡机构应与持卡人通过协议约定是否收取违约金。

发卡机构向持卡人提供超过授信额度用卡服务的，不得收取超限费。发卡机构对向持卡人收取的违约金和年费、取现手续费、货币兑换费等服务费用不得计收利息。

四是对信用卡预借现金业务的提取、转账和充值进行了规定。

五是规定了发卡机构的信息披露义务。

六是对非本人授权交易的处理进行了规定。

信用卡利率实行浮动区间管理，设定最高上限和最低下限，有助于信用卡业务的健康发展和平稳过渡，也有助于保障持卡人的合法权益。对发卡行来说，信用卡透支利率市场化将充分发挥市场和价值规律的作用。由供求关系决定的利率运行机制，有助于提升发卡银行的经营自主权和科学经营水平，进一步提升服务水平；对持卡人来说，在信用卡产品和服务不断丰富的前提下，持卡人可以根据个人偏好、资信状况和还款习惯等，选择符合自身需要的利率、免息还款期和最低还款额待遇等相关信用卡产品。

（三）优化银行卡刷卡手续费定价机制，降低商户经营成本，规范银行卡市场秩序

银行卡刷卡消费是当前商业服务领域采用较多的一种非现金支付方式，是现代商贸流通的重要环节之一。银行卡刷卡手续费主要包括收单机构收取的收单服务费、发卡机构收取的发卡行服务费和银行卡清算机构收取的网络服务费。2013年出台的刷卡手续费政策，对促进银行卡推广使用，搞活流通，扩大内需，支持各行业企业发展发挥了积极作用。为贯彻落实国务院有关文件精神，进一步降低商户经营成本，改善商户经营环境，扩大消费，促进商贸流通，国家发展改革委、中国人民银行组织相关行业协会、主要行业商户代表及银行卡经营机构研究制定了《关于完善银行卡刷卡手续费定价机制的通知》，明确了按照市场化方向完善银行卡刷卡手续费定价机制，从总体上较大幅度降低收费水平的政策措施（具体费率详见第四章相关表格）。

一是取消行业分类定价，降低发卡行服务费费率水平。发卡机构收取的发卡行服务费由此前的区分不同商户类别实行政府定价，对借记卡、贷记卡（通常指信用卡）执行相同费率，改为不区分商户类别，实行政府指

导价、上限管理。

二是对发卡行服务费实行借贷计卡分离定价。

三是改变了网络服务费的收取模式，降低网络服务费费率水平。网络服务费不区分商户类别，实行政府指导价、上限管理，分别向收单、发卡机构计收。

四是收单服务费实行市场调节价，由收单机构与商户自主协商确定具体费率。

五是对部分商户实行发卡行服务费、网络服务费费率优惠措施。

本轮银行卡刷卡手续费定价机制改革，是政策决策部门在尊重银行卡产业内在规律及发展特点的基础上，结合国家政策导向以及当前经济发展阶段特征，综合考量商户、发卡行、转接清算机构、收单机构多方利益，集思广益、科学决策的结果，标志着较长一段时间以来，被银行卡产业链各方瞩目热议的核心定价政策成型落地。

本次政策调整，从总体上较大幅度降低了费率水平，有利于降低商户经营成本，改善经营环境，不仅不会增加消费者支出，而且有利于消费者获得更好的刷卡消费体验；针对市场竞争较为充分的收单环节服务收费实行市场调节价，将为收单机构顺应市场形势发展变化，主动降费、拓展市场创造条件；考虑到借记卡、贷记卡两类银行卡在交易成本构成、业务风险特征等方面存在差异，对借记卡、贷记卡交易的发卡行服务费作出不同安排，体现了贷记卡交易成本和风险较高的实际情况，有利于调动商业银行积极性，推广信用卡，拓展信用消费业务。

三、创新分类监管制度，确立备付金集中存管机制

（一）建立激励与约束相结合的非银行支付机构分类监管机制，进一步提高监管效率

伴随着非银行支付机构业务规模的不断增长和业务的加快创新，其中蕴藏的风险也引起了监管机构的高度警惕。为有效实施非银行支付机构监管，合理配置监管资源，提高监管效率，防范支付风险，保护客户合法权益，2016年4月19日，中国人民银行发布了《非银行支付分类评级管理办法》（以下简称《管理办法》），确立了非银行支付机构分类监管机制。

一是明确了支付机构分类评级指标。《管理办法》规定，支付机构的分类评级指标包括监管指标和自律管理指标。监管指标包括客户备付金管理、合规与风险防控、客户权益保护、系统安全性、反洗钱措施、持续发展能力6项。自律管理指标由中国支付清算协会制定。

二是明确了支付机构分类评级的标准及评级结果的运用。根据各项指标评价计分后，支付机构将被分为5类11级，包括A（AAA、AA、A）、B（BBB、BB、B）、C（CCC、CC、C）、D和E类。若支付机构发生重大不良变化或出现异常，且足以导致机构分类评级结果调整的，或连续多次出现D类或E类相关情形的，中国人民银行及其分支机构可以随时向下调整其分类评级结果并采取相应措施，直至注销支付业务许可证。

《管理办法》施行后，中国人民银行通过企业自评和监管核查的方式，了解企业的现状，再根据实际评分情况，确定最终的分类评级监管机制和标准。支付机构分类管理的思路，有利于进一步调动支付机构发展的积极性，风险管理、系统安全等综合指标水平高的支付机构将在业务开展方面享受一定的政策优惠，业务不规范、管理薄弱的支付机构则需要加强整改、规范业务。

（二）实施客户备付金集中存管机制，保障客户资金安全，促进非银行支付机构回归业务本源

支付机构客户备付金规模巨大、存放分散，存在巨大的风险隐患：一是客户备付金存在被支付机构挪用的风险；二是一些支付机构违规占用客户备付金用于购买理财产品或其他高风险投资；三是支付机构通过在各商业银行开立的备付金账户办理跨行资金清算，超范围经营，变相行使中央银行或清算组织的跨行清算职能，甚至有支付机构借此便利为洗钱等犯罪活动提供通道，也增加了金融风险跨系统传导的隐患；四是客户备付金的分散存放，不利于支付机构统筹资金管理，存在流动性风险。针对上述问题，2013年6月，中国人民银行发布了《支付机构客户备付金存管办法》，明确和细化关于客户备付金的监管要求，对客户备付金存放、归集、使用、划转等存管活动作了严格规定，强化支付机构的资金安全保护意识和责任，以及备付金银行的监督责任。

2016年10月，国务院办公厅印发《互联网金融风险专项整治工作实

施方案》,要求"非银行支付机构不得挪用、占用客户备付金,客户备付金账户应开立在中国人民银行或符合要求的商业银行。中国人民银行或商业银行不向非银行支付机构备付金账户计付利息,防止支付机构以'吃利差'为主要盈利模式,理顺支付机构业务发展激励机制,引导非银行支付机构回归提供小额、快捷、便民小微支付服务的宗旨",中国人民银行于2017年1月13日印发《关于实施支付机构客户备付金集中存管有关事项的通知》。它主要规定了以下内容:

一是明确客户备付金集中存管的实现时间,即从2017年4月17日起支付机构应将客户备付金按照一定比例(目前为20%不等,未来逐步过渡到100%)统一交存到指定机构专用存款账户。

二是该账户资金不计入一般存款,不计付利息,不纳入存款准备金交存基数。

三是规定了交存比例和金额的计算调整方法,比例由支付机构业务类型和最近一次分类评级结果确定,金额由上季度客户备付金日均余额和支付机构适用的交存比例计算得出,每季度调整一次。

四是加强监督,未按要求交存备付金的,不仅会受到处罚,还会影响其分类评级。

《关于实施支付机构客户备付金集中存管有关事项的通知》是2013年6月《支付机构客户备付金存管办法》落地实施的具体措施,备付金集中存管符合当前支付清算体系改革的现实要求,有利于纠正和防止支付机构挪用、占用客户备付金,保障客户资金安全,引导支付机构回归业务本源。

四、开展专项整治活动,打击支付市场违规乱象

(一)开展非银行支付机构风险专项整治,净化市场环境,防范支付风险

非银行支付机构是支付服务市场的新生力量。中国人民银行于2010年发布《非金融机构支付服务管理办法》,明确对非银行机构开展支付业务实施准入管理。从《非金融机构支付服务管理办法》实施以来,全国共有270家非银行支付机构获准从事支付业务,业务范围包括网络支付、多用途预付卡发行与受理、银行卡收单等。非银行支付机构对推动支付服务

创新、改进和提升支付服务水平发挥了积极作用。但随着市场竞争加剧，支付服务主体因利益驱动引发无序竞争、恶性竞争、不公平竞争的情形时有发生，如违规经营、挪用客户备付金等风险事件的发生。同时，无证从事支付结算业务现象突出，支付市场公平竞争无法保障，支付行业秩序遭到破坏，并助长地下钱庄、电信诈骗、非法集资等犯罪行为。为贯彻落实党中央、国务院决策部署，促进支付服务市场健康发展，切实防范支付风险，中国人民银行会同十三部委印发了《非银行支付机构风险专项整治工作实施方案》（以下简称《实施方案》）。

《实施方案》主要包括两方面内容：一是开展支付机构客户备付金风险和跨机构清算业务整治，包括加大对客户备付金问题的专项整治和整改监督力度，建立支付机构客户备付金集中存管制度，逐步取消对支付机构客户备付金的利息支出，规范支付机构开展跨行清算行为，按照总量控制、结构优化、提高质量、有序发展的原则，严格把握支付机构市场准入和监管工作；二是开展无证经营支付业务整治，排查梳理无证机构名单及相关信息，并根据其业务规模、社会危害程度、违法违规性质和情节轻重分类施策，维护市场秩序。

《实施方案》除了对非银行支付机构客户备付金管理作出规定外，还对其业务开展提出了具体要求：一是非银行支付机构不得连接多家银行系统，变相开展跨行清算业务。二是开展支付业务的机构应依法取得相应业务资质，不得无证经营支付业务。

对非银行支付机构风险的专项整治，体现了安全与效率兼顾、鼓励创新与规范发展相结合、服务与监管并重、监管标准一致性的监管原则，遏制了市场乱象，净化了市场环境，对维护支付市场稳定、保障商户及消费者合法权益具有重要意义，有利于促进支付机构坚持服务电子商务发展和为社会提供小额、快捷、便民小微支付服务的宗旨，坚守支付中介的定位和本分。

（二）建立并实施结算违法违规行为举报奖励机制，充分发挥市场监督的作用，规范支付服务市场秩序

针对支付服务市场出现的违法违规乱象，为充分发挥市场监督力量，鼓励举报支付结算违法违规行为，规范支付服务市场秩序，净化市场环

境，中国人民银行发布了《支付结算违法违规行为举报奖励办法》（以下简称《办法》）。

《办法》规定，任何单位和个人均有权举报支付结算违法违规行为。举报奖励的实施主体为中国支付清算协会；适用主体涵盖支付市场的各类参与主体，包括银行业金融机构、非银行支付机构、清算机构，以及无证经营支付结算业务的单位和个人；适用范围针对支付结算领域，包括银行账户、支付账户、支付工具、支付系统等支付结算业务的各类违法违规行为。

《办法》要求，举报支付结算违法违规行为时，应实名举报，且应有明确的举报对象、具体的举报事实及证据。为保护举报人合法权益，举报奖励遵循为举报人保密原则：未经举报人同意，不得以任何方式将举报人姓名、身份及举报材料公开或泄露给被举报单位和其他无关人员。若举报内容经查证属实、对规范市场有积极作用且事先未被监管部门掌握的，将对举报人予以奖励。

举报奖励机制的建立有利于充分发挥行业自律和社会监督作用，充实监管信息源，降低信息不对称，建立健全"政府监管、行业自律、机构自治、社会监督"四位一体的监管体制，对维护公开、公平、公正的支付服务秩序具有积极意义。

五、打击电信网络新型违法犯罪，构建防范电信网络诈骗长效机制

（一）加强支付结算管理，打击电信网络新型违法犯罪，最大限度保护群众资金安全

电信网络新型违法犯罪严重危害人民群众财产安全和合法权益，损害社会诚信和社会秩序，已成为当前影响群众安全和社会和谐稳定的一大公害。自2015年10月国务院打击治理电信网络新型违法犯罪工作部际联席会议部署在全国开展专项行动以来，打击治理工作取得了阶段性成效，但电信网络新型违法犯罪的高发势头没有从根本上得到遏制，形势依然严峻。2016年，接连发生的几起重大的电信诈骗案，再一次将电信诈骗推向了舆论的制高点。为贯彻落实党中央精神、国务院部署要求和《关于防范和打击电信网络诈骗犯罪的通告》，针对公安机关反映的电信网络新型违法犯

罪情况，中国人民银行发布了《中国人民银行关于加强支付结算管理 防范电信网络新型违法犯罪有关事项的通知》（以下简称《通知》）。《通知》重点从七个方面加强支付结算管理：

一是加强账户实名制管理。从增量开户防范和存量账户排查两个方面着手，深入开展账户实名制工作，全面推进个人账户分类管理，暂停涉案账户开户人名下所有账户的业务，建立对买卖银行账户和支付账户、冒名开户的惩戒机制，加强对冒名开户的惩戒力度，建立单位开户审慎核实机制，加强对异常开户的审核，严格建立联系电话号码与身份证件号码的对应关系。

二是加强转账管理。增加转账方式，加强银行非柜面转账管理、支付账户转账管理，加强交易背景调查及特约商户资金结算的管理。

三是加强银行卡业务管理。严格审核特约商户资质，规范受理终端的管理，建立健全特约商户信息管理系统和黑名单管理机制。

四是强化可疑交易监测，确保交易信息真实、完整、可追溯，加强账户实测，强化支付结算可疑交易监测的研究。

五是健全紧急止付和快速冻结机制。

六是加大对无证机构的打击力度，依法处置无证机构。

七是建立责任追究机制。

账户分类管理实施后，个人使用的银行结算账户将形成以Ⅰ类账户为主；Ⅱ类、Ⅲ类账户为辅的账户体系。其中限制Ⅰ类账户的开户数量以及Ⅱ类、Ⅲ类账户的功能，可以有效防范和打击不法分子成功实施诈骗后，利用银行卡实现资金转移，更好地保护信息安全和资金安全。

《通知》的施行将阻断电信网络新型违法犯罪资金转移的主要通道，充分考虑支付安全性与便捷性的平衡，最大限度地保护群众资金安全，有效遏制账户买卖和假冒账户的行为。

（二）建立电信网络新型违法犯罪涉案账户紧急止付和快速冻结机制，有效切断电信诈骗资金链

为提高公安机关冻结诈骗资金效率，切实保护社会公众财产安全，中国人民银行、工业和信息化部、公安部、工商总局发布了《关于建立电信网络新型违法犯罪涉案账户紧急止付和快速冻结机制的通知》。根据《关于建立电信网络新型违法犯罪账户紧急止付和快速冻结机制的通知》的要

求,自2016年6月1日起,各银行业金融机构、公安机关通过接口方式与电信网络新型违法犯罪交易风险事件管理平台连接,实现对涉案账户的紧急止付、快速冻结、信息共享和快速查询功能。获得网络支付业务许可的非银行支付机构应于2016年12月31日前通过接口方式与管理平台连接,实现上述功能。《关于建立电信网络新型违法犯罪账户紧急止付和快速冻结机制的通知》对紧急止付、快速冻结业务流程进行了规范,并要求银行、支付机构对涉案账户或可疑账户采取业务限制措施。

电信网络新型违法犯罪交易风险事件管理平台直连公安部门,大幅提升了公安机关查询、止付和冻结涉案账户的效率,有效切断电信诈骗资金链,成为受骗资金查控的"制高点"。

六、落实金融消费者权益保护,保障资金和信息安全

(一)发布金融消费者权益保护实施办法,全面保护金融消费者权益

近年来,消费者金融信息被泄露、盗取甚至出售的事件时有发生,严重威胁了用户的支付安全,更为不法分子实施精准诈骗创造了条件。2016年12月27日,《中国人民银行金融消费者权益保护实施办法》(以下简称《实施办法》)出台,对金融消费者的权益保护进行了具体部署。

一是明确金融消费者权益保护的适用主体。《实施办法》将金融消费者定义为"购买、使用金融机构提供的金融产品和服务的自然人",结束了理论界与实务界对金融消费者概念界定之争,意义重大。除了明确被保护主体,《实施办法》还明确了金融消费者权益保护的义务主体,即"在中华人民共和国境内依法设立的为金融消费者提供金融产品和服务的银行业金融机构,提供跨市场、跨行业交叉性金融产品和服务的其他金融机构以及非银行支付机构"。

二是加强消费者金融信息保护。《实施办法》单列一章强调金融消费者个人金融信息的保护,对个人金融信息收集、储存、使用等方面都作了较为明确的规定,并要求建立信息密级管理制度,从源头上保护金融消费者权益。

三是加强消费者知情权保护。《实施办法》规定了有关格式条款的内

容，金融机构通过格式条款取得个人金融信息书面使用授权或者同意的，应当在条款中明确该授权或者同意所适用的向他人提供个人金融信息的范围和具体情形，应当在协议的醒目位置使用通俗易懂的语言明确向金融消费者提示该授权或者同意的可能后果。

四是从公司内部管理和企业发展角度明确金融机构加强金融消费者保护的义务。

五是完善金融消费者投诉处理机制。

金融消费者权益保护已经成为维护金融稳定的重要议题。《实施办法》的施行，有助于加强金融消费者权益保护，彰显公平正义。

（二）加强银行卡风险管理，开展整治非法买卖银行卡信息专项行动，保护消费者信息安全

近年来，随着我国社会经济的快速发展和居民消费水平的不断提高，银行卡作为方便、快捷的非现金支付工具被社会公众广泛接受并运用于日常生活中，已经成为我国社会公众使用最为广泛的非现金支付工具，有效拉动了消费，促进了商贸流通。与此同时，银行卡支付安全也面临新的挑战，特别是银行卡信息泄露问题成为社会关注的焦点。不法分子通过电信技术、黑客技术和改造银行卡收单受理终端（POS机具）等手段，窃取银行卡信息进而盗取卡内资金的违法犯罪活动日益猖獗，对社会公众利益和金融体系安全造成了严重威胁。为此，中国人民银行于2016年6月发布了《关于进一步加强银行卡风险管理的通知》，要求各商业银行、支付机构、银行卡清算机构加强对支付敏感信息的内控管理和安全防护工作；2016年9月，中国人民银行、工业和信息化部、公安部、工商总局、中国银监会、国家互联网信息办公室又联合印发了《关于开展联合整治非法买卖银行卡信息专项行动的通知》，决定于2016年9月至2017年4月在全国范围内开展联合整治非法买卖银行卡信息专项行动。

《中国人民银行关于进一步加强银行卡风险管理的通知》对银行卡产业各参与方提出了明确的管控指导方向，要求各有关机构加强对支付敏感信息的内控管理和安全防护工作，强化银行卡信息的安全管理，年底前必须采用支付令牌化技术以及多因素身份验证，切实防范磁条卡伪卡欺诈交易风险。

《关于开展联合整治非法买卖银行卡信息专项行动的通知》针对当前不法分子窃取银行卡信息的渠道，主要采取以下行动：第一，破获一批非法买卖银行卡信息的犯罪案件，加大对窃取、收买、非法提供银行卡信息等犯罪行为的打击力度，严惩非法买卖银行卡信息的犯罪分子。第二，集中整治用于非法采集银行卡信息的钓鱼网站、恶意程序（APP），对拒不整改或者违法情节严重的互联网站，依法吊销相关电信经营许可或注销网站备案。第三，检查银行、支付机构、银行卡清算机构的账户信息保护内控管理措施和支付业务系统安全性，排查存放大量公民个人信息的互联网站和重点行业、单位和企业的信息保护制度和系统的风险漏洞。第四，组织开展对银行和支付机构布放的POS机具的安全性和标准符合性检查，严肃查处特约商户使用非法改装POS机具的行为，整治网上从事POS机改装的商家和网站。第五，依法关停一批发布银行卡信息非法买卖交易的网站和网络账号，清理网上非法买卖银行卡信息。第六，加强社会公众安全使用银行卡的宣传教育，实现银行卡风险宣传教育的常态化和持续化。

专项行动的工作旨在形成对不法分子非法买卖银行卡信息的强大威慑力，有效防范银行卡信息泄露，增强社会公众银行卡信息安全保护和网络安全意识，切实保护持卡人合法权益。

七、完善行业自律规范体系，促进行业规范发展

（一）建立非银行支付机构自律评价机制，引导和督促非银行支付机构加强自律、规范经营

根据中国人民银行发布的《非银行支付机构分类评级管理办法》，2016年4月19日，中国支付清算协会制定并发布了《非银行支付机构自律管理评价实施办法（试行）》（以下简称《实施办法》），建立了非银行支付机构自律管理评价机制。

《实施办法》规定，自律评价每年进行一次，分为机构自评和协会评价两个阶段，评价结果纳入中国人民银行对非银行支付机构的分类评级。

《实施办法》附件《自律管理评价指标与标准》明确了评价指标、计分标准和计分规则。评价指标涵盖企业内部管理、履行会员义务、接受行业自律和践行社会责任四个方面。评价指标的设计注重自律评价与监管评

级的协调，避免与监管评级指标重复。

（二）落实支付结算违法违规行为举报奖励机制，充分发挥行业自律和社会监督作用，规范支付服务市场秩序

为落实《支付结算违法违规行为举报奖励办法》的要求，充分发挥行业自律和社会监督作用，进一步明确举报奖励工作的具体操作，中国支付清算协会2016年6月17日发布了《支付结算违法违规行为举报奖励办法实施细则》（以下简称《实施细则》）。

《实施细则》明确了支付结算违法违规行为举报受理、调查和处理的具体程序和时限。任何单位和个人对支付结算领域的各类违法违规行为，包括无证经营支付结算业务，违法违规开展有关银行账户、支付账户、支付工具、支付系统等领域支付结算业务的行为等，均可以向协会举报。协会设立举报奖励委员会，负责统一组织实施举报奖励工作，委员会下设举报中心，具体实施举报的受理、调查、处理、奖励等工作。

（三）发布非银行支付机构网络支付业务自律规范，规范非银行支付机构网络支付业务开展

根据中国人民银行发布的《非银行支付机构网络支付业务管理办法》等制度的要求，中国支付清算协会发布了《非银行支付机构网络支付业务自律规范》（以下简称《自律规范》），《自律规范》于2016年7月1日与《非银行支付机构网络支付业务管理办法》同步施行。

《自律规范》从业务管理、客户管理、风险管理和信息披露等方面对从事网络支付的支付机构提出了更严格、更详细的要求，强调完善网络支付业务相关业务系统功能，加强客户实名制管理，做好风险提示及信息披露工作，充分保障客户的知情权和选择权，确保依法合规开展业务，并要求各支付机构按照要求签署信用承诺书。其中，重点对客户身份信息验证渠道的选择标准、支付机构信息披露的相关要求、信用承诺制度的设计及其要点内容三项内容进行了规范。

（四）建立非银行支付机构标准体系，推进非银行支付机构标准化工作，促进非银行支付机构业务健康协调发展

建立健全支付机构标准体系，既是系统推进和迅速提高标准化工作水平的重要手段，也是顺应支付机构业务信息化与国际化发展的内在要求。

2016年6月23日，中国支付清算协会发布《非银行支付机构标准体系》，将相关标准划分为通用基础标准、产品服务标准、运营管理标准、信息技术标准四大类，每一大类又细分为若干子类，标准大类与标准小类共同构成支付机构标准体系。

标准体系描绘了相关标准全貌和标准化活动框架，是支付机构未来一段时间所需标准的整体规划，是有关标准编制修订计划的主要依据和标准化工作的重要参考，对支付机构经营管理、产品研发、客户服务、行业管理和信息化建设具有基础支持作用。具体作用体现在：

一是规划了支付机构标准体系的总体框架和发展前景，为标准编制修订计划和标准化工作部署提供依据。标准体系规划了未来五年乃至更长一段时间我国支付机构所需标准，是我国支付机构标准研究和标准制修订的重要依据，也为有关标准的查询、应用提供了快捷途径。

二是统一协调支付机构有关标准之间的关系，为标准质量的提高和标准体系的完善奠定基础。标准体系通过合理界定标准类目边界、内涵，理清标准项目之间相互关系，使相关标准项目能够相互协同，减少和避免标准之间可能存在的交叉、重复甚至矛盾等现象，同时，有助于支付机构标准与相关行业标准之间的协调。

三是有助于加强和完善支付机构标准化工作机制。该标准体系通过对相关标准进行系统规划，统一了标准化工作目标，健全标准化工作流程和方法，加强政府主导与市场参与相结合，集中力量共同推动支付机构标准化工作。

四是有利于规范和促进支付机构业务健康协调发展。标准体系中的标准涉及支付交易管理、产品开发、客户服务、技术应用等支付交易活动各个领域，反映了支付机构交易活动各领域和相关环节的标准需求，为协调支付交易活动相关各方关系、促进支付机构相互合作、简化支付服务相关工作流程、保证支付交易产品与服务质量等提供基础技术保障。

（五）发布个人信息保护技术指引，加强个人信息保护

伴随着信息技术的广泛应用和互联网的不断普及，电子商务与金融活动的关系日益紧密，电子支付成为相关经济和社会活动的关键环节，个人信息在社会、经济活动中的地位日益凸显。与此同时，滥用个人信息的现

象随之出现，也出现了过度采集、信息泄露、财务安全威胁等问题，给社会秩序和人民切身利益带来了危害，如何保护个人信息安全成为每个公众的迫切要求。

在个人信息保护方面，中国支付清算协会于2016年7月1日发布了《个人信息保护技术指引》，给出了信息系统处理个人信息的范围定义，界定了个人信息主体的权利，提出了系统处理个人信息的原则和个人信息的采集、展示、存储、传输、适用等行为要求。该规范明确定义了个人敏感信息、个人账户信息、个人信用信息、个人交易信息及其他衍生信息，并对个人信息进行了多维度分类和分级，明确了信息处理过程中的一系列规范，使非银行支付机构"有标可依"。

（六）建立行业风险信息共享机制，有效防控业务风险，营造良好的行业发展环境

为建立支付清算行业风险信息共享机制，实现对风险的有效防控，营造良好的行业发展环境，中国支付清算协会于2016年4月14日发布了《中国支付清算协会行业风险信息共享管理办法（暂行）》（以下简称《管理办法》）。

《管理办法》规定了参与行业风险信息共享的会员单位应同时遵循联合互助、权利与义务对等、严格保密等基本原则，明确了风险信息的业务来源、相关定义及适应范围，规定了协会组织行业风险信息共享的主要形式与渠道，并对协会和会员单位行业风险信息共享工作中的权利与义务、信息保密、奖励惩戒均进行了细致规范与要求。

风险信息共享机制以降低风险为目的，实现行业风险信息在同一平台的标准化共享，为会员单位事前预警、事中控制和事后处置风险搭建公共的风控平台。

（七）发布信用证审单规则，统一信用证审单标准，助推国内信用证业务发展

近年来，国内信用证业务发展迅速，信用证作为支付结算工具和融资工具在国内贸易中得以广泛应用，跨行信用证通知、交单以及议付等业务逐渐增多，银行在跨行制单、审单中亟须统一的规范和标准。2016年8月18日，中国支付清算协会、中国银行业协会联合发布《国内信用证审单规

则》（以下简称《规则》）。《规则》确立了国内信用证项下统一的单据审核标准和规范，填补了国内信用证单据审核标准领域的空白，将有效提升国内信用证跨行业务处理效率，助推国内信用证业务繁荣发展。

《规则》在确保体例架构的完整性、相关内容科学性的同时，紧密关注国内信用证业务实践现状及发展趋势，注重提升《规则》的实用性和前瞻性。

一是充分考虑国内信用证审单实务与国际信用证审单规则在基本原则方面的相似性，尊重银行单据审核人员阅读表述习惯，参考借鉴国际惯例中信用证项下单据审核的部分原则、要点及语言表述，提高其实用性。在注重与国际惯例接轨的同时，《规则》结合国内信用证业务发展现状，主要针对国内信用证项下常见单据类型的审核进行了规范。

二是结合《国内信用证结算办法》修订的重点内容，考虑国内信用证业务创新发展趋势，注重《规则》内容适用的前瞻性。针对国内信用证业务服务已延伸至服务贸易领域、服务贸易将成为国内信用证业务新的业务增长点的发展态势，提前确立了服务贸易项下国内信用证单据审核原则、要点，明确了建筑工程施工验收单、装修施工验收单以及劳务确认书等若干主要的服务贸易类型相关单据的出具及审核要点；结合《国内信用证结算办法》赋予国内信用证可转让的特性，对转让信用证项下单据审核内容进行了明确。

三是为便利跨行业务往来，提升跨行业务处理效率，《规则》配套发布了包含国内信用证、国内信用证修改书、国内信用证交单面函三种基本跨行凭证样式，供银行参考使用。

第三节　加强支付清算行业监管和法制建设的建议

总体来看，2016年我国支付清算行业的监管体系进一步完善，监管理念更加先进，监管目标更加明确，监管手段更加丰富，支付清算行业法律制度建设日益完善，立法更加科学，有力促进了支付清算行业的规范有序发展。同时，网络技术的发展、支付行业的创新、行业竞争的加剧，也给监管和法制建设带来了巨大挑战，支付清算行业的监管体系和法律制度仍有待进一步完善。

一、加强监管协调,进一步完善支付行业监管体系

随着金融混业经营的日益深入和互联网金融快速发展,现有分业监管模式容易出现监管越位和监管缺位并存的情况。由于非银行支付机构有着广阔的支付平台、大量的数据信息和先进的技术支持,其业务规模和服务范围扩张速度迅猛,不断向结算服务、证券基金、保险销售领域延伸,现有的分业监管模式很难跟上行业发展的步伐。对支付清算行业的监管涉及多个部门,如何通过现有的监管机制,建立起跨部门的信息共享、沟通和监管协调机制,是提高监管有效性的关键。

一是完善支付行业监督管理框架。建议尽快制定并出台《支付结算条例》,明确中国人民银行在支付体系监管中的主导地位,强化中国人民银行对我国支付清算体系的宏观审慎监管权,发挥中国人民银行在防范和化解重要金融基础设施系统性风险中的作用[1]。同时,加强与相关部门的协作沟通,合力推进支付体系发展。建立完善互联网金融联合监管框架,为支付机构发展创造良好的外部环境。

二是对支付业务进行功能监管。尽快推动各类新型电子支付向标准化发展,促进非银行支付机构不断优化自身安全标准与意识。加强支付消费者保护,提升支付消费者的安全意识和自我保护能力。逐步推动支付行业监管由机构监管向功能监管转变,针对支付清算行业的"业务"和"行为"制定统一、开放、透明的监管规则,从"管机构"向"管业务"转变。

二、丰富监管手段,完善对违规行为的处罚管理措施

目前支付服务主体日益丰富,其交易具有信息量大、涉及账户众多、交易关系复杂等特点,但目前监管中信息化处理水平还相对较低,现场检查只能针对部分数据进行抽查,具有一定的片面性。互联网技术性的应用提升了支付清算监管的难度。对于传统金融机构,监管部门有很多业务系统对其监管,但针对互联网支付业务的监管措施和落实缺乏有力抓手,加

---

[1] 王淦银. 我国支付体系发展的现状及对策探讨[J]. 中国信用卡,2016,(3):50-53.

之互联网基因强、机制灵活、利益驱动强,传统的针对金融行业的监管措施不足以应对这类机构的监管。建议进一步丰富监管手段,加大对违规经营行为的处罚力度。

一是丰富监管手段。建议加快监管信息化系统化建设,强化对重点机构、重点领域的监管、预警,合理配置监管资源,提高监管的针对性、有效性、前瞻性。通过风险评估、监测预警机制,及时识别、防范和化解风险,实现风险防范和鼓励创新的平衡,尽量避免出现"追认式"监管或者"纠正式"监管。同时要发挥好商业银行的外部监督作用,要求商业银行建立事前、事中、事后风险控制措施和报告制度,强化对支付机构客户备付金的出入金管理[①]。

二是完善对违规经营行为的处罚管理措施。以违法违规经营业务收入为基础进行处罚,使违法成本与违法所得相匹配。建立银行卡清算机构、支付机构总部及分公司的高管任职资格管理制度,建立违规风险事件的责任人追究机制[②]。

三、充分发挥行业自律作用,完善多维监管体系

一般认为,政府监管往往落后于市场创新,管制实际上总是通过限制经营机构的某些商业机会来实现的。监管与创新的博弈,安全与效率的平衡,对监管提出了更高的要求。行业自律规范基于行业活动实践,具有监管制度所不具备的灵活调节性,具有更强的操作力。同时行业自律规范的执行,也为监管制度的发展提供了有价值的经验。因此,应充分发挥行业自律的优势,构建并完善多维监管体系,进一步提升行业监管的灵活性和前瞻性。

一是提升行业自律的权威性和约束力。行业协会要结合行业发展,不断健全和完善自律规则,特别是针对监管制度出台时机尚不成熟的领域,基于行业创新发展需要,可以先制定行业自律规范,对创新业务进行自律管理,待条件成熟时再出台监管规定;要坚持入会和退会并重的自律管理

---

① 柳勇. 支付行业创新发展与监管的探讨[J]. 金融会计,2016(8):50-54.
② 柳勇. 支付行业创新发展与监管的探讨[J]. 金融会计,2016(8):50-54.

思路，强化行业公约、自律规范等自律约束机制，对违反公约和规范的行为采取自律惩戒，督促会员单位完善内部管理、规范经营。

二是充分发挥行业协会的服务、协调职能。行业协会要加快服务创新，进一步推动行业风险信息共享系统建设，提升行业整体风险防控能力；搭建会员信息交流平台，采取多种形式加强业务创新、风险案例等信息交流；同时加强对社会公众的宣传，普及支付结算业务知识，提高公众风险防范意识[①]。

四、提高立法层级，完善支付清算法律基础

健全的法律制度是确保支付清算行业安全稳定运行的重要基石，是维护支付清算秩序、明晰相关当事人权利和义务的重要保障。截至目前，中国人民银行已制定了多个支付清算业务管理办法，基本确立了支付系统运行管理及业务管理的规则和制度，但主要是效力层级较低的规定、管理条例等。我国《行政许可法》规定，设立行政许可的法律位阶必须在行政法规以上，而且《行政处罚法》规定，部门规章设定的行政处罚仅为警告和3万元以下的罚款。中国人民银行对于非银行支付行业的监管政策法律位阶仅为部门规章，因此在从业资格准入、高管任职资格、行政处罚标准等方面均受制约，造成了违规成本过低，与获得的收益不成比例；而对于支付机构法律定位、支付机构破产的清偿次序、电子支付资金流转和权属界定、支付诈骗的司法处理、支付账户管理等方面也需要更高位阶的法律制度作出更明确和权威的界定。

一是建议制定出台《支付结算条例》，提升支付结算业务监管的法律层级。将有关支付清算行业涉及全民利益的领域的管理原则，采用较高位阶的法律规定予以明确。而具体实施细则，则可用部门和行业管理规范来规定[②]。

二是推动《非金融机构支付服务管理办法》上升为行政法规。作为非银行支付机构监管"大法"，《非金融机构支付服务管理办法》目前的法

---

① 柳勇. 支付行业创新发展与监管的探讨 [J]. 金融会计，2016（8）：50-54.
② 吴志攀. "互联网+"的兴起与法律的滞后性[J]. 国家行政学院学报，2015（3）：39-43.

律位阶仅为行政规章，在法律意义上的现实履行或是可能引发的法律后果等角度，均存在障碍与风险。将《非金融机构支付服务管理办法》由部门规章上升至行政法规，由国务院授权中国人民银行监管，并要求相关部门予以配合，在立法中对相关主体赋予与之相称的权利义务，不仅是符合法理与现行法律体系要求的需要，更是保证行业健康有序发展的需要。

此外，支付清算行业监管涉及反洗钱、反恐怖融资、反非法集资、保护客户隐私等多方面问题，涉及很多法规和监管规则。我国目前分业经营、分业监管的机制，使支付清算行业的专门法律相对单一，未成体系，相关规定落于其他多部法律法规中，容易出现制度空缺。同时，支付行业创新速度快，这使支付行业法律制度建设在一定程度上滞后于"互联网+"时代的支付行业发展[①]。为此，建议进一步加强支付清算行业法律制度建设的顶层设计和立法论证，建立全面、系统、独立的法律制度体系，以适应当前瞬息万变的新情况、新问题；加强立法论证，增强法律的预见性、前瞻性。

---

① 吴志攀. "互联网+"的兴起与法律的滞后性[J]. 国家行政学院学报，2015（3）：39-43.

专题一　全球支付清算行业总体发展状况及趋势

2016年，全球经济低迷不振，"黑天鹅"事件频发，国际经济金融和流动性形势高度复杂多变。由于下半年经济回暖超过预期，国际货币基金组织预测，2016年全球经济增长3.1%[①]，较2015年保持平稳。在全球经济较为低迷的背景下，非现金支付行业交易笔数增幅达到10%以上，远高于同期全球经济增长水平。在快速增长中，全球支付行业创新加快、竞争加剧，呈现出明显的及时化、科技化特征。以中国为代表的新兴亚洲成为全球支付行业发展引擎，移动支付迅猛发展，金融科技加速向全行业链条渗透。支付数据的分析和挖掘技术应用于精准营销和个性化商品设计，将会在提高企业盈利能力的同时，增加消费者效用，增进社会福利。在支付行业发展一日千里的背景下，风险控制仍然是监管的重中之重。规范行业秩序、提高透明度、推进基础设施建设和不断创新监管规则成为全球支付清算行业风险监管的大势。

第一节　国际经济环境及趋势

一、发达经济体的增长强于预期

得益于制造业产出有所恢复和库存拖累作用的减弱，发达经济体的经济增长回升强于预期。美国经济在经历了2016年上半年的疲软之后强力反弹，已经接近充分就业。其他一些发达经济体（特别是欧元区）的产出仍低于潜在水平。西班牙和英国等经济体国内需求在英国退欧公投之后的情况好于预期。日本修订后的历史增长率显示，2016年及之前年份的增长率表现好于之前的估计。

---

① 数据来源：IMF《世界经济展望》，2017年4月18日。

二、新兴经济体发展差异显著

新兴市场和发展中经济体的情况依然存在显著差异，金融环境普遍收紧。在持续政策刺激的支持下，中国的经济增长略强于预期。但在阿根廷和巴西等目前处于衰退之中的一些拉丁美洲国家，以及旅游收入急剧收缩的土耳其，经济活动弱于预期。由于石油价格的回升，俄罗斯经济活动略好于预期。

三、大宗商品价格触底回升，影响通胀水平

随着主要产油国达成限制供给协议，石油价格开始回升。此外，中国基础设施和房地产投资强劲以及美国预计将放松财政政策，推动贱金属价格上涨。随着下半年大宗商品价格触底回升，发达经济体总体通胀率开始上扬，但核心通胀率仍基本保持不变，普遍低于通胀目标。中国通胀水平上升，主要原因是产能削减和大宗商品价格上涨导致生产者价格指数在经历四年多的下滑之后转为正增长。在其他新兴市场和发展中经济体，通胀情况存在差异，反映了汇率变动以及其他特定因素的不同。

四、金融市场和汇率波动较大，资本流动加速

受英国脱欧影响，其长期名义利率和实际利率大幅上升。美国在2016年11月大选后，在政策组合将发生变化的预期驱动下，10年期美国国债名义收益率上升了60个基点（截至2017年1月3日）。除意大利波动较大外，欧元区长期收益率整体较为缓和。美联储在2016年12月加息25个基点，但多数其他发达经济体的货币政策态势大体没有变化。新兴市场经济体的金融状况各有差异，但总体收紧，本币债券长期利率上升，特别是在新兴欧洲和拉丁美洲。2016年8月以来的政策利率变化也反映了这种差异——墨西哥和土耳其提高了利率，而巴西、印度和俄罗斯降低了利率。EMBI（新兴市场债券指数）利差的变化也体现了这种差异。美元实际有效汇率升值幅度较大，美元指数突破100。大宗商品价格的企稳回升，导致出口大宗商品的发达经济体货币也已升值。但欧元特别是日元仍处在贬值通道。部分新兴市场的货币大幅贬值，特别是土耳其里拉和墨西哥比索，而几个大宗商

品出口国特别是俄罗斯的货币升值。初步数据显示,新兴市场在美国大选后资金流出压力较大。

第二节 全球支付清算行业发展总体态势

近年来,全球支付行业保持快速发展。凯捷(Capgemini)与苏格兰皇家银行集团(RBS)联合发布的《2016年全球支付报告》显示[①],2014年全球非现金支付交易量为3 873亿笔,同比增加8.9%,是十年来增长的最快的一年。2015年,全球非现金支付将再增长10.1%,达到4 263亿笔。

一、新兴亚洲成为全球支付行业发展引擎

2015年,亚洲新兴国家[②]非现金支付增速最快,达到31.5%,与往年相比增幅提高了10个百分点。其中中国和印度为这一区域的主要增长点,中国更是创造了2000年以来的最大增幅,达47.0%,印度为13.5%。中东欧、中东北非地区增速也比较快,达到15.7%。在快速增长中,全球支付行业创新加快、竞争加剧,呈现出明显的及时化、科技化特征。

据Worldpay公司发布的《2016全球支付报告》研究显示,到2020年,中国电子商务市场总体规模将达到14 220亿美元[③],是美国市场(7 790亿美元)的2倍、日本市场(1 530亿美元)的9倍,几乎相当于美国、日本、英国(2 130亿美元)、加拿大(780亿美元)、法国(1 010亿美元)和德国(1 050亿美元)电子商务市场的总和。由于电子商务与非现金支付紧密结合,中国将成为全球支付行业发展的稳定引擎[④]。鉴于Worldpay公司统计数据比中国实际发生数据偏小,中国支付行业对全球支付行业的引擎作用将更为突出。

---

① 统计数据滞后两年,2015年数据为预估数。
② 亚洲新兴国家和地区包括中国、中国香港、印度以及其他亚洲市场。
③ Worldpay预估数据较实际发生额偏小。国家统计局电子商务交易平台调查显示,2016年全国电子商务交易额26.1万亿元,同比增长19.8%。其中商品、服务类电商交易额16.25万亿元,同比增长13.8%;合约类电商交易额9.85万亿元,同比增长31.1%。
④ 该表述在凯捷(Capgemini)与苏格兰皇家银行集团(RBS)联合发布的《2016年全球支付报告》中也有提及。

二、银行卡支付仍占主导地位，移动支付发展最为迅猛

《2016年全球支付报告》数据显示，2014年有45.7%的非现金支付通过借记卡渠道完成，支付笔数同比增长12.8%，明显快于其他支付类型的平均增速。支票付款持续下降，在非现金支付中的比例已从2010年的12%下降到2014年的6%。

预计2019年全球移动支付金额将超过1万亿美元，是当前水平的两倍以上。移动支付拥有高附加值的服务内容。《2016年全球支付报告》中80%的受访企业高管认为，服务内容的高附加值将驱动整个移动支付行业发展。例如，苹果公司推出的Apple Pay、谷歌公司推出的Android Pay，以及Uber、沃尔玛等公司移动APP提供的内置支付渠道将极大地改善用户体验，使支付越来越便捷。

三、支付技术日新月异，金融科技加速向全产业链渗透

金融科技（Fintech）日益成为潮流，大数据、云计算、预测分析学、区块链技术加速与支付行业相融合，使支付数据实时可得，实时可分析，实时可预测，实时产生效益。例如，基于大数据，可以对任一客户消费行为和资金流进行实时追踪，从而分析客户的消费习惯，发掘潜在的商业机会。区块链技术使支付结算可以去除中心节点，同时实现全网透明可验证，从而极大地提升支付安全性乃至整个货币体系的公平性。2016年，加拿大中央银行已经率先进行了电子货币实验，美联储、欧洲中央银行、日本中央银行和中国人民银行也正在推进自己的电子货币研究工作。针对这一趋势，麦肯锡公司在最新的报告中建议全球商业银行加快优化操作流程，以确保能对接区块链支付技术，提供更多高效的银行终端业务，提高支付效率，避免支付延迟。

四、大数据运用重塑全行业商业模式

随着支付行业与互联网电子商务的紧密结合，生成了海量客户消费数据和支付数据，对这些数据的分析挖掘和在精准营销等领域的应用，给全行业带来了深远的影响和变革。为适应这种变化，欧盟委员会在全球率先

通过了允许第三方机构跨网采集客户消费数据和支付数据的《支付服务指引II》（Payment Services Directive II），支持银行、支付机构和其他消费服务提供商基于海量数据开发各类高附加值的服务产品。这将催生一个崭新的行业：数据生产和分析商，他们将被允许采集银行、商户、支付系统等支付产业链相关的客户数据，并将这些数据应用于精准营销和个性化商品设计，以提高企业盈利能力和消费者效用，增进社会福利。

五、支付基础设施日趋实时化

全球有40多个国家正在建设或已经建成高速、安全的实时支付系统。在欧洲，挪威和英国已经率先建成7×24小时实时支付系统。美国和加拿大也已经启动了类似系统的建设。此类系统建成后将带来多方面的影响：一是进一步提升非现金支付效率，降低现金支付比例；二是便利银行、支付机构和其他消费内容提供商实时提供服务；三是监管部门可依托实时可得的支付数据，建立实时化的反欺诈和消费者保护系统。

六、网络安全、风险控制和合规经营仍是行业发展的基础

在支付的整个链条上的各类参与者，包括商户、收单机构、支付机构、发卡机构、银行、企业等，均高度关注网络安全。虽然基于EMV技术的芯片卡能够有效降低盗刷风险，但基于互联网的恶意攻击仍在持续上升，风险不容忽视。支付标记化技术（Tokenization）的出现能够有效保护使用电子钱包的消费者、商户和发卡机构。但是，支付技术日新月异，风险事件也层出不穷，反洗钱、反欺诈、反恶意盗刷仍将是行业发展必须时时强调的风险点。

第三节 全球支付清算行业监管态势

一、风险控制仍然是全球支付行业监管的重点

非现金支付规模日益增加，参与的机构日趋多元化，跨国支付、多币种转换越来越多，各类支付产品层出不穷。在支付行业快速发展的背景下，风险控制仍然是监管的重中之重。各国监管机构主要从信息安全、支付渠道安全和流动性保障等方面加强支付行业的风险防控。一是加大对银行和支付公司的反洗钱、反恐怖融资审查力度。2017年6月，《欧盟反洗钱指令》（EU AML Directive）第四版将生效，欧盟内资金汇划将实施新的标准，以替代过去的电讯转账监管标准。新的标准包括的产品和支付渠道更加广泛。二是提高信息安全标准。美国很多银行未能在原定的2015年10月1日截至日前完成银行卡EMV迁移，因此监管当局加强了督导，确保2016年底完成60%，2017年底完成98%以上。三是通过推动实时支付降低支付结算的渠道风险。英国于2016年底推出了基于银行间清算所（CHAPS）的实时支付结算服务。美联储计划推动清算基础设施现代化，以适应日益扩大的即时支付需求。四是提高流动性保障要求。2016年6月30日，欧洲银行业管理局（EBA）关于日内流动性的指引正式生效。2016年11月，欧盟28个成员中的11个正式实施金融交易税，通过收税抑制过度高频交易，降低支付违约风险。

二、规范行业秩序、提高透明度是另一个重点工作

一是对特定支付产品行业竞争统一作出规定。美国针对预付卡产品出台了新的保密规定和反洗钱规定，对在哪种情况下预付卡须实名提出了明确要求。香港金管局发布了关于储值卡的新规定，对如何使用零售支付系统处理储值卡支付提出了新的要求。二是统一收费标准，提高收费透明度。欧盟实施了统一的转接费标准，从2015年12月起对转接费设置上限，各类支付的加权平均转接费不超过0.2%。2016年3月，澳大利亚宣布将避免以电子货币为媒介的交易在缴纳了消费税后再被重复征税。

三、全球和区域性的支付基础设施建设持续推进

国际清算银行支付和市场基础设施委员会（CPMI）与国际证监会组织（IOSCO）于2016年底公布了第三层次清算机制原则实施情况评估，敦促各国统一清算体系监管规范。2016年4月，印度建设的统一支付平台（UPI）上线，支持客户通过不同的方式进行跨行资金支付和转账。澳大利亚制定了10年规划，包括建设统一的新一代支付平台（NPP）、拟定新的网络安全规范、提高数据管理能力等。泰国于2016年推出了名为"Any

ID"的支付服务，未开立银行账户的个人使用手机和身份证也可以进行支付。该国还建设了全国统一的电子支付系统，拟于2017年上线，并于2019年接入全国的银行和企业。

四、支付监管伴随着技术创新不断发展

随着金融科技（Fintech）的发展，许多国家都在谋划建立相适应的监管框架。日本中央银行在其结算系统部门之下设立了专门的Fintech中心，开展分布式账本技术测试（DLT）工作以了解其运行机制，虽然并未打算将该技术应用于中央银行内部或支付和结算系统，但日本中央银行联合欧洲中央银行（ECB）发起了DLT研究，预计于2017年底公布研究结果。美国货币监理署（OCC）发布了一份工作报告，专门讨论如何建立适应Fintech发展的新监管框架，并于2016年底提出"考虑成立和发放国家级专项银行牌照"的提案[1]。新加坡金融管理局成立了Fintech小组，下设支付技术、基础设施和创新三个办公室。SWIFT公司提出了新的全球支付创新倡议，提议推出统一的新服务协议（SLA），并于2017年初实施，该协议包括日内流动性提供、收费标准透明化、点到点支付追踪、更丰富的支付报文等多项内容。英国的开放银行工作组[2]提议创设一个新的银行开放接口（API）标准，让各银行能够更好地共享数据，以利于根据差异化的个体需求量体裁衣，减少资源浪费。这一倡议得到了英国政府、行业协会及多家银行的支持。有了开放接口标准，支付链条上的各机构都可以借助丰富的消费和支付数据来开发适合最终消费者需求的产品，推动电子商务和支付行业发展。

由于支付行业监管正处于变革时期，许多跨国经营的金融机构面临交叉监管、重复监管，合规成本很高。例如，不同国家实施ISO 20022标准的进度不同，对即时支付、转接费用的规定也不尽相同，使金融机构难以适应。针对这种情况，一些机构开发了帮助银行和支付机构实现自动化、智

---

[1] 该提案于2017年1月17日遭到纽约州金融服务管理局的反对，为其实施增添了不确定性。
[2] 该小组于2015年11月由英国政府成立，旨在探索如何使用数据协助人们交易、存款、借贷以及投资。

能化满足合规要求的方案。例如，IBM近期收购的Protonomy公司就是专门为银行提供合规解决方案的一家公司。英国、澳大利亚、荷兰等国为金融机构搭建了用于测试新产品是否满足合规要求的"沙盒监管"环境，帮助金融机构适应新的监管规定。

专题二 区块链发展现状及其在支付清算中的应用前景

第一节 区块链的兴起和发展

区块链是一种由多方共同维护，以块链结构存储数据，使用密码学保证传输和访问安全，能够实现数据一致存储、无法篡改、无法抵赖的技术体系。区块链以技术的方式，创建了一种新的信任机制，完成了价值的安全交付，实现了价值传递的公正和透明，降低了价值传输过程中的成本，提高了服务运行效率，从根本上改变了数据共享、价值交互、合同实施等方面的实现模式。

区块链的诞生，标志着人类开始构建基于互联网的信任。通过梳理区块链的兴起和发展，可以发现区块链的核心价值在于，能够在点对点的网络中建立可靠的信息交换。这种交换的信任是由数学算法决定的。

从经济学意义来看，区块链创造了一种新的交易范式，实现了基于互联网的价值传递。未来区块链将出现大量的多中心体系，由金融创新带动应用突破，而智能合约也将进一步提升社会的运转效率。

一、比特币的诞生

2008年中本聪发表的论文《比特币：一种点对点的电子现金系统》中提出，可以创建一种新型的电子支付系统，这套系统"基于密码学原理而不是基于信用，使任何达成一致的双方能够直接进行支付，从而不需要第三方中介参与"。

此后几年里，比特币成功地吸引了全世界的注意力。

2009年1月3日，区块链的第一个区块诞生，该区块又名"创世区块"。

2009年1月12日，中本聪发送了10个比特币给密码学专家哈尔芬尼。

2010年7月，比特币交易所Mt.Gox成立，比特币的价值初步得到认可。

2013 年7月，比特币总算力已超过全世界排名前500超级计算机计算能力总和的20倍。

比特币安全性完全来自参与竞争性记账的所有计算机的总计算能力，目前比特币拥有全世界规模最大的计算网络。比特币不依赖于任何信任中心，标志着人类社会的信任技术向前迈出了一大步。

二、从比特币到"区块链+"

比特币底层抽象出来的区块链技术可以构建一个高效可靠的价值传输系统，实现价值的有效传递，并将此称为价值互联网。区块链为数字经济时代的发展奠定了新基石，"区块链+"应用创新，昭示着产业创新和公共管理的新方向。

区块链技术已经在全球开始部署应用，美国、英国、日本、德国、加拿大、澳大利亚等发达经济体已经认识到区块链技术在公共服务和社会机制优化上存在着巨大的应用前景，开始从国家战略层面设计区块链的发展道路。

从公共服务层面来看，随着区块链技术在公共管理、社会保障、知识产权管理和保护、土地所有权管理等领域的应用不断成熟和深入，将有效提升公众参与度，降低社会运营成本，提高社会管理的质量和效率，对社会管理和治理水平的提升具有重要的促进作用。从经济社会来看，区块链经济已经萌芽。许多基于区块链的解决方案，可以改善现有的商业规则，构建新型的产业协作模式，提高协作流通的效率，为经济社会转型升级提供系统化的支撑。

三、区块链产业发展格局

从地区市场角度分析，由于技术发展较为成熟、早期应用者数量较多，2016年北美区块链市场所占份额最高。根据市场研究咨询公司MarketsandMarkets的市场调研报告[①]，2016年到2021年，区块链市场价值在亚太地区的复合年均增长率将实现最大化，印度、澳大利亚和中国将优先

---

① MarketsandMarkets:《从供应商、应用、组织规模、行业和地域角度出发，预测2021年全球区块链技术市场》，2016。

从区块链技术的诸多潜力中获益。

区块链产业按照是否有普通公众加入节点区分为"公有链"和"非公有链"。

表1　　　　　　　　　公有链和非公有链产业整体情况

	公有链	非公有链
产业发展现状	目前围绕比特币和以太坊形成了两大生态	各金融巨头积极参与布局，国外金融机构的研究积累比国内多，部分领域有了场景模拟，很多大银行成立了实验室，科技巨头也推出了各自的解决方案
产业投资	投资集中在矿机芯片、交易平台、支付汇款、钱包等服务。大量的新公有链项目采用ICO方式向公众发售	主要的投资还集中在底层技术基础架构。随着时间推移，行业细分类型越来越多
参加主体	以初创团队为主	大型金融机构、大型科技公司、全球咨询公司/系统集成商、初创团队

非公有链国外各类主要代表企业或组织简介如表2所示。

表2　　　　　　　　　国外非公有链发展情况

类型	代表企业	优势/特点	案例/方案
初创公司或组织	R3CEV	以搭建底层技术协议为主	公布源代码的Corda分布式账本
金融机构	高盛	以解决金融机构现有应用场景需求、降低交易成本为主要出发点	银行间清算、外汇交易等
大型科技公司	微软	将原有技术能力（如云服务）延伸至区块链领域	基于Azure云服务，发展布莱切利（Bletchley）项目，支持不同区块链联盟组建
系统集成商/IT咨询公司	德勤	结合系统集成能力与区块链技术服务企业客户	基于以太坊的协议的Rubix项目，如区块链智能身份项目

在国内，从2015年底，真正开始了区块链领域的创新创业。截至2016年底，国内已经有近百家与区块链技术相关的公司，出现了许多代表性的企业。

表3 国内非公有链发展情况

类型	代表企业/组织	优势/特点	案例/方案
非营利组织	万向区块链实验室	打造区块链生态平台，搭建开源的技术研究生态，对多种技术框架及其实现有深度研究	面向资本市场应用的分布式总账基础协议研发，数据交易，供应链金融，智能制造，万向萧山创新聚能城
初创企业	微众银行、太一云、布比、矩阵金融等	运用区块链技术在各目标领域进行创新突破	清算、票据、供应链金融，智能制造、积分、贵金属交易等
大型科技公司	腾讯、阿里	将原有技术能力（如微信支付、云服务）延伸至区块链领域	腾讯区块链解决方案。用于票据、资产登记及交易等场景
大型金融机构	招商银行、邮储银行	利用区块链技术对原有业务进行改造等	招商银行跨境支付系统

第二节 区块链的技术发展现状

区块链技术不是一个单项的技术，而是一个集成了多方面研究成果的综合性技术系统。当前区块链的具体核心技术主要包括：共识机制、密码学原理、智能合约等。随着时间的推移，这些核心技术将不断有新的演进。

一、区块链的架构层次

关于区块链的架构层次各技术提供商都有自己的划分方式，总体上都是在区块链平台层、区块链应用层这两个层次上演化。

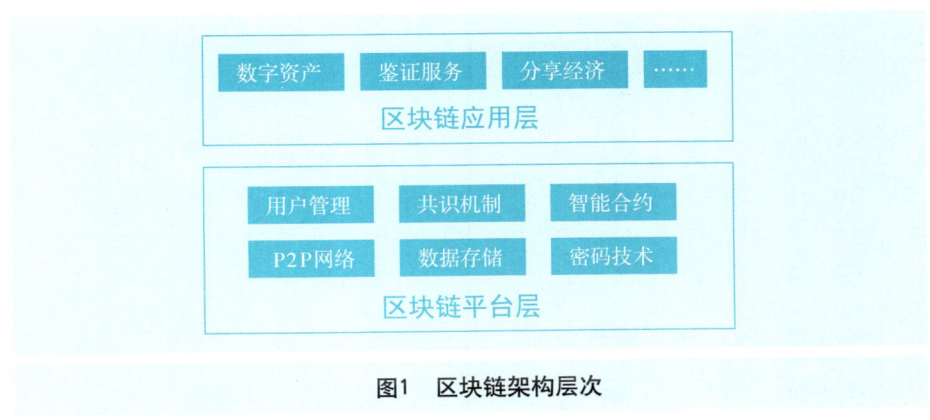

图1 区块链架构层次

区块链平台层通过多方共同维护的共识机制、数据块的链式结构存储以及密码技术保证传输和访问安全等技术手段达成数据一致存储、无法篡改以及无法抵赖的能力。对于非公有链，平台层还需要提供用户管理、运营监控、节点管理以及权限控制等功能。

区块链应用层是基于区块链平台层的基本能力开发出来的应用或者应用集合，可以通过API、SQL或者Web Service等方式跟区块链平台层交互来完成应用服务的功能。

二、从分布式数据库到区块链的发展演变

作为可信数据同步技术，区块链的技术演进非常迅速。用于联盟或组织内部的非公有链，综合了传统分布式数据库和公有区块链系统的优点。

表4　　　　　　　　　　　分布式技术类别特性

	分布式数据库	公有链（比特币）	非公有链
出现时间	1970s	2009	2015
拓扑结构	少数非对等节点	海量对等节点	准入型有限节点，可能非对等
存储结构	数据库	账本	多样
确定性	强确定性	非强确定性	强确定性
容错性	不适用	强容错性	较强容错性
设计目标	高速同步、多活	可靠的价值传输网络	可信同步、自动对账
技术性能	极高，取决于网络结构与延时	非常低，最高每秒20笔交易	极高，取决于网络结构与延时
激励机制	不适用	以代币分配激励维护网络共识	业务共同体的协同
参与方	组织内部使用	广泛公开互联网用户	业务共同体成员
信任基础	不适用	强大的全网总计算能力	基于业务协议
治理机制	指定或机器选举	基于算法，不依赖第三方	基于业务协议

三、共识机制

多方参与的节点在预设规则下，通过多个节点交互，对某些数据、行为或流程达成一致的过程称为共识。共识机制是指定义共识过程的算法、

协议和规则。共识是识别系统中的恶意节点、维护系统一致性的重要概念，也是从公有链中总结出的实现容错性的关键概念。区块链的共识机制具备"少数服从多数"以及"人人平等"的特点，其中"少数服从多数"并不完全指节点个数，也可以是计算能力、股权数或者其他的计算机可以比较的特征量。"人人平等"是指当节点满足条件时，所有节点都有权优先提出共识结果、直接被其他节点认同后并最后有可能成为最终共识结果。常见的共识算法如表5所示。

表5　　　　　　　　　　区块链共识机制总结

算法名称	最小节点	容错率	防欺诈	简述	特点
PBFT	4	f/（3f+1）	最多f个欺诈节点	可应对f个节点，丢弃响应、伪造数据、故意返回错误、对不同节点不同响应的欺诈行为。PBFT算法提出于1999年，是非公有链容错机制的经典算法	优点：可应对BFT容错场景 缺点：去中心化程度不如POW
BFT-RAFT	4	f/（3f+1）	最多f个欺诈节点	在raft的基础上加入投票签名与请求、响应签名，不完全相信主节点数据，每个节点需要一个非主节点请求确认。该算法可防止节点欺诈，易于理解实现	优点：可应对BFT容错场景 缺点：去中心化程度不如POW
PoW	1	依赖算法难度与参与节点运算能力	算力大于50%才能欺诈	根据hash值具备不可逆的特点，只能暴力计算得出符合要求的hash值，如果获得符合要求的hash，则说明在概率上付出了对应的算力，从而证明节点确实做了某项工作，该算法在节点数越多的情况下欺诈的成本越高，反之则简单	优点：完全去中心化，节点自由进出 缺点：暴力计算造成大量的资源浪费、共识达成的周期较长
PoS、DPoS	3	依赖算法难度与参与记账节点运算能力和记账节点所占权重	加权算力大于50%才能欺诈	PoS在PoW的基础上加入节点权重，引入代币作为权重依据，根据每个节点所占权重的比例和时间，等比例地降低PoW难度，从而加快找随机数的速度。DPoS则在PoS的基础上，每个节点根据权重，投票选出一定数量的节点，代理他们进行验证和记账	优点：PoS减少参与验证和记账节点的数量，可加快共识周期；DPoS进一步减少验证和记账节点的数量，可以达到秒级的共识验证 缺点：依赖于代币，仍然会浪费计算资源

区块链共识机制按照共识的过程分两类，公有链多采用第一类共识算法，非公有链采用第二类共识算法。两类共识机制特性对比如表6所示。

表6　　　　　　　　　公有链和非公有链技术特点

	第一类	第二类
算法代表	PoW、PoS	BFT或者基于BFT算法的变种
共识过程	大概率一致就共识，工程学上最后确认	确认一致后再共识，共识即确认
仲裁机制	预定义好大概率上全网一次共识过程只有一个记账节点的规则，其他节点按照规则从记账节点同步数据，如果一次共识同时出现多个记账节点，就产生分叉，最终以最长链为准	quorum投票，各节点间P2P广播沟通达成一致
是否分叉	有分叉，分叉暂不确认，多次共识之后确认	无分叉
安全阈值	错误节点权益之和小于1/2	错误节点数小于1/3总结点数
节点数量	节点数量可以随意改变，节点数越多、系统越稳定	随着节点数增加，性能下降，节点数量不能随意改变

四、密码学

密码学是保证区块链中数据传输和访问安全的重要技术手段，在区块链技术中使用了大量的密码学知识，如公钥、私钥、哈希、对称加密、非对称加密、同态加密、签名、零知识证明等。

以比特币中使用的密码学知识为例，比特币中钱包地址、发起交易中用到的签名和共识过程中的验证签名都是使用密码学的典型例子。其他多数区块链的解决方案都是借鉴了比特币中这几个典型密码学例子或者稍作改进演化而来。

比特币中典型的网上传播的交易请求如图2所示。

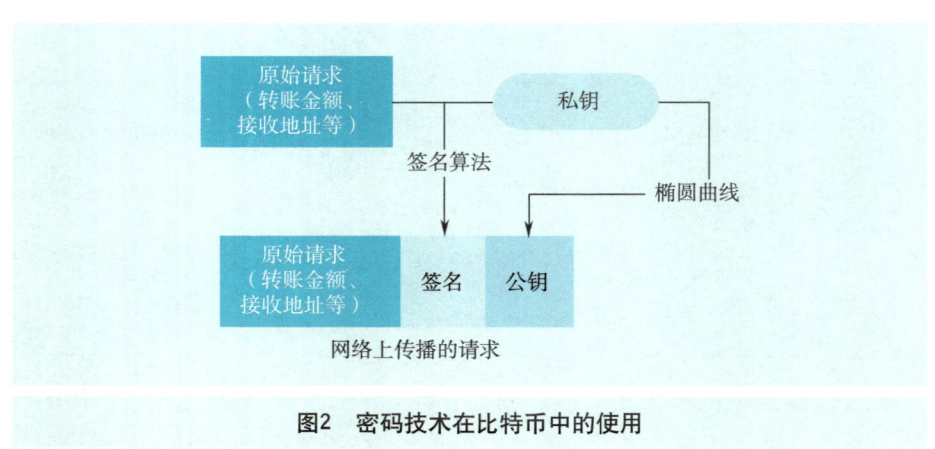

图2　密码技术在比特币中的使用

请求中包括原始的请求信息（转账金额、接收地址等）、签名和公钥。其中，签名是用原始请求加上私钥通过签名算法计算出来的，原始请求信息内容发生变化时，签名内容也会发生变化，在没有私钥的情况下，无法通过原始请求串得到签名。验证签名是否正确的时候，只需要通过公钥、原始请求信息就可以判断签名的正确性。因此，签名和验证签名很好地保证了原始请求中的信息不能被篡改、不能被伪造。

五、智能合约

密码学家尼克·萨博（Nick Szabo）在1995年提出了智能合约的理念，他定义："一个智能合约是一套以数字形式定义的承诺（promises），包括合约参与方可以在上面执行这些承诺的协议。"但在区块链技术出现以前，智能合约一直不能应用到现实中，主要是因为缺少一个无法篡改、无法抵赖并且可以触发后自动执行的环境。随着区块链技术的发展，智能合约可能成为在区块链上构建应用的主要手段。

在区块链中，智能合约一般分为创建、发布、触发、执行以及销毁等阶段。大多数区块链技术都支持用主流编程语言编写智能合约，发布到链上后，可以通过定时、事件、交易或其他合约触发。为保证合约执行的独立性和安全性，合约一般在独立的沙箱中执行，并且将执行结果和存储发布到全网。合约的发布、执行结果确认、销毁都需要多方共识。

第三节　区块链的应用发展现状

区块链应用正处于发展的早期阶段，行业应用场景的探索以金融业为主，其中又以银行、金融服务和保险业居多。同时，区块链应用在供应链、物联网、文化、医疗、慈善捐赠等行业的发展速度也在不断加快。

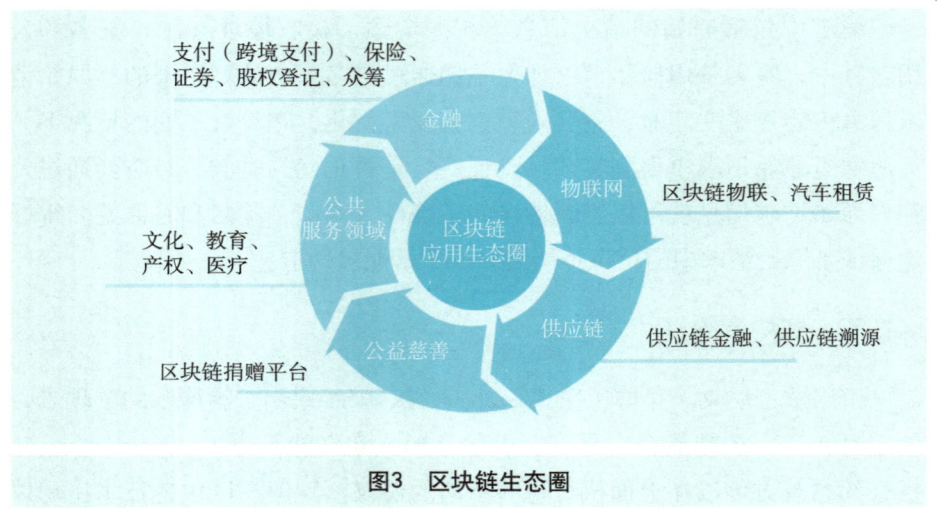

图3 区块链生态圈

一、金融领域

金融服务产业是全球经济发展的动力，也是中心化程度最高的产业之一。金融市场中交易双方的信息不对称导致无法建立有效的信用机制，产业链条中存在大量中心化的信用中介和信息中介，减缓了系统运转效率，增加了交易成本。区块链技术公开、不可篡改的属性，为去中心化的信任机制提供了可能，具备改变金融基础架构的潜力，各类金融资产，如股权、债券、票据、仓单、基金份额等均可以被整合进区块链账本中，成为链上的数字资产，在区块链上进行存储、转移、交易，使其在金融领域的应用前景广阔。目前，在跨境支付、保险理赔、证券交易、票据等方面已经有典型的应用探索。

（一）跨境支付

区块链技术能在收付款人之间直接连接，大幅改变了现有代理行模式下的资金转移和信息传递方式，提高了跨境支付效率，降低了业务成本。国际银行卡组织Visa与区块链公司Chain[①]计划于2017年推出B2B跨境支付服务。通过双方联合开发的系统，实现跨境支付交易的实时处理。该系统已

[①] Chain 是一家刚成立两年的创业公司，位于美国旧金山。

在10个国家的30家银行中进行测试。

（二）保险理赔

区块链技术对数据真实、防篡改的保障，可有效简化保单理赔流程，降低处理成本和索赔欺诈概率。若理赔环节中的可信证明方都加入了非公有链，则通过智能合约的应用，当可信证明方触发了理赔条件后，投保人无须主动提交证明材料，保险公司也无须尽职调查和批准，合约即可实现保单自动理赔和理赔金额的自动支付。

（三）证券交易

传统证券业务需要中介机构深度参与，才能有效完成股票发行与交易。将股权整合进区块链中，成为数字资产，可实现无须通过中介机构，投资人直接发起交易，并完成结果登记。资产发行可根据需要，采取保密或公开方式进行。股票资产交易通过区块链上的合约代码表达相关各方一致达成的合约，实现合约的自动执行，保证相关合约只在交易对手方间可见，而对无关第三方保密。2016年1月纳斯达克与区块链企业Chain合作上线私募股权交易平台Linq，实现了股权的数字化持有和交易。该平台通过区块链技术简化了发行和申购手续，消除了对账需求，缩短了结算时间，在提高交易和管理效率的同时，降低了资金成本和系统性风险。

（四）票据业务

区块链技术分布式、共享共治、非对称加密的特性，可改变票据交易业务的中心化传递方式，降低中心化处理的运营和操作风险。同时，可有效控制多次背书、"一票多卖"的问题，降低验票成本。智能合约的可编程性，能促进资产匹配，确保贴现资金的及时支付，方便中小企业融资。中国人民银行推动的基于区块链的数字票据交易平台已于2017年2月4日测试成功，微众银行、恒生电子也基于以太坊平台进行了票据业务的应用研发。

（五）供应链金融

区块链技术有助于提升供应链金融在各环节的管理效率，促进数据信息在交易各方间的公开透明，通过在整个供应链上形成完整、可靠的信息流，降低融资风险和借贷成本。区块链技术具有的数据不可篡改和时间戳存在性证明特性，能在交易双方发生纠纷时，实现可信的举证与追责，促进供应链金融良性、健康的发展。

二、公共服务领域

区块链技术能提供不可篡改的数字化证明，帮助建立全新的认证和公共服务管理机制，并在数字版权、知识产权、证书以及公益领域得到应用。

在文化领域，可通过区块链技术对作品进行确权和鉴权，证明文字、视频、音频等作品的权属关系，推动支持文化领域的产权保护。

在教育领域，利用区块链技术可完善学生信用档案，解决跨地域跨院校的教育信息认证难题，从而构筑完整的个人信用生态体系。

在产权登记领域，应用区块链技术可实现对土地所有权、房契、留置权等信息的记录和追踪，确保相关文件的准确性、可核查性。

在医疗健康领域，区块链可建立跨平台的数据安全共享平台，在医疗服务商之间建立良好的数据协作，有助于进一步提高诊断准确率，改善治疗效果，降低医疗成本。

三、物联网领域

在去中心化的物联网愿景中，区块链为设备间的互动、交易处理和协作提供了技术框架，使网络上的每个设备都能作为独立、微型的商业主体运行。通过区块链技术实现传感器间的数据及价值交换，使用控制器反馈结果，能实现自动的物联网管理和控制网络，实现设备间的自动交易与处理。当物联网中存在数十亿个设备自动交互信息时，区块链技术将充分发挥分布式账本作用，降低设备间沟通成本。创业公司Slock.it实现了区块链技术在物联网中的简单应用，即通过监听特定交易，在公有区块链上驱动一把锁的开关，把区块链与现实生活结合在一起。

第四节 区块链在支付清算行业的应用

一、区块链对支付清算行业的影响

区块链天生就具有金融场景的基因，从目前区块链产业发展生态来看，参与最多的机构是金融类机构，比如金融监管机构、银行、保险公司、证券交易所以及非银行支付机构。国内的中央银行、工商银行、招商银行、邮储银行、微众银行、腾讯科技、蚂蚁金服、上海证券交易所、上海保险交易所等，都积极进行区块链技术的研发与应用的实践。国外的VISA、SWIFT、DTCC、摩根大通、瑞银集团、高盛、纽约证券交易所等主流金融机构，也纷纷开始布局区块链。机构研究的场景多数跟交易相关，比如跨境支付、智能债券、数字资产与交易后清结算等。

银行系统下一步的发展方向可能是数据应用、信息共享。第三方支付系统也在探索如何把自己的能力通过金融云的方式共享出去。共享经济、共享金融逐渐成为行业的主旋律。区块链技术的出现给共享的场景提供了想象的空间。区块链解决交易的双花问题，使去中心的点对点交易模式成为可能。比特币的成功对金融行业的启示是巨大的，区块链技术也被很多大型机构称为彻底改变业务乃至机构运作方式的重大突破性技术。

（一）数据防篡改、防抵赖，安全可靠

区块链的链式数据存储结构，以及账户数据的公私钥签名校验机制，增强了数据的安全性。区块链最初是针对在公共网络上使用而设计的，在数据的防篡改、防抵赖、身份确认等方面有充分考虑，在缺少统一维护和运营主体的情况下已经持续安全运行了8年多。区块链的数据加密存储，严格控制访问者身份，历史记录不可删除、篡改的特征，给业内的信息安全建设提出了新的思路。

（二）参与方共同维护的共享账本，提高支付清算效率

区块链的分布式账本特征和共识算法，能够明显提升清结算效率。目前行业内不管是分行和总行之间，还是银行同业之间，抑或是第三方支付与银行之间，都存在对账的问题。对账的设立是因为双方在交易时没有充分达成一致，或者是交易链路上指令执行不一致，或者是其他数据不一致的因素导致的。因此需要通过对账来做核查，达到最终结果的一致。采用区块链进行交易，结合数字货币作链上支付，将可以在交易时直接达成共识，省去交易后对账的环节。现阶段，区块链技术自身在对接实际应用中还需要完善，更加可行的途径是局部试用、小场景检验。例如，可以先考虑解决银行内部支行之间、两家或者多家银行之间、第三方支付跟合作银行之间的对账问题。

(三）智能合约，降低支付清算业务复杂度

基于区块链技术的智能合约，可增强链上交易的可控性和一致性，参与方可按照事前约定的规则，在满足特定条件后共同执行。应用在支付清算行业中，当业务处理逻辑和流程被智能合约所取代后，现有大量存在的手工操作、人工验证和审批工作将得以自动化处理。智能合约的设置使交易处理环节不再会由于系统失误而导致损失的发生。

(四）技术构建的信任，有望改变原有支付清算的运作模式

通过区块链构建的信任，可以改变原有的支付清算业务模式。区块链技术可以帮助精简支付清算行业的运作流程，释放原先耗费在核对和争议解决中的大量劳动力，去除在清算和交易结算时对第三方或中心机构的依赖。通过区块链技术实现的交易共识确认，能带来支付业务的实时结算，提高资金的周转和流通效率，降低行业的整体经营成本。

二、行业内应用场景分析

区块链技术并不是单一的技术，而是依托于现有技术，加以创新组合而形成的一个融合体。区块链不仅仅是技术实现上的改变，它还涉及业务模式的改变和创新。区块链应用落地的过程中，需要利用好防篡改、防抵赖、共识记账、分布式账本、无中心节点等特征，解决当前行业中遇到的问题，这样可以产生巨大价值。

从政策和社会需求来看，共享经济、共享金融的提出为区块链的应用生长提供了良好的土壤。银行系统正在步入信息化银行阶段，在经历了数据大集中后，更将注重数据的应用价值。信息共享、互联互通、整合创新将逐步成为新阶段的特征，这也是区块链在金融行业应用的良好契机。

(一）数字货币

区块链最成熟的应用比特币就是数字货币的一种形式，不过其匿名性给监管带来了一定的难度。如果是由某国中央银行统领研究的一种区块链数字货币的应用场景，作为数字资产的一种计价手段，它比当前法定货币更强的流通职能。首先，数字货币使中央银行的货币精准调控成为可能。由于区块链上数据的可追溯性，中央银行对发行的数字货币的去向分布、应用领域等可以精确了解。可以限定特定属性的数字货币精准进入特定的

领域。比如中央银行可以限制新发行的数字货币不能流到房地产相关的账户里，扶贫资金只能流向贫困人的账户等。其次，由于区块链智能合约的特性，使数字货币更便于中央银行货币合规监管，比如中央银行可以通过智能合约，根据商业银行的风险因素自动调节存款准备金等。另外，数字货币与现行纸币相比，在货币发行、回收以及防伪、打击假币等方面具有天然的成本优势和技术优势。

中央银行基于区块链的数字货币的实现和推行，对整个金融行业有很强的示范意义。中央银行数字货币一定程度上改变了传统的商业银行存款准备金、机构间清结算备付金等模式，实现了精准调控、智能监管、支付及结算。链上直接支付、结算在技术上已成为可能，但若没有中央银行的数字货币系统，区块链上的其他应用如果需要进行法币的支付、结算，一般都通过银行或第三方支付网络来实现。可以预计，如果中央银行的数字货币系统开始推行，将加速区块链在其他场景的应用，对现有商业银行的模式、机构间清结算以及第三方支付机构等都会产生巨大的影响。

（二）数字票据

数字资产是目前区块链行业内探索较多的一个应用场景，具体包括票据、股权、债券、受益凭证、仓单等。数字票据是一个比较典型的数字资产类型。下面以商业票据业务为例，具体说明区块链能解决的问题。

票据是供应链金融的一种重要金融工具，具有交易、支付、信用等多重属性，为我国实体经济特别是中小企业提供便捷的融资渠道和低成本资金。但是我们应看到，票据市场目前仍存在以下痛点：

1. 票据流转不便：票据存在不可拆分、多次背书的认可度低、操作风险高、交易价格不透明、撮合速度慢等问题，导致票据流转的运作效率不高。

2. 风险事件频发：纸质票据中"一票多卖"、电子票据中打款背书不同步的现象时有发生；银行自身的网络安全问题也会导致风险进一步扩大。

3. 小额纸质票据贴现困难：由于验票成本高、收益低，银行往往不愿意给予中小企业融资足够的支持，小额纸质票据容易出现无银行贴现的情况。

使用区块链来搭建一个票据交易系统，让每个参与交易的企业都登记注册为区块链的用户，个别有条件的核心企业还可以直接成为记账节点，而银行、资产网关、提供贴现服务的金融机构、监管部门以及区块链基础设施服务企业等共同组成一个分布式记账网络，可以有效解决以上行业痛点，具体表现在：

1. 提升流通性：票据一旦在区块链上发行，就成为支持拆分的数字资产，后续流通环节可以按照需求进行拆分、转让、贴现，并支持在票据交易市场进行交易撮合，提升票据运转效率和流通性。

2. 交易可追溯，降低风险：在采用区块链去中心化的分布式结构后，改变了现有的系统存储和传输结构，不可篡改、不可抵赖的特性解决了纸质票据"一票多卖"的问题；此外，交易时间戳完整反映票据从产生到消亡的过程，具有可追溯历史的特性，使这种模式具有全新的连续"背书"机制，真实反映了票据权利的转移过程，有效降低了风险。

3. 降低小额纸票贴现门槛：纸质票据通过区块链平台变成数字资产，贴现时无须人工验票，降低了银行贴现成本。

4. 有利于中小企业信用积累：通过在区块链中记录上下游中小企业的所有票据交易行为，进而为企业积累信用数据，拓展融资能力。

（三）机构间清结算

金融资产的交易涉及两个重要流程：支付和清算。在清算领域，不同的业务场景有不同的清算体系：中央银行支付清算系统、金融机构内支付清算系统、金融市场支付清算系统以及第三方服务组织支付清算系统。在目前的清算模式中，普遍存在以下痛点：

1. 清算成本高：由于不同金融机构间的基础设施架构、业务流程各不相同，同时涉及很多人工处理环节，清算系统的建设与维护成本一直居高不下。

2. 清算准确性、时效性有限：清算参与方越多，体系越复杂，导致路由与交换也越来越低效，清算时效性无法满足需求，清算失败的情况也屡屡发生。

3. 监管难度大：目前的清算模式只能通过服务器代码报送和交易数据报送来满足监管需求，无法做到自动生成审计。

清算业务是典型的多方参与，互不信任又必须互相依赖的业务，对真实数据共享有较高要求的场景。基于区块链的解决方案，可以促使非中心化交易的清算各参与方加入联盟链，共同创建和维护一份各方认可的共享账本，实现交易后对账处理的实时清算。在此过程中，清算各方均可获得良好的隐私保护，能够大幅度提升金融资产交易后的清、结算效率，降低清算成本。

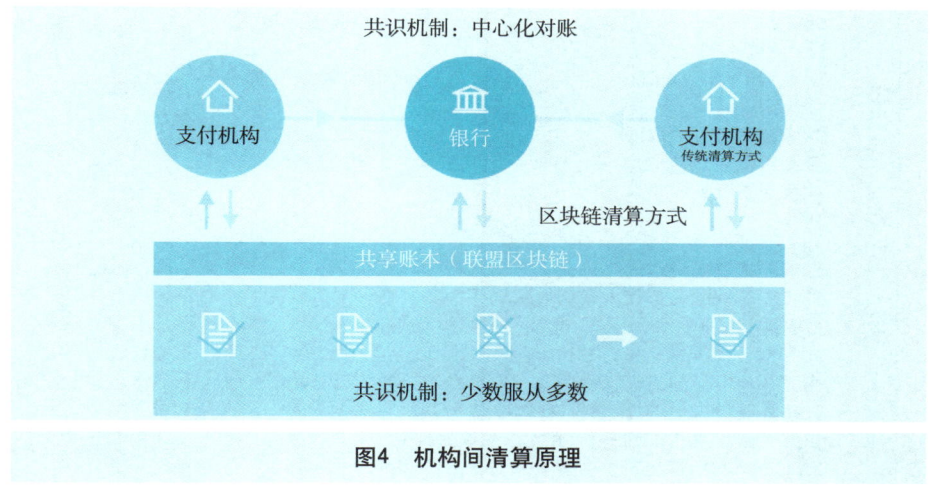

图4　机构间清算原理

（四）跨境支付

世界银行数据显示，全球跨境支付市场的国际汇款规模以每年约5%的速度持续增长，2016年近6 000亿美元[①]。各地区跨境支付业务利润均保持增长趋势，尤其是在亚洲地区，中国成为仅次于美国和欧元区的全球跨境支付第三大市场。与此同时，跨境支付成本居高不下，最终用户（付款人）的平均成本达到转账金额的7.68%。伴随着新主体涌入跨境支付市场，通过非银行机构处理的交易已达到总体规模的10%。

表7简要说明了传统SWIFT跨境支付流程、存在问题，以及区块链技术能为跨境支付流程带来哪些变化。

---

① 世界银行预测，2016年全球汇款规模不超过6 000亿美元，但作为汇款大国的中国汇款额将超过652亿美元，排全球第二位，仅次于印度。

表7　　　　SWIFT与基于区块链技术的跨境支付对比

	支付发起阶段	资金转移阶段	资金交付阶段	交易后阶段
涉及主体	付款人、银行/转账服务商	SWIFT/代理行	收款行/转账服务商、收款人	银行/转账服务商、监管机构
传统流程	1. 付款人通过银行或转账服务商向另一国家/地区的收款人发起转账汇款 2. 由收款行/转账服务商履行KYC/AML相关流程 3. 收集资金并收取服务费用，确认并支持后续交易查询和争议处理	收款行/转账服务商通过SWIFT网络或代理行模式（银行不是SWIFT会员的情况下），向收款行/转账服务商发起跨境转账	1. 收款人通过收款行/转账服务商接收通知 2. 由收款行/转账服务商履行KYC/AML流程 3. 以当地货币形式支付给收款人相应款项	根据监管法规的要求，银行和转账服务商需定期向监管机构报送跨境支付业务信息，包括收款人身份信息、币种信息、汇款金额和时间戳等
存在问题	1. 收款人信息通过人工和重复性的业务流程收集，效率较低 2. 在KYC流程中，机构对客户信息和支持文件真实性方面的控制力有限，机构之间KYC成熟水平差异较大	1. 通过SWIFT业务模式成本高、耗时长 2. 通过代理行模式需逐行、逐笔进行信息验证，容易产生差错，导致拒绝率较高 3. 银行需在往来账户中留存资金，提高机会成本和对冲成本	面临着与发起阶段类似的KYC执行问题	监管合规要求较高，由于存在多种数据来源和渠道，在向监管机构报送信息时，需要较高技术功能和复杂业务流程的支持，往往需要多个内部团队互相配合
启用区块链后的流程	1. 通过传统KYC流程和电子身份档案方式，建立付款人与银行/转账服务商之间的信任 2. 通过智能合约记录收付款人之间转账行为的权利义务关系 3. 通过区块链上的流动性提供者实现货币兑换	1. 监管机构实时进行交易监控，通过智能合约接收AML预警和提示 2. 通过智能合约传输收付款人身份、汇款、转账金额、日期和时间、付款条件等信息，实现实时转账，无须代理行参与，降低中间成本	通过智能合约将资金自动存入收款人账户，或由收款行/转账服务商执行KYC流程后允许收款人提取	相关交易记录在区块链中查询，根据需要供监管机构持续审查

使用区块链进行跨境支付会带来如下效益：

一是显著提高交易速度。传统跨境支付模式中存在大量人工对账操作，还可能涉及多家代理银行。银行在日终进行交易的批量处理，通常一笔交易在一家银行需要至少24小时才能完成，应用区块链的跨境支付可提供可靠、不间断服务，减少了流程中的人工处理环节，缩短了清结算时间。

二是有效降低交易成本。麦肯锡《2016年全球支付报告》数据显示，通过代理行模式完成一笔跨境支付的平均成本在25美元到35美元之间，是使用自动清算所（ACH）完成一笔国内支付成本的10倍以上。传统跨境支付模式中存在支付处理、接收、财务运营和对账等成本。通过区块链技术的应用，削弱了交易流程中的中介机构作用，提高了资金流动性，实现了实时确认和监控，能够有效降低交易各环节中的直接成本和间接成本。对金融机构来说，可以改善成本结构，提高盈利能力，对终端用户来说，可以减少各类交易费用，使原先成本过于高昂的小额跨境支付业务成为现实，因而更具普惠价值。

三、典型应用架构

（一）典型架构

以数字资产交易应用为例，图5是一个数字资产交易平台的总体架构图。

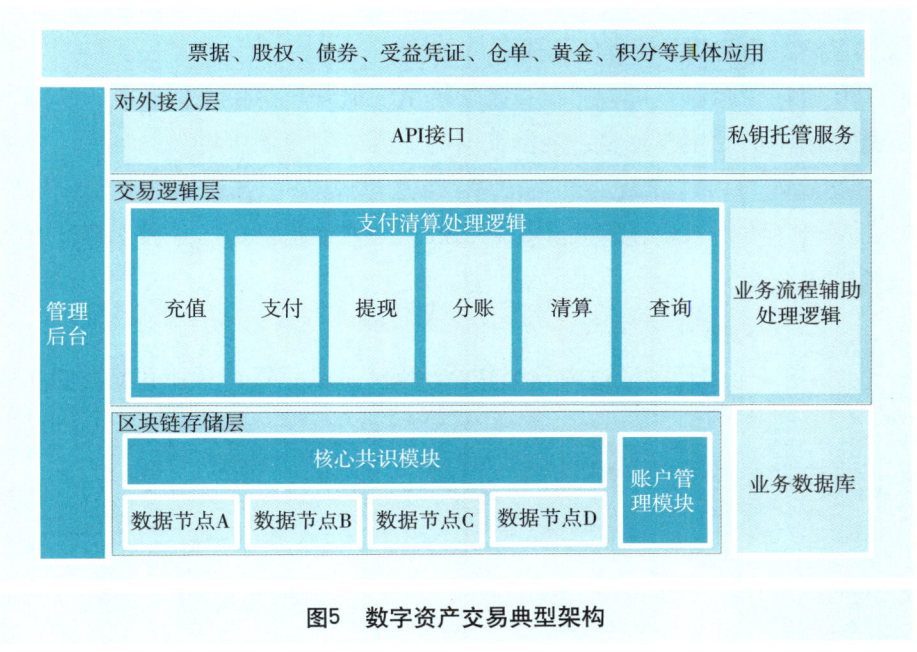

图5 数字资产交易典型架构

系统可以分为区块链存储层、交易逻辑层、对外接入层。其中区块链存储是区块链底层，负责多节点数据之间的存储一致，支持节点容错，提供基于业务的账户定制合约的能力。交易逻辑层完成数字资产交易相关的基本逻辑，以数字票据为例，充值将线下票据或者电子票据映射为区块链上的票据数据；支付完成票据转让和签收的过程；提现将链上票据兑换成人民币或者其他链外等价物的过程；分账完成票据在转让、贴现等过程中各参与机构的利润分配；清算完成链上票据数据和链外数据一致性核算；查询提供链上票据数据查询能力。对外接入层提供具体业务场景接入的适配能力。另外几个相关模块如下：

管理后台：记账节点采取受控接入的方式，因此需要设立管理后台来进行管理，另外，数据的异常恢复、争议解决、应用接入授权也在管理后台完成。

账户管理模块：负责用户与区块链账户的映射管理，不直接对外提供服务，只有监管机构可以调取相关数据。在用户私钥丢失时，该模块也要承担找回资产的配套功能。

业务流程辅助处理逻辑：完成业务实现过程中的通知消息处理，临时数据存储，协助业务流程的完成。

私钥托管服务：每个用户在区块链上注册开户都会得到一对公私钥，另外，出于保护用户隐私，混淆交易的需要，用户还可以为每笔资产设定一个交易账户，这样就会产生很多对公私钥，为了方便用户对私钥的管理，平台还提供私钥托管服务。私钥数据采取加密存储、分段保存等方式来保证安全性。

（二）典型业务流程

图6是一个典型的通过内置交易合约来完成数字资产转让和签收的序列图。

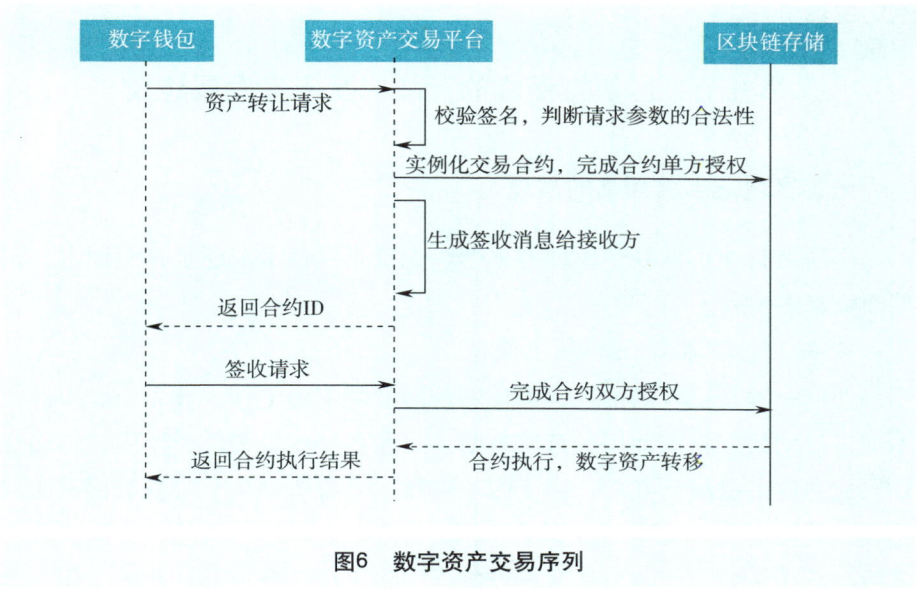

图6　数字资产交易序列

资产转移流程如下：

1. 用户通过数字钱包发起资产转让请求，请求中带有转让资产类型、金额等信息的签名。

2. 数字资产交易平台，验证请求签名以及其他相关请求的合法性校验，对于合法的请求，通过区块链底层平台进行合约实例化，并把带有合约签名签收的消息发送给接收方。合约的主要功能是将需要转让的资产保存在合约里边，当接收方签收的时候从合约里将资产转移到接收方账户。如果超过一定时间不签收，就自动退回到请求方账户。

3. 当接收方发起签收的时候，会带上接收方的签名，资产交易平台验证接收方和对应签收合约的正确性之后，会触发区块链上对应的合约执行，完成从合约到接收方账户的资产转移。

除了上述描述的资产转移过程中的基本流程，各种数字资产在转移过程中还会有跟业务相关的逻辑规则，如票据转让发送方和接收方一般为一对一，并且接收方在业务发起时已经确定。红包业务流程中发送方和接收方可能不是一对一，接收方的地址在业务发起时只能确定一个范围，并不能完全确定到具体人。这些特定业务逻辑之间的差异都可以体现在合约实例的逻辑里。

第五节 区块链面临的挑战以及未来发展建议

一、区块链当前面临的挑战

区块链行业仍然处于发展的早期，无论是在技术上还是在应用上，仍然面临诸多挑战。

（一）新技术带来的技术风险

任何一种新技术的出现，都伴随着高度的不确定性。首先，区块链技术演进时间短，目前使用的范围有限，要在各种场景中广泛使用，将面临代码成熟度的挑战。其次，由于区块链技术本身多副本、交易数据透明的特性，若没有引入适当的技术手段，交易隐私安全也会面临较大的挑战。最后，与传统的封闭式金融基础设施不同，区块链是一种开放的应用，大多数情况下，区块链系统的源代码在参与者之间共享，处于某种程度上的公开状态，其系统也一般处于通过互联网相互连接的状态，因此，与传统的金融设施相比，基于区块链的应用处于更容易受攻击的位置。

（二）新技术发展与具体业务结合所带来的合规问题

在支付清算行业中，区块链自身发展也会面临合规挑战。如基于以太坊等公有链发行数字货币本身是否合规；数字票据在区块链上拆分转让是否合规；基于区块链的境外支付业务是否符合汇兑限制等。区块链技术应用于传统业务可能会给业务带来一些新的变化，这些变化会对原有的监管政策形成挑战，需要监管政策进行适当调整。

（三）新技术与传统利益之间的冲突问题

区块链自身具有去中心化的特点，在业务中则表现为去中介化。例如，区块链点对点支付能力能够削弱清算机构和银行在支付中的作用；基于区块链的货币发行体系将对传统的货币流通体系产生巨大影响等。只有解决好与传统利益的冲突，区块链才能在支付清算行业中有长足的发展。

二、区块链未来发展建议

区块链当前还面临诸多挑战，为有效推动区块链应用的发展，积极利用区块链技术提升支付清算效率，提出以下建议：

（一）加强区块链应用相关法律法规研究

使用区块链技术对传统金融业务进行改造和创新，必然对已有的业务流程、经营模式、管理方法等产生影响，相应地，对金融业务监管、法律法规可能需要进行一定的调整以适应新业态的要求，因此要扫清区块链发展的法律障碍，需厘清区块链发展脉络，分析相关法律法规的适用性，提出修改建议或推出促进区块链发展的扶持政策。

（二）加强协调合作，组建区块链发展联盟

区块链作为一种共享经济的驱动力，需要多方合作才能发展壮大，因此建议行业组织、金融机构、金融科技公司、科研机构、高校加强交流与合作，学习借鉴国际开源社区、合作联盟的建设和运营模式，建立区块链社区和发展联盟，积极组织和推动区块链在金融行业的应用模式研究探讨，推动国际合作，提升我国金融行业在国际上的影响力和话语权，加快区块链技术在金融行业的落地。

（三）加强区块链技术的安全研究

从安全性的角度看，区块链面临着算法安全性、协议安全性、使用安全性、实现安全性和系统安全性的挑战，因此，要加强对加密技术、密钥存储、隐私保护、技术实现等方面的研究，提高区块链技术的整体安全可靠水平。

（四）鼓励核心关键技术攻关，形成自主创新体系

鼓励国内重点企业、科研机构、高校等加强合作，加快对共识机制、可编程合约、分布式存储、数字签名等核心关键技术的攻关，争取形成具有我国自主产权的技术成果，打造更加符合国家安全要求的完全自主可控的区块链平台，同时在全球区块链技术社区中贡献自己的力量，为众多应用的发展与落地保驾护航。

（五）加快推动区块链领域的标准体系建设

围绕产业发展的重点环节，加快推进关键急需标准的部署和制定工作，逐步完善区块链技术和应用标准体系。积极参与国际标准研制工作，对接国际化标准机构和开源社区组织，加强国际交流合作，在积极作出贡献的同时，不断提升我国标准工作的国际话语权。

主要业务数据表

表一　　　2016年牌照续展后要求被合并的机构列表

序号	机构名称	许可证号	业务类型	业务覆盖范围	要求并入的公司
1	杉德电子商务服务有限公司	Z2001731000013	互联网支付、移动电话支付、银行卡收单	全国	上海杉德支付网络服务发展有限公司
2	上海富友金融网络技术有限公司	Z2004031000014	预付卡发行与受理	福建省、江苏省、上海市、浙江省	上海富友支付服务有限公司
3	上海华势信息科技有限公司	Z2007331000014	银行卡收单	全国	易生支付有限公司
4	资和信网络支付有限公司	Z2007511000016	互联网支付、移动电话支付、银行卡收单	全国	资和信电子支付有限公司
5	上海付费通企业服务有限公司	Z2008531000010	预付卡发行与受理	上海市	上海付费通信息服务有限公司
6	通联商务服务有限公司	Z2009031000013	预付卡发行与受理	上海市、北京市、江苏省、广东省、山西省	通联支付网络服务股份有限公司
7	浙江盛炬支付技术有限公司	Z2017733000017	银行卡收单	浙江省、上海市	海南新生信息技术有限公司
8	海南海岛一卡通支付网络有限公司	Z2019146000014	预付卡发行与受理	海南省	国付宝信息科技有限公司
9	温州之民信息服务有限公司	Z2022333000011	预付卡发行与受理	浙江省	上海点佰趣信息科技有限公司
10	易通支付有限公司	Z2024137000015	互联网支付、银行卡收单	全国	山东鲁商一卡通支付有限公司

注：根据2016年1月1日至12月31日非银行支付机构牌照续展结果整理获得。

表二 2016年续展不予通过的机构列表

序号	机构名称	许可证号	业务类型	业务覆盖范围	牌照有效期
1	上海通卡投资管理有限公司	Z2009231000011	预付卡发行与受理	上海市、浙江省、安徽省	2016年12月21日

注：根据2016年1月1日至12月31日非银行支付机构牌照续展结果整理获得。

表三 2016年已注销支付机构列表

序号	机构名称	许可证号	业务类型	业务覆盖范围	注销日期
1	上海畅购企业服务有限公司	Z2003731000019	预付卡发行与受理	上海市、江苏省、浙江省	2016年1月5日
2	北京润京搜索投资有限公司	Z2016311000019	预付卡发行与受理	北京市	2016年10月20日

注：以上数据显示2016年1月1日至12月31日期间已注销支付机构情况。

表四 票据业务主要数据

业务指标			单位	2015年	2016年
票据业务	支票业务量		笔数（亿笔）	3.91	2.73
			金额（万亿元）	211.53	165.80
	实际结算商业汇票业务量		笔数（万笔）	1 905.71	1 656.45
			金额（万亿元）	20.99	18.95
	银行汇票业务量		笔数（万笔）	211.94	153.01
			金额（亿元）	15 600	9504.63
	银行本票业务量		笔数（万笔）	458.60	234.52
			金额（万亿元）	4.15	2.09
电子商业汇票系统	出票		笔数（万笔）	134.08	230.47
			金额（万亿元）	5.60	8.34
	承兑	银行承兑汇票	笔数（万笔）	123.94	210.94
			金额（亿元）	48 731	73 950.37
		商业承兑汇票	笔数（万笔）	13.58	26.82
			金额（亿元）	9142	11 867.88
		合计	笔数（万笔）	137.52	237.76
			金额（亿元）	57 873	85 818.25

续表

业务指标		单位	2015年	2016年
电子商业汇票系统	贴现	笔数（万笔）	49.54	83.77
		金额（万亿元）	3.73	5.77
	转贴现	笔数（万笔）	155.71	325.08
		金额（亿元）	22.13	49.2
	再贴现	笔数（万笔）	1.67	2.90
		金额（亿元）	647.00	1 198.15

表五　　银行卡业务主要数据

业务指标		单位	2015年	2016年
银行卡累计发卡量	借记卡	数量（亿张）	50.10	56.60
	信用卡	数量（亿张）	4.32	4.65
	合计	数量（亿张）	54.42	61.25
银行卡交易额	存现	笔数（亿笔）	91.92	104.74
		金额（万亿元）	70.97	77.17
	取现	笔数（亿笔）	184.21	179.98
		金额（万亿元）	73.15	65.50
	消费	笔数（亿笔）	290.30	383.29
		金额（万亿元）	55.00	56.50
	转账	笔数（亿笔）	285.86	486.73
		金额（万亿元）	470.70	542.64
	合计	笔数（亿笔）	852.29	1 154.74
		金额（万亿元）	669.82	741.81
信用卡	授信总额	金额（万亿元）	7.08	9.14
	期末应偿信贷总额	金额（万亿元）	3.09	4.06
	逾期半年未偿信贷总额	金额（亿元）	380.27	535.68
	授信使用率	百分比	43.77%	44.45%
银行卡收单业务量	商业银行（含线上线下）*	笔数（亿笔）	168.97	262.06
		金额（万亿元）	22.48	28.43
	支付机构（含线上线下）*	笔数（亿笔）	393.87	451.85
		金额（万亿元）	27.92	48.06

续表

业务指标		单位	2015年	2016年
银行卡收单业务量	合计	笔数（亿笔）	562.84	713.91
		金额（万亿元）	50.40	76.49
银行卡受理环境	联网特约商户数量	数量（万户）	1 670.00	2 067.20
	联网POS机具数量	数量（万台）	2 282.10	2 453.50
	联网ATM数量	数量（万台）	86.67	92.42

注：1.带*数据来源于中国支付清算协会。
2.银行卡收单业务量（含线上线下）中，2015年各采集63家商业银行和90家支付机构数据；2016年各采集72家商业银行和110家支付机构数据。

表六　　　　　　　　　　　　互联网支付业务主要数据

业务类型		2015年	2016年
商业银行网上支付业务	银行网上支付业务规模 笔数（亿笔）	363.71	461.78
	银行网上支付业务规模 金额（万亿元）	2 018.2	2 084.95
	银行网上支付客户数量（亿个）	11.23	13.25
非银行支付机构互联网支付业务规模	笔数（亿笔）	333.99	663.3*
	金额（万亿元）	24.19	54.25*
非银行支付机构跨境互联网支付业务规模*	笔数（亿笔）	4.10	5.85
	金额（万亿元）	0.145	0.187
支付机构支付账户数量（亿个）*		26.36	34.48
支付机构网络特约商户数量（万户）*		347.5	801.12

注：带*数据来源于中国支付清算协会。

表七　　　　　　　　　　　　移动支付业务主要数据

业务类型		2015年	2016年
商业银行移动支付业务	银行移动支付业务规模 笔数（亿笔）	138.37	257.1
	银行移动支付业务规模 金额（万亿元）	108.22	157.55
	银行移动支付客户规模（亿个）	9.74	13.51
非银行支付机构移动支付业务规模	笔数（亿笔）	398.61	970.51*
	金额（万亿元）	21.96	51.01*
非银行支付机构移动近场支付客户数量（亿个）*		2.04	3.03
非银行支付机构移动近场特约商户数量（万户）*		74	161.65

注：带*数据来源于中国支付清算协会。

表八　　预付卡业务主要数据

业务指标		单位	2015年	2016年
预付卡发行业务规模（160家预付卡发行机构）	以发行普通商超卡为主	张数（亿张）	0.48	0.54
		金额（亿元）	404.23	444.69
	以发行公交卡为主	张数（亿张）	0.3	0.32
		金额（亿元）	268.08	305.71
	仅发行限于自身网络支付账户充值使用的线上充值卡	张数（亿张）	1.81	1.35
		金额（亿元）	89.12	69.83
	合计	张数（亿张）	2.59	2.21
		金额（亿元）	761.43	820.23
预付卡受理业务规模*	他发卡	笔数（亿笔）	0.56	0.77
		金额（亿元）	86.77	99.01
	自发卡	笔数（亿笔）	82.18	116.93
		金额（亿元）	500.92	638.6
	合计	笔数（亿笔）	82.74	117.7
		金额（亿元）	587.69	737.61
预付卡交易业务规模*	自发卡	笔数（亿笔）	33.67	66.45
		金额（亿元）	402.77	537.76
预付卡特约商户*	特约商户	家	123 788	211 966
	网点数	个	410 513	441 252
	受理终端数	台	998 172	1 043 762

注：1．"预付卡发行业务规模"数据来源于中国人民银行。其他数据（带*）来源于仅限向中国支付清算协会行业运行信息统计分析系统报送数据的预付卡机构，2015年为61家机构，2016年为124家机构。

2．因商户类别取消，商户类别数据无法展示。

表九　　　　　　　　　　国内主要支付清算系统业务量

年份	2015		2016	
业务指标	笔数（亿笔）	金额（万亿元）	笔数（亿笔）	金额（万亿元）
大额支付系统	7.89	2 952.06	8.26	3 616.30
小额支付系统	18.35	24.94	23.48	30.91
网上支付跨行清算系统	29.66	27.76	30.91	37.46
银行业行内支付系统	—	—	258.30	1 215.47
银行卡跨行支付系统	206.68	49.28	237.62	67.07
城市商业银行资金清算系统	0.026	0.54	0.0387	0.825
农信银支付清算系统	5.73	3.6	16.81	5.43
人民币跨境支付系统	0.0009	0.48	0.0063	4.36